Saggi

VITTORINO ANDREOLI

LA SOCIETÀ DEL PRESSAPPOCO

La malattia dell'uomo moderno

SOLFERINO

SOLFERINO

www.solferinolibri.it

ISBN 978-88-282-1565-3
Prima edizione: ottobre 2024

La società del pressappoco

Prologo

Nel 1948 Alexandre Koyré pubblicò sulla «Critique» un saggio dal titolo *Du monde de l'à peu près à l'universe de la precision*, che sottolineava come gli strumenti, la tecnologia che avevano caratterizzato la rivoluzione scientifica, avessero mutato il volto di un mondo che persisteva da lungo tempo e che per questo si definiva «classico».

Anche se il contesto dei termini pressappoco e precisione è diverso da quel tempo, Koyré merita di essere ricordato.

Nasce nel 1892 a Taganrog in Russia, e muore a Parigi (naturalizzato francese) nel 1964. È uno storico della scienza che aveva a lungo insegnato all'École pratique des hautes études a Parigi.

Aveva simpatizzato per l'evento rivoluzionario dei Decabristi nel 1905, considerati gli anticipatori della Rivoluzione d'ottobre del 1917, all'età dunque di 13 anni. Lascia la Russia nel 1908 e, dopo un breve periodo in Germania, si stabilisce a Parigi ed è qui che inizia studi che lo condurranno nel 1923 a laurearsi in filosofia. Nel periodo della Prima guerra mondiale, è combattente tra i volontari con l'esercito francese. Per molti versi dal punto di vista del pensiero filosofico è considerato appartenere alla corrente filosofica della fenomenologia.

Aveva seguito in Germania le lezioni di Edmund Husserl, anche se poi non riuscì a svolgere la propria tesi di laurea con il Maestro.

Un brevissimo riferimento con un significato anche personale, poiché il saggio *Dal mondo del pressappoco all'universo della precisione*[1] ha avuto una indubbia influenza sulla scelta di dedicarmi, laureato in medicina e chirurgia, agli studi del cervello nei laboratori di ricerca.

Pur tenendo conto della mia passione per il mondo della classicità e per la forza che la filosofia aveva per una «logica» delle idee che richiamava la razionalità, mi aveva colpito il giudizio di «pressappoco» contrapposto a «precisione».

Il termine francese *à peu près* in italiano si può associare anche a espressioni come «all'incirca, suppergiù» che riportano a «superficialità», aggiungendovi una colorazione dunque persino morale. Il termine contrapposto «precisione» aveva per Koyré un sapore del tutto particolare e a partire dal fatto che non apparteneva al linguaggio della filosofia, in cui dominava il concetto di «verità» intesa come qualcosa di definitivo, che chiudeva ogni dubbio una volta risolta la questione. Si poneva pertanto, da una parte la verità, come tema della filosofia, dall'altra la precisione come scopo della scienza.

L'universo della precisione riportava a Galileo Galilei, alla sua dimostrazione, con «precisione», usando il telescopio con cui aveva potuto seguire i movimenti dei corpi celesti del sistema solare, indicando la traiettoria attorno al sole. Dall'altra parte c'era la posizione del car-

[1] Il saggio, tradotto in italiano da Paola Zambelli per Einaudi, era stato per la prima volta pubblicato da Koyré nel 1948 sulla rivista francese «Critique», n. 28, e successivamente inserito nel volume *Études sur l'histoire de la pensée philosophique en Russie* nel 1950.

dinal Bellarmino e della Chiesa che, sulla base dei testi sacri, affermavano la centralità del nostro pianeta, attorno al quale girava il sole.

Da tale richiamo, Koyré giunge al contrasto tra precisione della scienza e verità di ciò che mancava di dimostrazione. Ma è proprio quel procedere sistematico, del metodo seguito da Galileo che, assieme al contributo di Bacone, esprime la metodologia della scienza.

Oggi, in particolare per l'apporto della fisica delle particelle, si è acquisito che il termine «verità» non si addice proprio alla scienza. Ogni risultato ha infatti una dimensione storica e contiene sempre una aporia, che non lo rende mai definitivo. Alla scienza, mi pare si leghi invece perfettamente l'espressione che riporta al mondo della «precisione» anche se relativamente inteso, legandosi a quella possibile in quel momento, tanto da poter essere migliorata dall'uso di nuove tecnologie. E a proposito dell'universo, l'invio del telescopio spaziale, James Webb nel 2021, ha permesso di osservare in modo più preciso la disposizione degli oggetti celesti.

I due termini «pressappoco» e «precisione» sono oggi poco usati, se non quasi scomparsi dal linguaggio corrente, mentre l'atmosfera dominante appare regredita e sembra aver sostituito persino quel «pressappoco» con espressioni come «quel che vuoi», «ciò che ti pare», quasi che il conoscere si fosse fermato a una impressione. Non c'è bisogno di un metro per la convinzione personale, non importa quale sia la valutazione dell'altro. E persino la scienza ne risente dominata dall'esigenza di comunicare i dati velocemente, nel timore di venire anticipati da qualche altro ricercatore, che ha maggior fretta.

Una scienza della fretta, programmata su esperimenti in tempo reale, per dare risultati subito, qualsiasi essi siano.

E così domina la superficialità dei temi che si definiscono scientifici, mentre si limitano a stabilire correlazioni e non cause da cui derivano effetti in maniera stabile.

Il rischio della credibilità e della funzione della ricerca scientifica, almeno di certe aree, richiama una storiella sulla ricerca scientifica che girava negli anni della mia permanenza negli Stati Uniti. Si riferiva a un ricercatore, che aveva dimostrato che i pazienti affetti da sclerosi multipla non si ammalavano di tumore al polmone, sulla base di dati epidemiologici elaborati statisticamente: si era dimenticato di considerare che la sclerosi multipla è una malattia che colpisce in particolare i giovani e porta rapidamente a morte, impedendo che quella patologia polmonare possa esprimersi.

Talora gli aneddoti possono sembrare, come in questo caso, poco adatti, ma quel ricercatore aveva messo in correlazione due temi per misurare la mortalità del tumore respiratorio, che avviene a una età difficilmente raggiunta nell'altra malattia.

L'abbandono del termine «precisione» nel tempo presente si lega probabilmente alla preoccupazione che si tratti di un segnale anticipatorio della ossessività, di una camicia di forza alla libertà.

Lo si associa da un lato a discipline tecniche che funzionano per schemi rigidi, ma anche a liturgie simili a quelle religiose e perfino ai riti della magia. Elementi che inducono preoccupazione e paura.

Diventa pertanto giustificato il pressappoco che riporta a una visione superficiale, alla creatività, come espressione improvvisata e che non richiede pertanto una elaborazione. Si crede che tutto si riduca allo spontaneismo, all'invenzione.

La contrapposizione tra «pressappoco» e «precisione» viene in questo modo associata a una coppia di parole che sono servite ad Hans Eysenck per caratterizzare due tipi di personalità: *estroversione* e *introversione*.

Il pressappoco e la precisione si adattano bene sia alla sezione delle funzioni mentali che si definisce pensiero, sia a quella della affettività. Ne discendono i comportamenti del singolo nell'ambito della comunità.

Il pressappoco diminuisce il senso di colpa che è un costituente della coerenza e del dovere.

È chiaro che, se domina il pressappoco, lo stesso termine «dovere» perde di significato poiché ha margini talmente variabili da poterlo persino avvicinare al piacere. Se comportasse fatica, a quel pressappoco si tenderebbe a non dedicarvisi.

È difficile definire l'onestà del pressappoco e analogamente, ogni comportamento sociale che si definisca morale ha una percezione talmente variabile da andar contro il principio del dovere. Si intravede così una continuità e uno scivolamento dal pressappoco alla falsità. E si attivano le scuse che, in realtà, sono giustificazioni che portano a non ammettere mai di non aver fatto ciò che si sarebbe dovuto compiere. Si apre il gioco del «non aver capito», dell'«io intendevo», del «volevo dire»... Il gioco del malinteso, che finisce per ignorare completamente il danno o le difficoltà che si sono procurati all'altro.

Ogni impegno è mobile, la puntualità non è mai rispettata, la percezione del tempo fa riferimento al proprio, non all'orologio.

Si può parlare di una società estroversa come quella del nostro Paese, contrapposta a quella introversa del

Nord Europa. Così si può arrivare a una «società del pressappoco» entro cui la puntualità è sempre imprecisa e gli appuntamenti non stabiliscono un'ora, ma semmai indicano «verso», «intorno». E così, se uno fa parte della tipologia della precisione, è destinato ad aspettare nell'indeterminato l'altro o gli altri che appartengono al pressappoco.

A sottolineare che si tratta di testimoni, espressivi di una visione del mondo, la società del pressappoco è intonata all'empirismo, che si fonda sempre sullo stimolo attuale rispetto all'impegno per un domani o a un futuro ancora più lontano. L'empirico risponde agli stimoli di qualsiasi natura, che contengono sempre l'inatteso, mentre la personalità precisa tende a organizzare, a prevedere, e ha quindi come paradigma l'«attesa» di quell'evento.

Nel pressappoco, questa dimensione finisce per mancare e «il tempo reale» del «qui e ora» predomina, mentre il futuro finisce per essere una finzione.

Quando si pensa a una tipologia delle personalità e delle visioni del mondo, non bisogna tuttavia mai ricoprirle di quel principio dualistico che distingue il «giusto» dall'«errore».

L'uomo del pressappoco pensa che una società della precisione indirizzerebbe tutto alla dimensione del controllo meccanico, con la tendenza a riportare ogni caratteristica umana a delle misure. Sia pure inconsapevolmente teme che non vi sarebbe spazio per l'innovazione, l'invenzione, l'originalità.

Ogni contrapposizione andrebbe orientata all'equilibrio, inteso come possibilità di circostanze esistenziali che richiedono precisione, mentre in altre è opportuno dedicarsi al rischio delle esperienze nuove. Forse «l'uomo a una dimensione», per citare il testo di Herbert Marcuse, è un limite alla gioia di vivere e ritorna alla mente il modello del gioco, che riporta allo stile dei vissuti e dei comportamenti infantili, ma che andrebbe esteso all'intera esistenza.

Il gioco contiene delle regole precise che permettono però la variazione, che ciascun giocatore può inventare, applicare. È un vero peccato che la società umana non abbia seguito la «logica» del gioco, che sa rispondere alle due tendenze, alle tipologie contrapposte, mostrando che l'esistenza ha bisogno della libertà del pressappoco, all'interno però di una precisione di regole che devono essere rispettate, in quanto necessarie a rendere possibile il gioco.

A tale proposito, è doveroso ricordare un altro libro *Homo ludens*, pubblicato nel 1938 da Johan Huizinga, uno storico olandese, certamente tra i più importanti del Novecento.

Nasce a Groninga nel 1872, e muore nel 1945. Si è occupato della storia del suo Paese e dell'Europa, affascinato in particolare dal periodo medievale a cui ha dedicato il volume *Autunno del Medioevo* (1919). Era affascinato dalla vita di Erasmo da Rotterdam e certamente dal suo *Elogio della follia* che, nella visione di Erasmo, era una sorta di bisogno e di gioco dell'uomo.

Fu tra i primi storici a dare particolare rilievo alla psicologia e all'antropologia; considerò la ricerca scientifica come l'attività attraverso cui si esprime la libertà dell'uomo. Sotto l'occupazione nazista dell'Olanda iniziata nel 1940, per le sue idee storiche che, certamente, non ricalcavano il nazionalsocialismo di Hitler, nel 1942 venne imprigionato, fino alla morte il 1° febbraio del 1945, poco prima della fine della guerra.

Occorre tenere bene separate le dimensioni del singolo da quelle del suo significato sociale e pertanto anche i termini pressappoco e precisione assumono una valenza diversa nella comunità. Nel titolo di questo volume, *La società del pressappoco*, ci riferiamo a comportamenti che non possono in alcun modo concedere giustificazione al termine e questo lo si comprenderà proprio dai diversi capitoli che hanno riferimenti nella società del tempo presente e nel clima faticoso di vivere. Mentre l'esaltazione del potere ritorna a colorarsi di idee egocentriche e insane.

Il termine pressappoco diventa pertanto il *fil rouge* che si mostra presente anche quando non viene richiamato.

La paranoia del potere

I grandi eventi della Storia

Marc Bloch aveva opportunamente distinto la grande Storia, che aveva chiamato «histoire batailles» dalla microstoria, che si può definire come quella che riguarda il quotidiano, i piccoli avvenimenti, di chi consuma una vita nell'ordinario e non lascia traccia. È significativo che abbia indicato nelle guerre gli eventi più espressivi della grande Storia, che indipendentemente dagli eventi che la concretizzano è sempre indirizzata alla guerra. In tal modo, il tempo che definiamo di pace serve, seguendo un'antica massima latina, per preparare o attendere una guerra: *si vis pacem para bellum*, significa che anche nel periodo cosiddetto di pace, si deve tener presente un nemico per il quale occorre prepararsi a combatterlo.

Questa visione viene espressa da Bloch nell'*Apologie pour l'histoire*, pubblicato postumo nel 1949,[2] in un periodo in cui i ricordi della Seconda guerra mondiale non erano solo legati a immagini lontane, ma presenti nelle macerie dentro le città, nei camposanti disegnati da prati sconfinati di croci bianche. Una realtà sempre attuale.

[2] In Italia pubblicata nel 1950.

Non solo perché le guerre sono all'ordine del giorno (almeno 46 nel 2023), ma perché si è sempre in attesa della grande guerra, quella che assume il nome di mondiale, dal momento che tutti gli uomini di qualsiasi continente e di qualsiasi nazione ne sono coinvolti.

Il riferimento al rilievo del grande storico permette di dare alle guerre, oltre a un significato, un paradigma per raccontare la grande Storia dell'uomo, per continuare la narrazione antropologica senza credere che si riferisca alle epoche lontane, prima della nascita della «civiltà».

Se la storia è riducibile alle battaglie, è implicito che parlare di civiltà è una illusione e un inganno.

Forse è possibile attribuire alla storia le «utopie», che disegnano un luogo e un mondo senza guerra. Ma le utopie, come i sogni, sono sublimazioni irrealistiche e inutili, se solo si pensa che già Platone parlava di felicità. Un tema di grande attualità, a indicare la continua presenza del dolore e il tentativo di dimenticarlo, in una comprensibile, ma ingenua esigenza di compenso.

Alla individuazione della storia umana come storia di battaglie, oggi possiamo aggiungere che le guerre sono decise e prodotte dalla paranoia: hanno dunque una causa. Vengono pensate, progettate, perseguite e condotte.

Una storia della paranoia, poiché tutti coloro che hanno voluto e ossessivamente cercato la guerra, sono stati e sono dei paranoici. Per fare qualche esempio di paranoici delle battaglie: Carlo V, Luigi XIV, Napoleone Bonaparte, Iosif Stalin, Adolf Hitler, Benito Mussolini...

Breve storia di una parola: paranoia

È dunque necessario soffermarsi, anche se brevemente, sulla parola «paranoia» e sul suo significato.

Il termine deriva dal greco *parà-nous*, con il significato di insensatezza, follia.

Non ha trovato un grande uso nelle lingue derivate dalla radice greca, poiché esiste una grande varietà di termini per indicare i comportamenti anomali. Basterebbe ricordare che Erasmo da Rotterdam pubblica nel 1511 il noto *Moriae encomium*, usando il termine *moria* (dal greco *morias*), riferito a follia, nel senso di una caratteristica dell'uomo, mentre con la nascita della psichiatria nel Settecento, assume la dimensione di male, malattia.

Spetta a Emil Kraepelin, un grande psichiatra (1856-1926), che nel suo *Trattato di psichiatria*[3] usa nella quinta edizione del 1895 il termine di «paranoia». Con tale espressione inseriva dei pazienti psicotici, che mostravano un delirio lento, chiamato anche «cronico», poiché nella nosografia era questa l'antitesi di «acuto». Consisteva in una vera e persistente convinzione, che informava non un episodio esistenziale, ma una interpretazione del mondo e della propria identità.

Nella paranoia la visione del mondo (Weltanschauung nella lingua tedesca) si fonda su pochi elementi, segno cioè di una rigidità, che può richiamare una ideazione ossessiva. E tutto veniva proiettato all'esterno di sé, come se l'individuo venisse guidato e condizionato

[3] La prima formulazione la compone nel 1883 all'età di 27 anni. Ne ha realizzate otto edizioni, che rappresentano degli aggiornamenti, degli sviluppi cioè di una delimitazione delle categorie dei disturbi della mente. Si potrebbe definirlo il Linneo della psicopatologia. Le prime due edizioni si chiamano *Compendio di psichiatria*, dalla terza prende il nome di *Trattato*. L'ultima edizione esce in quattro volumi, per il totale di 3098 pagine. A Kraepelin si devono definizioni di forme di patologia, tuttora con il nome da lui dato. La più nota è la «psicosi maniaco-depressiva», poi si ricorda la «demenza precoce» che, nel 1911, Eugen Bleuler chiamò «schizofrenia».

dagli altri, elemento questo che Kraepelin aveva definito «persecuzione». Il paranoico tende cioè a giudicare gli altri e il mondo come una realtà che lo perseguita.

Kraepelin opera nello stesso periodo in cui Freud sviluppa la propria teoria e tecnica della psicoanalisi.

Kraepelin era contrario alle idee di Freud e lo ignorava. È comunque curioso che nel 1895 Freud, in una lettera scritta a Wilhelm Fliess, aveva allegato un documento, noto come «Minuta H» in cui si parla di un caso di «forma ossessiva e delirante a sfondo persecutorio».

Un'altra caratteristica di questa forma psicotica è la mancanza di qualsiasi percezione di malattia che, a differenza del delirio acuto, non risulta chiara nemmeno agli altri. Si tratta pertanto di un disturbo che tende fin dall'inizio a essere nascosto, o quantomeno non riconosciuto, proprio perché il pensiero è organizzato, e finisce per apparire un *modus vivendi* particolare, ma non per questo malato.

Persiste la razionalità e raggiunge, talora, una iper-razionalità, termine che viene usato nel vissuto persecutorio e con cui attribuisce significati fondati sulle proprie idee e interpretazioni, lontane dalla realtà.

Con la pubblicazione nel 1983 della terza edizione del *Diagnostic Statistical Manual* (DSM III) redatta dalla Associazione psichiatrica americana e con l'*International Classification of Diseases* della Organizzazione Mondiale della Sanità (ICD IX), il termine «paranoia» è stato cancellato, sia perché il suo significato semantico era considerato generico nel richiamare la follia, sia perché, si ritenne di includere il quadro tra i disturbi deliranti di tipo maniacale come variante ipomaniacale, in quanto mancava delle caratteristiche «acute». La paranoia era diventata pertanto «disturbo delirante ipomaniacale», perdendo così la specificità nosografica con cui era stata definita.

Occorre tener presente che uno degli argomenti di grande significato in quel tempo era di poter raggiungere una uniformità di linguaggio, per controllare le diagnosi che venivano emesse in ogni Paese, tenendo conto della necessità di una uniformità anche in campo internazionale.

Nel 2011 Luigi Zoja, psicoanalista junghiano, pubblica un libro dal titolo *Paranoia. La follia che fa la storia*:[4] un contributo che ha mostrato la dissonanza tra la clinica psichiatrica e quella psicoanalitica, almeno junghiana.

Le psicoanalisi, centrate soprattutto sul caso che è sempre irripetibile, non hanno mai dato un'importanza centrale alla definizione diagnostica, che è invece elemento fondante del lavoro clinico, poiché compito proprio di questa branca della medicina è rilevare i sintomi ed è dal loro insieme (i *clusters*) che si deduce la diagnosi, per la quale sono previsti dei trattamenti che hanno un valore non individuale, ma sociale. Nel senso che si fa riferimento a modalità comuni di terapia, associata alla diagnosi.

L'esempio più emblematico è dato dagli psicofarmaci che trovano indicazioni su basi diagnostiche, mentre il singolo caso prevede solo l'adeguamento della modalità di somministrazione, dose e frequenza di assunzione, in base alla gravità. Le psicoanalisi erano e sono ancora legate a scuole, che hanno un proprio statuto, ma non un percorso universitario.

Il libro di Zoja ha rappresentato comunque un riferimento importante poiché è servito a riproporre, sotto questo termine, un disturbo che permetteva di identificare con precisione dei casi clinici. Ha aperto la questione

[4] Bollati Boringhieri, Torino.

se l'eliminazione del quadro di «paranoia» fosse giustificata, aprendo all'interno della clinica psichiatrica l'opportunità di affermarne la specificità.

La mia personale valutazione è che il termine di paranoia abbia diritto a essere mantenuto, così come l'aveva formulato originariamente Kraepelin, in quanto è fondato su un nucleo patologico che non permette di essere ospitato in altre categorie. I pazienti affetti da paranoia mostrano i sintomi di un delirio persecutorio, centrato sulla percezione di scorgere nel comportamento di chi è attorno un atteggiamento che tende a danneggiarli. Ma legata a questa interpretazione, si sovrappone la mania di «grandezza», come reazione di difesa prima, di supremazia dopo.

In maniera semplificata, il paranoico vive come fosse combattuto, non apprezzato e amato, ma allo stesso tempo la sua richiesta difensiva fa scattare un meccanismo di sopraffazione, di imperio e di violenza.

Il nucleo patologico è, dunque, formato dalla presenza di un vissuto che riporta a essere vittima e a entrare pertanto nello spettro depressivo ma, per il tipo di risposta, si attiva una forma maniacale lenta. Si tratta di una coesistenza in cui si rilevano comportamenti di un tipo, ma anche dell'altro.[5]

[5] Non sorprende che questa forma sia stata individuata da Kraepelin, che già aveva avuto il merito di riunire nella psicosi maniaco-depressiva due categorie che esistono anche in modo separato. È storica la concordanza tra un caso che era stato trattato da Kraepelin come depressione maniacale, e successivamente da Freud, noto come «l'uomo dei lupi». Una coincidenza che permette di affermare che, a separare semmai le due visioni, sono più le parole usate nel descriverle. La psicosi maniaco-depressiva, oggi in un linguaggio più adeguato, si definisce disturbo bipolare, più consono perché inserisce le due fenomenologie contrapposte come variazione di una unità psicopatologica.

La paranoia, che può essere associata in termini di contenuto al disturbo bipolare, ha bisogno di esserne separata per due caratteristiche cliniche.

La prima, perché manca della intensità dell'alternarsi tra fenomeni maniacali e depressivi. È noto che un paziente può essere gravemente depresso la sera e alzarsi il mattino con un delirio florido di onnipotenza. Nella paranoia i picchi sono meno evidenti tanto che, come abbiamo ricordato, permette al paziente un'attività sociale con continuità e coerenza.

La seconda caratteristica è che le due forme contrapposte non si presentano in sequenze distinte, come fasi di un tipo o dell'altro, ma sono rilevabili sempre in quanto co-presenti, diventando così un misto di comportamenti difensivi dalla persecuzione e comportamenti maniacali di imperio e arroganza, se non di violenza.

A caratterizzare questa condizione, entrano, dunque, in maniera specifica nella paranoia due elementi costitutivi sovrapposti: l'ambiguità e la sospettosità. L'ambiguità non va considerata nel significato etico di incoerenza.

Si tratta di una co-esistenza, di una sovrapposizione di stati nel senso, e sembra un paradosso, della fisica quantistica per esprimere una condizione della materia subatomica, che definisce delle particelle che mostrano condizioni contemporaneamente contrapposte.

L'interpretazione, che ha caratterizzato la psiche come funzione del cervello, si è fondata sulla dinamica molecolare, lasciando molti problemi aperti, ad alcuni dei quali appare possibile dare un significato applicando le conoscenze derivanti dallo studio della materia a livello quantico. Ciò significa che il comportamento molecolare acquista una visione differente se la molecola stessa è vista come risultato di un complesso meccanismo di particelle.

In questa ipotesi molte caratteristiche della funzione mentale, considerate secondo il principio del dualismo contrapposto, potrebbero assumere la dimensione di una sovrapposizione e quindi non essere lette come *aut aut*, ma come *et et*.[6]

Credo che questa lettura sia straordinariamente fertile per rileggere le dinamiche della psiche, e ho sostenuto che la sovrapposizione, dunque l'ambiguità, in questo nuovo significato rappresenti addirittura una regola, quindi una legge del funzionamento mentale.

Per attenermi all'*et et*, il legame d'amore che porta a una sorta di identificazione con l'altro comporta che si attivi implicitamente l'odio, che viene percepito dalla possibilità che quel legame si interrompa. L'odio si genera nello stesso momento in cui si attiva l'amore, di conseguenza mentre si vive la positività di quella proiezione, si avverte l'odio per il pericolo che comporta.

Dunque non si può percepire l'odio se non c'è l'amore e ciò vale anche all'opposto, poiché l'odio rimanda all'esperienza dell'amore o semplicemente al bisogno ancora di amare.

Chiarito il significato dell'ambiguità. Per il paranoi-

[6] Per esemplificare tale passaggio, che potrebbe essere straordinariamente importante nel leggere il comportamento della nostra mente, il professor Giuseppe Caglioti ha usato *Odi et amo*, il verso catulliano, come espressione che trasporta a livello psichico quanto accade nel mondo subatomico. Non si tratta, dunque, di condizioni in cui si ama e altre in cui all'opposto si odia, ma di una copresenza, una sovrapposizione di questi due comportamenti fenomenologicamente contrapposti, ma funzionalmente e psichicamente compresenti. Giuseppe Caglioti, Tatiana Tchouvileva e Luigi Cocchiarella, *Odi et amo: ambiguità percettive e pensiero quantistico*, Mimesis, Milano 2021.

co, si deve aggiungere che si sovrappone il sintomo depressivo, dato dalla persecutorietà, dalla percezione di un nemico, non solo temuto come possibile, ma vissuto e identificato nell'esperienza, a quello della potenza contenuto nella maniacalità che attiva contemporaneamente la percezione non solo di difesa, ma di dominio.

Il bisogno di usare espressioni come «nello stesso momento» trova, nella nostra procedura mentale che segue la temporalità, l'esigenza di delineare una dinamica simultanea per le due condizioni opposte. Analogamente nella fisica i principi newtoniani prevedono la sequenza temporale di causa ed effetto. L'espressione «sovrapposizione» riporta alla spazialità, esprime i limiti del nostro linguaggio nel raccontare eventi che sono stati intimamente contrapposti. È ormai famoso l'esempio estremo proposto da Schrödinger, del gattino che è dentro la gabbia, contemporaneamente vivo e morto.

Se leggiamo la paranoia in questa dinamica, la persecutorietà, che significa anche paura del nemico, è al contempo la percezione di una onnipotenza nell'eliminarlo. Nel momento stesso in cui si vive il nemico, si sovrappone la percezione onnipotente di poterlo eliminare.

Ritorna l'intuizione kraepeliniana di mettere insieme due deliri: quello persecutorio depressivo, e il delirio di grandezza maniacale.

Nella descrizione del paranoico, la copresenza di una percezione persecutoria e di una grandiosità in quanto effetti di uno stesso processo psichico, toglie qualsiasi giustificazione a dividere depressione da maniacalità, e acquista invece un profondo significato il quadro di depressione maniacale.

Sono questi alcuni elementi a sostegno della correttezza di mantenere la categoria psicopatologica della paranoia, indicando di conseguenza come un errore l'averla tolta dall'elenco dei disturbi psichiatrici.

Dal principio della «sovrapposizione», che vuole anche significare la unicità del processo che porta a due fenomenologie comportamentali distinte, deriva un significato clinico straordinario che permette non solo di tenere insieme la componente persecutoria e quella della onnipotenza maniacale, ma anche di attribuire una forma di proporzionalità e dunque di intensità alle due componenti. In altri termini, la risposta maniacale è simmetrica al grado di persecutorietà.

E così si può avere un delirio persecutorio di tale entità da richiedere una onnipotenza estrema, ma si può anche avere un delirio persecutorio che si accompagna a una entità maniacale di lieve entità, tanto da non risultare sul piano comportamentale con sintomi di gravità.

Se immaginiamo di avere come persecutore Satana, la risposta simmetrica sul piano maniacale è l'identificazione con Dio. Se la persecuzione è centrata su un nemico e dunque su una persona comune, la sovrapposizione è con un tipo di maniacalità ben più limitata, in quanto lo si può eliminare con qualche strategia semplice.

L'altro termine che va preso in considerazione per descrivere il quadro della paranoia è «sospettosità». È possibile a questo punto inserirla, poiché abbiamo non solo sostenuto il principio della sovrapposizione (ambiguità), ma anche di una correlazione degli opposti, che segue una vera e propria equazione nel regolare i gradi di espressione della persecutorietà e della maniacalità. La «sospettosità» esprime la condizione di chi tende a interpretare alcuni episodi e alcune persone, come nemiche e pertanto da controllare. Mentre il delirio persecutorio può portare all'isolamento completo, il paranoico si circonda di persone «fidate», è dunque in grado di differenziare e di mettere in atto un potere che è condiviso e trova dei supporti.

Vivendo di una presenza persecutoria, è in grado però di rivolgersi a una persona «fidata» e dargli il compito di neutralizzare e persino di uccidere. Nel delirio si può invece arrivare a temere tutti.

La paranoia dei potenti è una sovrapposizione nella identificazione dei nemici, ma anche di quella dei propri alleati.

È importante sottolineare il concetto di proporzionalità dell'intensità delle due condizioni sovrapposte, per sostenerne una qualche continuità con la normalità.

Di conseguenza, è possibile un *continuum*, tra comportamenti che aiutano a vivere verso l'acuirsi di comportamenti che entrano invece a un livello di gravità come la paranoia con forme di intensità persecutoria e di onnipotenza estrema.

A sostegno di questa considerazione è proprio la storia di alcuni casi in cui si è visto un vero passaggio di grado, fino al punto di ritenersi perseguitati persino dalle persone più fidate.[7]

Per vincere la tendenza a considerare come principio indiscutibile il fatto che un meccanismo difensivo si attivi solo quando si presenta uno stimolo negativo – e pertanto diventerebbe inconciliabile con l'ambiguità – può essere utile ricordare la sindrome di de Clérambault, in cui

[7] L'esempio più significativo nella storia è quello di Stalin che, nell'ultimo periodo, arrivò ad accusare di tradimento anche i famigliari, che per questo sono stati uccisi.

viene descritto il caso di una donna di 53 anni, convinta che il re Giorgio V di Inghilterra l'amasse perdutamente.

Pubblicato nel 1921, dallo psichiatra francese Gaëtan Gatian de Clérambault (1872-1934) in *Les psychoses passionnelles*, tratta di un delirio di grandezza che si esprimeva attraverso dei movimenti delle tende delle finestre di Buckingham Palace nella parte che dà sul grande cortile, a cui si accompagnavano dis-percezioni illusorie e persino allucinazioni.

Questo disturbo si associava all'attesa dell'incontro e a manifestazioni erotiche: un insieme tra il desiderio di un intenso amore e l'attesa che portava alla delusione, in quanto l'incontro non era mai soddisfatto. E tale mancanza era vissuta in maniera depressiva.

Giustamente questo caso è stato posto nella paranoia, anche se ne rappresenta una condizione limite. La sindrome di de Clérambault termina talora in un suicidio, talora con un comportamento che è invece di rancore aggressivo nei confronti dell'innamorato.

Questo riferimento serve a richiamare un altro sintomo della paranoia, dato dal comportamento sessuale, in cui il delirio di grandezza prende le forme di una *grandeur* erotica, con manifestazioni ipersessuali e il più delle volte con veri apparati che servirebbero, come il continuo mutamento di partner, a mostrarne l'iperattività. La paranoia è molto più frequente nel genere maschile.

Recentemente, con l'abuso di sostanze stupefacenti, si sono indicate due droghe considerate capaci di generare una paranoia psicofarmacologica. La prima sostanza è la metanfetamina, la seconda la cocaina.

Non è questo un dato insignificante, se si considera che la paranoia di Hitler era quantomeno rinforzata dall'uso del Pervitin, che è il nome commerciale della metanfetamina, una sostanza prodotta in Germania, che veniva somministrata anche ai soldati e a cui si deve in parte il comportamento che ha permesso la conquista-lampo della Polonia prima, e della Francia subito dopo.

I grandi casi

Riferendoci ora ai grandi paranoici della storia, è possibile rilevare dei comportamenti che sono parte di una stessa «visione del mondo», a cui si associano progetti che appartengono al delirio e certo non si sono espressi all'interno di una clinica psichiatrica, ma nella Storia coinvolgendo intere nazioni e talora l'intera umanità.

Il primo elemento è rappresentato dalla guerra, come riferimento fondamentale della paranoia, che ha insito il nemico e lo scopo di vincerlo ed eliminarlo, ma al contempo è espressione della paura e della persecuzione. Nel nemico si concentrano dunque i due comportamenti contrapposti: la superiorità per batterlo, e la paura di essere invece battuto.

Adolf Hitler fa la guerra per insediare come potente del mondo sé stesso e la «razza pura», a cui egli appartiene, e che caratterizza il popolo tedesco. Si tratta certamente del delirio più esteso, poiché la conquista, e quindi la guerra, ha come unico scopo di dominare il mondo.

Ed è attraverso la guerra che si inserisce la percezione del potere, un termine che definisce il caricarsi di una forza, che si espande oltre la dimensione corporea (forza primitiva), attraverso protesi date dall'esercito e dalle armi di cui viene dotato. Nel caso di Hitler, l'esercito ha il significato di una macchina umana che risponde ai comandi, esattamente nella maniera con cui un uomo dispone di alzare un braccio o di compiere un gesto.

L'esercito tedesco, durante le parate, marciava con il *passo dell'oca* che non distingueva più un soldato dall'altro, ma rifletteva solo l'ordine del Führer, il capo.

A sostegno di questa visione, basti ricordare che anche il presidente degli Stati Uniti d'America è sempre accompagnato, ovunque si rechi, da una valigetta da cui può attivare le testate nucleari, puntate sul nemico, identificato con la Russia, ma contro qualsiasi nemico.

Un richiamo per mostrare come le Forze armate siano un prolungamento del capo, e come la paranoia abbia bisogno della «identificazione di un nemico».

Il secondo elemento è dato dal «bunker», che è l'espressione massima della paura, in quanto va inteso come un luogo segreto, costruito con una tecnologia segreta, che protegge da ogni arma offensiva (è questo il caso del bunker atomico) e garantisce pertanto la sicurezza.

Hitler aveva diversi bunker, non solo quello in cui si trovava nell'ultima parte della guerra a Berlino, dove si suicidò il 30 aprile 1945, insieme a Eva Braun: era il tredicesimo . È da citare il più misterioso, *Il nido dell'Aquila*, situato in Baviera, vicino a Berchtesgaden.

Vladimir Putin possiede un bunker che si raggiunge attraverso un passaggio sotterraneo che, al contempo, ha tutti i dispositivi per valutare chi e cosa entra.

Nel periodo che ha preceduto la guerra contro l'Ucraina, svolgeva i colloqui con i capi di Stato, sia francese sia tedesco, in una sala vuota e a un tavolo la cui distanza dall'ospite era circa quattro metri.

Esempio di come alla percezione delirante del proprio potere come forza, si associ il massimo della paura, riversata su sistemi di sicurezza: massima percezione del potere e al contempo massima percezione persecutoria, fino alla paura degli stessi amici.

Il terzo elemento è dato dallo sfarzo, che è una esaltazione della ricchezza. Questa volta si passa dal bunker alla Versailles del Re Sole, ai possedimenti giganteschi che iniziano con la reggia ma, che nel caso di Putin, comprendono lussuose residenze composte da centinaia di stanze, circondate da aree naturali e impenetrabili difese, e da guardie della sicurezza personale. In questo delirio della proprietà, vi fanno parte aerei personali, yacht e auto potenti.

L'immagine che colpisce è sempre quella del grande paranoico vivente che sale su una enorme automobile blindata, che si muove però con sistemi di polizia davanti e dietro, spesso con otto uomini che a piedi la circondano, formando uno scudo umano per proteggerlo da possibili attentatori che vogliano colpirlo da lontano.

È indubbio che, in uno Stato dittatoriale mascherato da democrazia, queste esagerazioni siano parte del delirio persecutorio.

Occorre fare un accenno anche a Kim Jong-un, il presidente (eufemismo per dittatore) della Corea del Nord, che comanda un Paese in condizioni di povertà estrema e vive in una reggia, enorme, dotata di lussi e ricchezze, possibili solo alla fantasia. Soprattutto, comanda un esercito che riporta nelle parate a quello di Hitler, e che è dotato di sistemi atomici e di razzi a lunga gittata.

Un delirio di onnipotenza che si lega a un gravissimo delirio di persecuzione. Ha fatto uccidere un fratello, poiché non gli aveva espresso in maniera puntuale fedeltà; ha condannato a morte lo zio che svolgeva un ruolo di consigliere.

Hitler, dopo il tentativo nel 1933 di eliminarlo, vede

intensificarsi il delirio persecutorio e prima di assumere qualsiasi cibo o bevanda, si serve di Magda Goebbels, la moglie del ministro della Propaganda, che li assaggiava prima. L'unica persona di cui si fidava, a cui era legato da una relazione così stretta da far ipotizzare che uno dei cinque figli, che portavano il nome di Goebbels, per la precisione la quarta, fosse stata concepita da Hitler.

Ritorna, all'interno della paranoia, l'ambiguità per cui la persona più amata, viene usata per garantirgli la vita, mettendo in gioco la propria.

Ritornano l'*odi et amo, Eros* e *Thanatos*.

È regola che, nel piano di dominio del paranoico, vi sia un contenuto che diventa dominante, quasi ossessivo.

Nel caso del Führer era la difesa della «razza pura» e l'eliminazione di tutto ciò che al confronto era «degenerato». Un progetto scritto e divulgato nel *Mein Kampf*.

Nel caso di Vladimir Putin, il tema ossessivo è l'Ucraina, nella formulazione più semplice: che debba essere parte della Russia, come fosse una imposizione della Storia, del destino, e dunque di Dio.

Putin ha affermato di credere nella religione ortodossa e porta al collo la croce degli ortodossi, che ha avuto, come ha riferito, in dono dalla madre prima che morisse.

Già nel 2014 mette in atto un'azione di guerra, per poter sottomettere l'Ucraina alla Russia. Nel 2021 pubblica il proprio piccolo *Mein Kampf*, che nella traduzione italiana ha come titolo *Sull'unità storica di russi e ucraini*.

I postulati si trovano nella *Cronaca di Nestore* del periodo medievale, in cui si racconta che, nel 968, nomadi di lingua turca, giunti dal Basso Volga, assediarono la città di Kiev, conquistando e tenendo prigionieri i cittadini, che morirono di fame e di sete. L'evento era stato annunciato: «un segno apparve a Occidente, una stella smisurata si alzava la sera dopo il tramonto e ciò si ripeté per sette giorni. Quella stella sembrava fatta di sangue e preannunciava il versamento di sangue della città».

Una città, che è dunque guardata dagli dèi.

Un altro testo è il *Canto della schiera di Igor*: «nembi vengono dal mare / copriranno i quattro soli / rabbrividiscono lampi azzurri / dilagò l'amarezza e un dolore greve / si riversò dentro la terra russa / intanto fratelli / gemeva Kiev sotto l'angoscia».

Kiev non è parte della storia russa soltanto, ma sono gli dèi, il destino ad averla segnata

Del resto, alla Russia di oggi non può mancare Kiev, adagiata sulle rive del Dnepr, un corso d'acqua che collega con i greci del Sud, con il Baltico e Istanbul.

Un altro rimando del destino è al principe Svjatoslav, che con un esercito di 60.000 uomini, nell'XI secolo, circondava Kiev dove era rinserrata la madre Ol'ga, con i suoi tre nipoti. Il principe dopo aver liberato la madre e sottomesse le tribù slave, veniva a riscuotere ogni anno i tributi e poi ritornava nella capitale russa, annunciato dal suono del corno.

Su Kiev si raccontano molte leggende e, in ognuna, viene definita «l'anima dell'antica Russia». Miti che richiamano sempre un grande guerriero, tra questi anche il principe Oleg, che aveva occupato Kiev nel 882 e aveva giurato che questa città «sarà la madre di tutte le città della Russia».

Un altro grande è Vladimir II, il Monomaco (letteralmente «colui che combatte da solo»), il quale poteva raccontare di aver compiuto 83 campagne di guerra e di avere ucciso 200 principi. E si aggiunge Vladimir il Santo, il quale a Kiev porta il Cristianesimo, sostituendo gli dèi pagani e innalza, sulla collina di Boricev, una statua lignea gigantesca come segno della presenza del Dio cristiano, che non viene però da Roma, ma da Costantinopoli e segue quindi la liturgia e le preghiere bizantine.

Un altro punto forte è che nella storia, a Kiev saranno benedetti i sovrani della Russia.

E si giunge al 1943, quando l'Armata rossa riesce a rompere la linea tedesca stabilita lungo il Dnepr e a liberare Kiev da un vero genocidio.

Il 6 novembre di quell'anno a Mosca giunge il telegramma dell'Armata rossa «con immensa gioia annunciamo, che il compito di impadronirci della nostra meravigliosa città di Kiev è stato eseguito. Kiev è stata completamente ripulita dai nazifascisti».

Kiev diventa ancora una volta la città simbolo della Russia e si riempie nuovamente della popolazione russa.

L'Ucraina diventa il granaio del mondo, i vecchi mercati di Kiev richiamavano l'antichità e la ricchezza. Da allora Kiev ha raccontato e rappresentato insieme la grandezza dell'URSS.

Dopo la ri-separazione dell'Ucraina e soprattutto di Kiev, con la Dichiarazione di Indipendenza del 24 agosto 1991 (confermata dal referendum del primo dicembre) la storia e il destino aspettano Vladimir Putin scelto, sia pure attraverso gli uomini, da Dio. Il grande principe deve mettere a posto non la Storia, ma il Destino. Che c'entri Dio e nessun altro, è marcato dalla piccola croce bizantina che Vladimir Putin porta sul petto, dono materno della madre russa che non può vivere senza Kiev.

Con questi antecedenti storico-leggendari, la paranoia di Putin lo innalza al cielo e non si cura di questa terra.

Al Destino, rispondevano persino gli dèi dell'antica Grecia.

Nel 2022 ripete in maniera identica, ma più decisa l'invasione dell'Ucraina.

Questi richiami permettono forse di ritenere inesatta l'ipotesi che la conquista di Kiev e dell'Ucraina rappresenti la prima tappa per la ricostituzione dell'Unione sovietica smembrata. E che il delirio sia fissato in maniera precisa su Kiev.

Il paranoico non ha le caratteristiche per poter essere definito un uomo colto. La maggior parte dei grandi paranoici è al contempo costituita da grandi ignoranti, nel senso che non danno alcuna importanza a tutto ciò che non li riguarda, presi completamente dal «culto della personalità».

Non si tratta di semplice dilatazione egocentrica, ma del bisogno di diventare qualche cosa di «sacro», a cui tutti devono venerazione e rispetto.

L'egocentrismo di Narciso, esprime un processo psicopatologico chiuso dentro l'io; invaghito di sé stesso, non ricerca le verifiche attraverso l'altro da sé.

Putin da paranoico ha invece bisogno che il proprio delirio maniacale trovi approvazione e dedizione in ciascuno.

Il «culto» è un termine che appartiene alla sfera della religione, il monaco non può vivere senza avvertire la presenza di Dio. Un bisogno che si giustifica senza una precisa necessità, poiché è una identità che arriva a sostituire il proprio ego nella proiezione maniacale.

Di qui l'importanza della propaganda delle immagini. Occorre giungere alla percezione che, come senza Hitler non è possibile immaginare la Germania, così senza Putin non si può rappresentare la Russia.

Un processo che si contrappone alla stima, che invece è sempre legata a competenze, a capacità particolari. Il culto, invece, implicitamente contiene la dimensione dell'assoluto, del necessario, e non importa il «perché».

Nel culto della personalità il paranoico riempie il proprio vuoto. Regolarmente la paranoia trova radici su una individualità banale, caratterizzata da un passato di nullità.

E a distinguere la condizione umile che riguarda molta parte della popolazione è l'immagine di sé quale viene percepita entro il delirio.

Adolf Hitler nasce in una famiglia povera, vive con una madre in forte difficoltà, che vorrebbe tuttavia garantire al figlio di poter accedere a una crescita che gli permetta di modificare la propria condizione.

Il figlio tenta di iscriversi alla Scuola d'Arte a Vienna ma, per ben due volte, non viene ammesso.

Il padre di Vladimir Putin è operaio meccanico, la madre casalinga ha il compito di sfamare tre figli, due dei quali muoiono per malattie infettive. Vladimir frequenta le scuole che, nella Russia del socialismo sovietico, sono gratuite e aperte a tutti. Giunge a iscriversi alla facoltà di giurisprudenza di San Pietroburgo (allora Leningrado) e, raggiunta la laurea, imbocca la strada del servizio militare. Entra nell'organizzazione del KGB e arriva al grado di tenente colonnello. Una carriera che, per la Russia, era priva di qualsiasi fascino. E bisogna ammettere che per il culto della personalità non ha il *physique du rôle*. Deve avere avvertito nel periodo della crescita e ancora avvertire, guardandosi allo specchio, di dover modificare le sue abilità fisiche, e per questo si dedica alle arti marziali e in particolare al judo, riuscendo a indossare una cintura di grado elevato.

Anche la postura e il modo di camminare riportano a un *soldatino di ferro*.

Ha bisogno di porre la propria dimensione fisica dentro ambienti dorati, in «oggetti» come automobili esclusive (la sua limousine sembra essere un pezzo unico) o l'orologio che porta al polso (se ho ripreso correttamente la notizia, vale 700.000 dollari), forse anch'esso un pezzo unico.

Si fa vedere seduto al pianoforte, diventando persino ridicolo, anche perché per saper suonare questo strumento vi si deve dedicare molto tempo.

Non si parla nemmeno nelle biografie della potenza erotica, che manca certamente delle dimensioni di Stalin, che pretendeva di poter godere di qualsiasi ragazza che Berija doveva fargli trovare ogni sera, per aiutarlo a prendere sonno. E non richiama Mussolini che, alla stazione ferroviaria di Forlì, aveva una stanza in cui entrava scendendo dal treno e prima di giungere a casa.

Putin, dopo la separazione dalla moglie, ama farsi vedere con giovani donne vistose, come quegli eunuchi che celebrano l'eros come spettacolo, e non come pulsione.

Al pari di tutti i dittatori anche Putin è omofobo, ma moderato; ha anche detto di rispettare la omosessualità, anche se il suo compito principale è di aiutare le famiglie che, in Russia, sono eterosessuali.

Esistono differenze anche tra i paranoici, ma si situano sempre sulla percezione del proprio io, in quella sovrapposizione tra maniacalità e persecutorietà, che sta a indicare la consapevole o inconsapevole debolezza.

La dimensione maniacale è illimitata e segue una direzione che porta alla salvezza del mondo e alla identificazione con Dio.[8]

E dopo aver richiamato il principio della simmetria tra grado di persecutorietà e delirio di grandezza, è possibile sostenere che tale delirio illimitato si fonda in gran parte sulla percezione depressiva della propria miseria. Un progressivo annullamento, a cui si contrappone una, altrettanto progressiva, onnipotenza.

Adolf Hitler negli ultimi anni si sosteneva con droghe e in alcune circostanze, senza, era perfino incapace di parlare.

Il fatto più conosciuto è l'incontro al Brennero con Mussolini, che venne spostato in attesa che giungesse il medico personale, Theodor Gilbert Morell, per le abituali iniezioni.

Nel 1945, era preso da momenti di aggressività e violenza, alternati a stati di apatia e incapacità persino di muoversi.

La condizione di paranoia estrema si presenta nel periodo dal 25 al 30 aprile, giorno del suicidio. L'esercito russo è ormai vicino al bunker, la difesa di Berlino che egli pensava certa rappresenta per lui la fine, dunque il fallimento, un vissuto depressivo estremo. Ciononostante, detta una ordinanza in cui decide chi debba essere il suo successore alla cancelleria del Reich: la più alta espressione nell'esercizio del proprio ruolo di Führer.

[8] In questo si distingue dalla maniacalità, come categoria psichiatrica che è costituita solo dal delirio di onnipotenza che rimane, comunque, ancorato a dimensioni specifiche, ignorando persino il confronto. Paradossalmente, si potrebbe dire che nel disturbo maniacale puro la vastità del delirio è limitata, più ridotta rispetto alla dimensione paranoica.

Il potere politico

L'aspetto dominante nel comportamento paranoico rimane il potere, che va inteso come il raggiungimento di obiettivi con una rilevanza che, negli esempi riportati, supera di gran lunga la dimensione individuale, coinvolgendo un intero popolo. La sconfitta, la distruzione, sono le espressioni più vicine alla paura e alla persecutorietà, decisamente centrate sull'Io.

Se nel paranoico, la grandiosità ha una dimensione soprattutto esterna, l'aspetto distruttivo e depressivo si esprime principalmente all'interno. Ma anche il delirio di grandezza ha un esito che conduce al fallimento dei piani o degli scopi, che il paranoico attiva.

Nella storia di Hitler, il risultato è stato la distruzione dell'Europa e la sconfitta della Germania, con ferite non ancora rimarginate.

Altrettanto si deve dire per la paranoia stalinista, che ha evidenziato come un grande sogno, un'utopia disegnata da Karl Marx e Friedrich Engels, si sia mutata in una vicenda che ha condotto, invece che alla ingiustizia, alla dittatura più spietata proprio contro quel popolo a cui avrebbe dovuto dare finalmente dignità.

Al centro del comportamento delirante rimane comunque il potere, proprio in quanto rappresenta una delle due facce che appartengono all'ambiguità: ritorna l'immagine di Giano bifronte.

È proprio sul potere che bisogna insistere, poiché la paranoia non si applica solo ai grandi casi, ma è diffusa, anche se con intensità ben diversa. E per poter descrivere una paranoia «minore» occorre prima mettere in evidenza la dinamica attraverso cui una società rende possibile che venga raggiunto il potere.

Risalta subito che il potere di un uomo è sempre proiettato su ciò che non ha. Rientra cioè tra quelle dimensioni che tendono a ingrandirsi, richiamando un po' quanto accade per i desideri. Si dimentica ciò che uno ha, per dare rilievo invece a quanto vorrebbe possedere.

Ma esistono desideri «impossibili», una espressione che li avvicina al delirio.

Vi sono storie di successo, legate a progetti, a interventi adeguati, che possono modificare la storia di ciascun uomo. Esiti della capacità imprenditoriale, della creatività legano al mondo dell'arte, della bellezza che è un valore straordinario per l'uomo, della scienza per scoperte che incrementano la conoscenza, ma si traducono anche in tecnologie vantaggiose per una intera società.

Per il tempo presente, si impongono i computer digitali, che hanno dato l'opportunità a un potere raggiunto in maniera rapidissima e per lo più dai giovani. Ma se questi campi generano vantaggi, profitti, ricchezza, non si prestano tanto al delirio, poiché prevedono una progressione sempre legata a realizzazioni, che richiedono capacità organizzativa, una conoscenza specifica all'interno della realtà concreta, senza collegamenti con la paranoia, poiché – come abbiamo detto – prevede tappe progressive, quindi controllate.

Esiste una sola forma di potere privo delle caratteristiche ricordate ed è il potere della politica.

Il termine rimanda alla *polis*, a una comunità, a uno Stato, e a colpire è proprio la diversa dimensione tra un uomo che agisce entro il privato, che può estendersi alla propria famiglia, al lavoro e chi invece deve occuparsi di problemi enormemente più ampi per l'estensione territoriale e per il numero di abitanti. Si assiste a un vero allargamento dell'io e la percezione di sé cambia perché si svolge un ruolo così lontano dall'ordinario, da poter promuovere idee, disegni per la città, per la cui gestione è elemento fondamentale l'appartenere ai paranoici minori. Significa, infatti, avere desideri di emergere, di uscire da sé, per passare dal limite del subire all'area del comandare. Non si richiedono specifiche competenze, serve solo la paranoia, distinta (usando termini psicopatologici) per successivi stati di gravità.

Diventare sindaco di uno stupendo borgo toscano o della città di Roma, la differenza è notevole.

Putin, tenente colonnello di un'amministrazione pubblica, viene scelto da Boris Eltsin con incarichi di grande vastità per l'Unione sovietica, senza l'acquisizione di specifiche competenze. È semplicemente un uomo che viene dal nulla, ha percorso la carriera militare nei Servizi segreti assieme a migliaia di altri tenenti colonnelli, e d'un tratto, si occupa della grande Russia: quella degli zar.

Un uomo rimasto «povero», un tenente colonnello che viveva in una casa che aveva avuto per legge e disponeva per ogni persona di dieci metri quadrati. Improvvisamente ha come «abitazione» il Cremlino.

Non si può che parlare di una metamorfosi, che scatena la «sovrapposizione» di immagini: da «poveretto» a quella dello zar Nicola II. Un'avventura politica che si sovrappone a quella di uomo comune, come il capo che si occupa di tutte le Russie. Dopo la Rivoluzione dell'ottobre 1917, i riferimenti sono il delirio di Vladimir Lenin, gravemente peggiorato nel passaggio a Iosif Stalin, arrivando via via all'«errore» nella scelta di Michail Gorbaciov, a cui segue Boris Eltsin che si «innamora» di Vladimir Putin che lo sostituisce il 7 maggio del 2000 e non sembra mollare più il potere.

La metamorfosi di Adolf Hitler parte nel 1921 (a 32 anni) da Monaco, in occasione di una protesta popolare e senza acquisire alcuna competenza, giunge a essere protagonista nella Repubblica a Weimar. Successivamente, sempre attraverso la lotta politica (iscritto al Partito Nazionalsocialista, di cui diventerà capo) entra nel Reichstag dove nel 1933 è nominato Cancelliere e Führer nel 1934.

In questa dilatazione sul nulla, si deve pensare a una *disposizione* che lo rende un candidato alla paranoia.

La politica svolge un compito, per cui non appare necessaria alcuna capacità, ma richiede di essere paranoici, e in tale campo una delle patologie della mente come la paranoia, riesce non solo ad apparire normalità, ma eccezionalità.

La politica, come luogo della paranoia, risulta dalla stessa struttura che, in qualsiasi sistema e quindi nelle diverse forme di organizzazione, porta alla identificazione dell'uomo potente.

Non sempre si verifica che il potere esercitato appartenga esclusivamente alla posizione gerarchica più elevata. Nel sistema democratico, in cui i gradi sono stati formalmente occupati attraverso procedure che caratterizzano le regole delle elezioni, ci si accorge che in realtà il potere è esercitato su differenti livelli di paranoia con all'apice il paranoico più grave.

È fuori di dubbio che, nel nostro Paese, l'impianto politico riflette una democrazia, garantita dalla Carta costituzionale e dalle leggi che regolano le dinamiche per l'elezione delle cariche istituzionali. E risulta evidente dal sistema parlamentare, formato da 400 deputati e 200 senatori. E poiché le leggi sono votate in Parlamento, l'attesa del sistema è che vi siano 600 persone che possono portare la propria visione e le proprie competenze. È pertanto giustificata l'attesa che, con un così ampio contributo, le leggi emanate abbiano un'alta probabilità di essere adeguate, e di evitare gli errori.

Ma è l'attesa più illusoria che si possa immaginare, tanto da poter con decisione affermare che le leggi emanate sono il risultato di una oligarchia, costituita da dieci persone, una volta stabilito in maniera schematica che questo è il numero dei partiti. Ciò significa che, di fronte alla proposta e alla discussione del contenuto di una legge, deputati e senatori ricevono l'imposizione di come votare. In tal modo, i delegati votano anche contro il proprio parere seguendo l'appartenenza ai diversi partiti. I segretari sono gli oligarchi. In questo contesto la paranoia presenta una discreta e sicura gravità, poiché rappresentano dei veri dittatori per la compagine e il funzionamento dei singoli partiti. E che di paranoia si tratti, lo dimostra l'intolleranza verso una qualsiasi disobbedienza, che viene punita con l'estromissione dal partito, come si trattasse di un tentato omicidio politico.

Si tratta di una oligarchia apparentemente complessa poiché deve sembrare democratica mentre è assolutistica. Si tratta di un iter puramente formale, di una vera burocrazia, poiché il grande paranoico del partito, senza motivazione alcuna, impone sempre come votare. E sempre da paranoico, impone decisioni senza spiegarle anche perché, più del contenuto, vale l'unica dimensione – che abbiamo visto essere fondamento della paranoia – la persecutorietà, in cui è immediata la percezione di un «nemico», che impone la «logica» di combattere, e possibilmente vincere o distruggere.

Il nemico, nel contesto dei partiti, è un partito o una coalizione, e la tendenza è di giungere al dualismo: alla «destra» e alla «sinistra».

Una condizione ideale per il sistema paranoico dove, per esigenza di delirio, viene identificato nella forza opposta il persecutore.

A dare sostegno a questo iter, che ha dominato la scena sia internazionale sia dei singoli Stati, per gran parte del Novecento i due nemici erano il Partito comunista e il partito del liberismo democratico. Per esprimere questa contrapposizione, si era giunti ad affermare che il nemico comunista si doveva identificare nel demonio, seguendo il quale gli adepti promuovevano il «male» e per indicarne la gravità, giungevano a «mangiare i bambini». A dimostrarne la componente delirante, è l'esistenza ancora di chi si oppone al comunismo e se ne vanta, quando è decisamente tramontato persino nella ex Unione sovietica.

E proprio alla Russia occorre fare riferimento e, oggi, a Vladimir Putin. In maniera molto esplicita si parla di «zar» a indicarne il potere assoluto e di «oligarchi», uomini scelti dal capo e che gestiscono il potere industriale, militare ed economico e persino religioso.

In Russia esiste un Parlamento (Duma), costituito da componenti i quali hanno, come unico compito, di approvare con una forma apparentemente democratica ciò che Putin vuole, sentiti semmai gli oligarchi.

Da questa descrizione credo appaia come un sistema che, dal punto di vista ideologico, dovrebbe essere espressione del popolo, abbia generato nella realtà una selezione che è opera di servitori, che gerarchicamente dipendono dall'unico dittatore popolare, che generosamente distribuisce vantaggi agli oligarchi.

Subito si pone la questione di come questa finzione democratica sia accettata attraverso elezioni popolari, già preordinate con la propaganda e tutto ciò che si chiama imposizione democratica, derivante dal sistema stesso che deve far scegliere, credendo di fare liberamente, ciò che in realtà è imposto.

Gli apparati di propaganda sono diventati veri sistemi di persuasione occulta. Gli elettori illusi, votano partiti che sono strutture stabili con una organizzazione interna gerarchica, che non ascolta nemmeno il popolo, ma il segretario del partito. Gli elettori diventano così inconsapevoli vittime della speranza di poter vivere meglio, per le promesse che rientrano nella propaganda e che sono quindi illusorie.

In sintesi, si tratta della farsa che vede in platea il popolo, e sul palcoscenico gli attori, tutti paranoici con gradi di malattia molto diversi, misurabili sulla sovrapposizione tra la voglia di primeggiare (mania) e soprattutto il forte desiderio di sconfiggere il proprio piccolo nemico che, anche se in maniera non grave, impersona il «persecutore».

Il parlamentare, che dal Nord o dal Sud del Paese si reca a Roma per votare ciò che è imposto, è un medio paranoico in quanto nella città da cui proviene, quindi, da un luogo ristretto e di piccola dimensione, è il capo e può quindi esprimere quella sintomatologia che, al più alto livello, arriva all'onnipotenza di Putin, o a quella degli oligarchi di partito.

Tornando a casa nell'estremo Nord o Sud del Paese,

il servitore si identifica precisamente con il paranoico, a cui ubbidisce.

Tutti i politici hanno, quindi, la possibilità di manifestare il proprio disturbo paranoico.

La mente va a quei versi di Dante che, dovendo spiegare il come sia possibile che, nel Paradiso, i beati che egli incontra nei primi cieli possano non invidiare quelli che si trovano più in alto a contatto con il Creatore, usa la metafora delle botti di diversa grandezza, e di conseguenza con contenuti differenti, per sostenere con eleganza che il concetto di «pieno» è indipendente dalla dimensione, ma si fonda sulla completezza. Il paranoico parlamentare, quando torna dentro la propria botte, non importa se piccola o grande della propria città o circoscrizione, vive da grande paranoico.

Provo piacere nel constatare che nessuna persona saggia potrebbe coinvolgersi in questo sistema politico. Del resto, nella saggezza non esistono gerarchie. Non nell'amore, non nell'autorevolezza, non esistono nei processi della conoscenza e del sapere. In tutti questi luoghi, al potere si contrappone l'umiltà (nel significato etimologico di sentirsi parte della Terra).

Un'espressione diventata molto diffusa e che sostituisce la vecchia terminologia dell'etica, il *politically correct*, significa appunto non dire la verità e mostrare l'apparenza.

In questa struttura organizzativa che è, lo ripetiamo, la rappresentazione operativa della paranoia, la competenza viene completamente esclusa e certamente non richiesta. La «vocazione» va dunque cercata dentro la condizione psicopatologica e, una volta entrati nella politica e nei suoi comportamenti, non se ne esce più in quanto è l'ambito entro il quale si avverte di poter seguire una vera «ascesi». Da intendere non in senso trascendentale, ma come acquisizione progressiva di potere.

Importante è la disposizione paranoica e il resto non è che pura decorazione. Queste considerazioni portano a legare facilmente la politica alla stupidità, proprio nel senso di «stupore», che si attiva nel considerare l'importanza di un ruolo istituzionale, affidato a chi non ha alcuna competenza. Un paranoico di buon livello può passare da un ministero a un altro, senza avvertire né difficoltà né una incoerenza.

La politica, in particolare quella italiana, è l'ambito in cui la stupidità non genera vergogna, ma al contrario viene esibita. E la promozione del sapere non trova alcuna considerazione. Nella storia della nostra democrazia, un partito si era identificato con lo slogan «con la cultura non si mangia» e, a mostrare che era più importante il pube della testa, completava tutta l'attività della mente umana con un altro slogan: garantiva che il proprio partito «ce l'ha più duro».

È veramente straordinario, e drammatico allo stesso tempo, che, con l'aumentare del livello di ignoranza, scompaiano progressivamente la capacità critica e il dubbio, lasciando il posto all'arroganza e al delirio, a cui mancano dubbio e critica.

Occorre dedicare un po' d'attenzione al ruolo politico della donna. Non vi è il minimo dubbio ad ammettere che, nella politica italiana, la donna ha avuto almeno finora un peso molto diverso dal genere maschile. È però da tener presente che è in corso, e giustamente, un processo che tende a togliere ogni discriminazione nei diritti civili e nei ruoli sociali.

La constatazione del differente peso dei due generi viene anche in politica ritenuto effetto di una discriminazione. Deve invertirsi la tendenza, fino a garantire che anche nella politica le donne abbiano un numero uguale di funzioni, espresse nei diversi ruoli della gerarchia politica.

A sottolineare questo processo di equiparazione, si è introdotto il criterio delle «quote rosa» che dovrebbe permettere di giungere rapidamente all'equiparazione.

Siamo ben lontani dalla distribuzione teorica e, tenendo conto dell'analisi da noi fatta e in particolare del minor contributo della donna al disturbo paranoico, siamo convinti che non sarà facile che si raggiunga questo obiettivo.

È di grande interesse, tuttavia, considerare che i casi di carriere politiche femminili di alto livello, appartengono alla paranoia, con qualche distinzione, legata alle caratteristiche biologiche e funzionali femminili. Il potere nella paranoia maschile è centrato sulle cose, sul denaro; nelle donne lo è sulla bellezza, nel ritenere cioè che essere presidente del Senato significhi acquistare in seduzione. Con la «sovrapposizione» dei due principali contrasti tra depressione-persecuzione e delirio di onnipotenza, nella donna la modulazione diventa tra la persecuzione e il bisogno di attirare e la visibilità che comporta eleganza, perfezione, con una proiezione di sé sulle grandi donne del mondo, ma anche di quelle del paradiso.

Non credo molto a una gestione politica al femminile per dare al Paese una diversa e finalmente vera democrazia. Equivale a dire che lo stretto rapporto tra politica e paranoia è unisex. E ciò significa che il dominio della paranoia, pone in secondo piano i valori della femminilità.

Con l'idea di dare fondamento scientifico al rapporto stretto tra politica e paranoia e per puro gioco, si potrebbe parafrasare l'equazione di Einstein in $po = pac^2$: la politica risulta cioè una manifestazione della paranoia, moltiplicata per la costante universale, data dalla velocità della luce al quadrato. E così si esprime che la politica e la paranoia sono sì fenomeni diversi, ma di una stessa realtà, proprio come massa ed energia.

La politica tende ad attrarre i paranoici, e pertanto non può essere accettato o esistere chi non soffre di questo disturbo.

È possibile individuare casi che, entrati erroneamente in politica, non hanno resistito oppure sono stati eliminati come incapaci disturbatori, ma soprattutto perché intelligenti. E l'intelligenza non è infatti compatibile con il delirio.

Il rapporto è talmente dimostrato «scientificamente» da poter affermare senza errore che il politico è un paranoico e che la politica, a propria volta, rende manifeste caratteristiche che progressivamente diventano segni, poi sintomi, e quindi disturbi paranoici.

Da tali considerazioni deriva che la politica che oggi esiste, è malata, e che i luoghi in cui si esercita dovrebbero essere gestiti da una sana psichiatria.

Per il momento è solo possibile immaginare una vera politica nell'Utopia. Una gestione della polis che non risponda ai bisogni dei paranoici, ma a quelli fondamentali dell'umano, immaginando un Putin della pace, un presidente del Senato che si volga alla bellezza dei bambini, che vuol dire aiutarli a crescere come parte di un insieme sereno senza nemici e fantasie eroiche. Una politica che non distingue un Paese tra chi vince e chi perde, e che alla lotta sostituisca la cooperazione, che metta in primo piano il valore dell'esistenza umana, in un clima in cui ognuno di noi, il *dèmos*, possa dare il proprio contributo a rendere il Paese migliore, sulla base del piccolo o grande ruolo che occupa e delle dotazioni che ciascuno possiede e può esprimere.

Una politica per «curare la paranoia», trasformando il delirio in un rapporto di realtà, condizione necessaria per raggiungere la serenità, per non temere il prossimo, ma considerarlo amico e in alcuni casi amarlo.

A differenza del politico malato di paranoia, che crede di star meglio peggiorando la propria condizione malata. La malattia del potere è infatti sempre più grave, proporzionatamente al potere raggiunto. Anche questa affermazione si può tradurre in una equazione matematica.

Sono sempre scappato dalla politica con il terrore di diventarne vittima. Ha sostituito la percezione che, nella mia formazione infantile e adolescenziale cattolica, avevo riposto nel demonio.

Un vero terrore del potere, definito nell'espressione «faccio, perché posso» o in alternativa, «poiché posso, faccio», senza considerare che cosa quel fare significhi per gli altri. Un operare a proprio vantaggio, nella sublimazione di dedicarsi agli altri.

Credo che nella mia crescita abbia avuto un grande peso la figura di quel Gesù di Nazareth che, al potere, aveva scelto di aiutare l'altro non di dominarlo.

Non so giudicare e mi sforzo di conoscere, di capire. Ho bisogno di legarmi agli altri, poiché avverto la mia fragilità che mi riporta al bisogno dell'altro.

Incapace di giudicare e con la percezione dei miei limiti, sia come appartenente alla specie animale umana, sia per quelli legati alla mia singolarità, non mi è possibile né comandare, né immaginare nemmeno di esercitare il potere.

In questa condizione non si possono avere nemici, mentre si avvertono simpatie e antipatie, che sono legate alle emozioni e ai sentimenti, che rappresentano una vera guida, non per fare la guerra ma per unirsi a quelli con cui si è pronti a condividere la propria esistenza.

Ed è questo, e solo questo, il significato di pace, come desiderio di vivere con gli altri.

Le simpatie e le antipatie rientrano nei meccanismi di difesa, la più straordinaria è data dal legame d'amore che porta l'uno a dire all'altro «ho bisogno di te».

Fuggo dal potere politico. Non credo di possedere le caratteristiche e la superficialità per ritenermi superiore agli altri.

Non mi impongo e propongo mai, rispondo alle richieste che non hanno un senso solo per me, ma per gli altri.

Amo la solitudine. Rifuggo gli elogi. Le critiche, anche quando mi amareggiano, mi portano a un'analisi e verifica, per accertarmi che anche le più cattive non contengano qualcosa di vero.

Provo soddisfazione e persino commozione di fronte alle grandi scoperte scientifiche e sento apprezzamento e persino affetto, per chi le ha rese possibili. Non mi sono mai preoccupato del furto delle idee, sempre molto impegnato a generarne di nuove.

Se mi rubassero la penna stilografica che, per me, ha anche un significato simbolico, non mi impegnerei a trovare il ladro, ma cercherei le condizioni per acquistarne un'altra, identica a quella di cui sento la mancanza.

Alle mie figlie ho insegnato a non chiudere le idee dentro i cassetti, ma a produrle. Disprezzo il potere del denaro e considero la ricchezza una malattia sociale: ho cercato di avere sufficiente denaro per potermi difendere, e le mie figlie non hanno corso il rischio di ammalarsi di ricchezza, perché hanno imparato presto a provare il piacere di dare, di donare.

Non sono e non potevo appartenere al potere della politica, ma ciò non mi ha impedito di credere in una democrazia possibile.

Ho esercitato il diritto di delega in tutte le occasioni di voto, anche quando avevo bisogno di immaginare che nelle liste ci fossero persone perbene, mentre erano tutti piccoli o grandi paranoici. Mi limitavo a scegliere i candidati, con forme cliniche iniziali, sperando che il decorso fosse tra i meno severi.

Il potere della competizione

Abbiamo già sottolineato che il potere della politica è di per sé un disturbo paranoico. Pur non essendo l'unica forma di potere, nella società del tempo presente, il potere tende comunque a costituire gerarchie, a stabilire quindi separazioni nette che generano inimicizia.

Un esempio di potere estraneo alla politica è quello nobiliare, fondato sul principio della «ereditarietà», una tendenza che è stata estesa persino all'ambito delle imprese, dove il figlio, di solito il primogenito, assume *ipso facto* il potere, indipendentemente dalla considerazione e dalle capacità aziendali e del percorso che un'azienda aveva seguito nel proprio sviluppo.

L'ereditarietà del potere non è indice certo di una successione della paranoia, semmai contiene un eccesso di speranza, un atto di fede che porta a credere che il proprio figlio possegga ciò che invece gli manca.

È comunque possibile che i figli superino nell'attività

aziendali i padri ed è comprensibile che la difesa della storia aziendale mantenga una identità famigliare, pronti tuttavia a metterla nelle mani del merito di chi comunque possiede le competenze.

Una particolare importanza hanno in questi casi le simpatie e le antipatie. Un «sentire», che esprime un legame di tipo affettivo proprio della specie umana e fondato nel riconoscersi nell'altro, nel percepirsi per alcuni aspetti come identico.

La simpatia è, dunque, un meccanismo strutturale della psiche, che aiuta a vivere.

E si inserisce nel processo di identità-identificazione.

Prima di tutto a caratteristiche somatiche, a una somiglianza con sé e con le persone a cui già si vuole bene; una percezione immediata di alleanza e di sicurezza. Ci si guarda attorno e tra molti, si avverte l'attrazione verso una persona che diventa riferimento, poiché è la più simile e riporta a un legame positivo. La simpatia va rispettata e seguita. C'è una simpatia del volto, ma anche delle idee.

La simpatia o antipatia rappresentano delle risposte immediate, dei legami persino casuali, che possono avere una evoluzione.

Un meccanismo da «pronto intervento psichico» a cui non va attribuito un valore stabile e senza che debba necessariamente condizionare.

Che un nonno abbia simpatia per un nipote è tra le espressioni umane più evidenti, ma non comporta che debba essere lo stimolo per una serie di distinzioni e ingiustizie nei riguardi degli altri. Ed è tutt'altro che scandaloso che l'insegnante di matematica avverta simpatia per un allievo e antipatia per un altro, ma questo sentire non deve legarsi all'idea che il simpatico sia portato per la matematica mentre non lo sia l'antipatico.

La distinzione è che il primo suscita un vissuto affettivo, l'altro induce un distacco, che porta alla sua «eliminazione».

Il simpatico diviene parte del piacere, mentre inconsapevolmente l'antipatico produce pensieri spiacevoli. Si tratta di reazioni non solo della mente, ma persino il corpo, la postura, la mimica del volto, la esprimono. Ciò rende impensabile il poterle nascondere, si dice spesso: «cerca di essere gentile, ma si vede che non ti piace».

Vi è un'unica possibilità di attribuire un qualcosa di positivo al termine potere ed è quello di associarlo alla competizione. Competere vuol dire confrontarsi, misurarsi su un'azione. Comporta, cioè, il fare.

La politica riporta invece, sempre a un dire, a un pensare. Il delirio, infatti, non è che una interpretazione errata del mondo.

Non vi è dominio che, più della politica, si leghi al chiacchierare, al dire, al contraddire, al sottolineare, al mostrarsi in disaccordo, al parlare per non dire... Un esercizio del pensiero che va ben oltre la retorica che, nella sua espressione classica, spingeva al «dire bene», con eleganza. Ora si è giunti a una retorica dello stravolgimento, che finisce per essere sostitutiva dei contenuti e giungere solo a una vuota produzione di suoni.[9]

La competizione non si riduce a un confronto verbale,

[9] Uno degli strumenti politici era di parlare talmente a lungo da occupare il tempo di una seduta del Parlamento senza lasciare spazio all'altro. Si è arrivati a episodi in cui qualcuno ha ritenuto di dover leggere lunghe pagine di un trattato, pur di far trascorrere i termini entro i quali doveva essere approvata una legge.

ma a un impegno nel realizzare e non vi è dubbio che, da questa verifica, esce sempre chi vince e chi perde, mentre è impossibile vincere sempre o perdere sempre. È legata a variabili, non si tratta di una condizione deterministica. Prevede in alcune prove di riconoscere la superiorità di chi ha vinto e, allo stesso tempo, di conoscere quanto debba fare chi ha vinto per sperare di superare ancora nel prossimo confronto. Una dinamica che viene definita agonismo e riporta allo sport, ed è veramente un esempio straordinario poiché in questo campo è necessario considerare l'altro, il concorrente, per conoscerne le abilità, le doti e nello stesso tempo, valutare sé stessi, considerando il margine di miglioramento che si impone per poter essere cioè un po' al di sopra del valore dell'altro.

Se nel confronto con il nemico si attiva come presupposto il disprezzo che lo pone subito come opposto, in quella della competizione viene incluso l'apprezzamento e quindi il valore dell'altro.

Per un atleta del salto in alto, il riferimento è l'asticella e l'altezza a cui è stata posta. Per saltarla è necessaria una preparazione tecnica e una classe che impegna il corpo nella sua interezza. Si vince sempre per un soffio, e nella soddisfazione della vittoria è implicita la stima in colui che ha perduto. Il vincitore gli stringe la mano.

È bellissima la competizione, perché il valore di chi vince si lega necessariamente a quello di chi perde. Sulla sua bravura, la vittoria ha un valore.

Il potere paranoico si esprime usando un esercito di dimensioni enormi, dotandolo persino di armi nucleari per distruggere una storica città, difesa da civili che, nella disperazione, hanno imbracciato un fucile.

Da una parte la distruttività, l'arroganza, dall'altra la capacità, la preparazione e il confronto.

L'agonismo e la vittoria dell'uno si fondano sul valore proprio e su quello del competitore.

Una competizione del fare richiede un lungo impegno, se si vuole «saltare un'asticella» posta vicino al record, raggiunto in quella specialità.

Si tratta di un potere guidato dalla forza di migliorare, non lo si esercita urlando con la voce del comando. Un risultato che rende orgoglioso l'intero Paese che si rappresenta. Ed è bellissimo vedere, come nelle Olimpiadi, i colori della bandiera della propria nazione, sventolare assieme alle note dell'inno nazionale. Non c'è mai odio, e la competizione ricrea sempre un clima di festa, dove il confronto è direttamente riferito a un'azione che ha identici criteri per essere valutata. Non vi è nulla di segreto, di falso.[10]

In questa dimensione del potere è contenuto l'impegno, che è un'altra parola assente totalmente nel potere paranoico.

L'impegno è l'espressione reale e simbolica che ciascun uomo potrà fare più di quello che ha già compiuto, e nella percezione di questo potenziale, vi è il significato della storia di ciascuno.

Abbiamo fatto riferimento ad ambiti dello sport, ma è altrettanto corretto usare il termine «sportivo» per attività che si occupano di temi non appartenenti al gioco.

La professione medica ha a che fare con il dolore, con il male (malattia), ma l'attività medica può essere con-

[10] A meno del doping, fortemente condannato.

dotta con impegno, con la voglia di vincere che, in questo caso, è aiutare il malato a guarire.

È utile la competizione con ambienti di cura e con professionisti di grande valore, in quanto permette risultati, propri di strutture modello.

Lo stile del gioco, la sua dinamica hanno importanza e allora, anche un giovane medico è animato dalla voglia di poter «saltare un'asticella» sempre più alta. E se ne accorge, guardando il sorriso dei propri malati.

Il riferimento alle dinamiche sportive e al gioco, abitualmente lo si proietta sui bambini che, attraverso il gioco, imparano a vivere, attraverso l'imitazione e l'esperienza diretta. E in questa tecnica entra l'importanza delle figure adulte: la maestra, la mamma, qualche personaggio, conosciuto un tempo nelle favole, ora nei mass media. In ogni caso il riferimento non è a un nemico, ma a una persona autorevole.

Il potere che abbiamo chiamato competitivo si identifica proprio in chi è credibile, autentico, esempio.

In questa atmosfera del potere scompare il termine paura, a differenza del potere paranoico, in cui si fa paura.

Esiste una politica che vuol dire governo della città fondata sulla competizione e sul confronto, al fine di realizzare operazioni scegliendo la maniera migliore tra differenti opzioni. È questo il momento del compromesso, inteso come disposizione alla flessibilità, tale da poter accogliere soluzioni combinate e per questo ancora più efficaci.

Compromesso non è una parola «infelice», ma la premessa per opporsi al radicalismo, alle posizioni assolutistiche, che presuppongono la verità.

Nella politica del confronto e del compromesso sul cosa e come «fare», è sempre possibile correggere le proprie idee. Occorre però la stima reciproca, il poter vedere quanto di positivo vi sia nell'opera e nell'apporto pratico anche di chi la pensa in modo diverso.

Sembra un'affermazione scontata, se non si tenesse conto che la politica paranoica è un esercizio del parlare, del discutere unicamente per «partito preso». E mai si è imposto un termine più preciso, poiché ogni partito non si occupa del fare, ma dell'affermarsi, che non riguarda mai l'organizzazione di una città, ma si rivolge al potere di un singolo e del suo partito sulla città.

Se le caratteristiche di una politica possibile fossero praticate, sarebbero allora in molti a voler contribuire per fare della città un luogo di vita serena. Allora si potrebbe scoprire quanto importante possa essere il contributo delle donne, ma anche dei giovani e dei vecchi, e si proverebbe che, in una città bene organizzata, ciascuno vive meglio e può essere utile alla comunità.

Vengono alla mente subito i due grandi affreschi, dipinti da Ambrogio Lorenzetti con il titolo *Allegoria ed effetti del Buono e del Cattivo Governo*, conservati nel Palazzo Pubblico di Siena e realizzati nel 1338-39.

L'impotenza esistenziale

Nel 2008 con la pubblicazione di *L'uomo di vetro* avevo riportato la fragilità come punto centrale, come paradigma dell'esistenza umana.

Allora il termine era usato soprattutto per gli oggetti, alcuni dei quali mostravano la caratteristica di potersi facilmente rompere e di perdere in questo modo non solo ciò che li distingueva, ma in particolare la loro bellezza. L'esempio particolarmente espressivo era un vaso realizzato dai maestri vetrai di Murano, che riuscivano a dargli forme e colori di straordinaria raffinatezza legata in gran parte alla sottigliezza del vetro che i soffiatori ottenevano.

Dagli oggetti la fragilità era stata spostata sulle caratteristiche dell'uomo, sulla complessità della sua struttura e sulla raffinatezza di alcune funzioni somatiche e mentali. Avevo definito la fragilità come caratteristica dell'umano, sostenendo che aiutava a vivere per la funzione di motore delle relazioni interpersonali e fondamento persino della socialità.

La fragilità come forza che porta il singolo a percepire il bisogno dell'altro, supportando l'idea che l'esistenza non va circoscritta al singolo, ma si esprima nelle relazioni. Una vera pulsione a dare al «noi» la dimensione esistenziale umana.

La fragilità è dunque il fondamento del comportamento ed è parte della consapevolezza. Per questo il termine pulsione non equivale a istinto che è invece automatico e immodificabile.

La consapevolezza, nella specie umana, non porta solo alla dimensione della propria identità, ma permette di controllare e scegliere i comportamenti.

La fragilità è la tendenza a unirsi all'altro, per raggiungere risultati che nell'individuo isolato non sono possibili. Ottenendo così gratificazioni che, altrimenti, sarebbero impossibili.

L'esempio è quello dell'amore che ha come fondamento l'altro. Il contrario della figura di Narciso, il cui egocentrismo rende impossibile la relazione se non con sé stesso.

La fragilità è pertanto da definire una qualità e una condizione di arricchimento delle capacità e delle esperienze umane. Una dote che arricchisce l'amore, permettendo il piacere di chi allo stesso tempo dona.

La fragilità è, in altri termini, la percezione di un limite che promuove comportamenti positivi per il fatto di aver consapevolezza di quel limite.

La fragilità, in questi anni, ha trovato attenzione, sia nel campo dell'educazione sia in quello della qualità della vita. A dimostrarlo è il significato che in questa visione si è attribuito alla solitudine, al nemico, alla comunità come habitat per trovare serenità e sicurezza.

La fragilità ha inoltre condotto alla consapevolezza della *impotenza esistenziale* umana e questo è il tema a cui è dedicato questo capitolo.

Si tratta di un limite capace di generare frustrazione,

un vissuto che innesca meccanismi che non si possono definire positivi, né per il singolo né per i comportamenti sociali. Il termine *impotenza* significa incapacità di poter raggiungere risultati, prestazioni, che invece si vorrebbero ottenere. L'impotenza si definisce anche come debolezza, un'espressione che appartiene persino alla medicina e in molti casi è oggetto di terapia.

Con l'aggettivo *esistenziale* assume una dimensione che riporta alla vita, che è sempre esperienza. Vivere significa muoversi, compiere delle azioni, non si limita a una ideologia o a una visione del mondo. Solo nell'operare si esperimenta la capacità di fare o la constatazione di fallire.

Di questa possibilità è parte la *volontà di potenza* che ha riflessi nel fallire in quanto comporta un'esclusione con percezioni negative, poiché la prova si accompagna sempre alla volontà di poter raggiungere un obiettivo.

L'impotenza non è un'idea, è una esperienza negativa: «volevo fare e non ci sono riuscito». Il che implica che l'ambito è quello della pratica e della verifica che un altro riesce dove quel singolo ha fallito.

Uno dei campi in cui il termine impotenza è stato più usato è la sessualità, con le espressioni di *impotentia coeundi* e *impotentia generandi*. Nel primo caso, non si riesce a compiere il gesto, diffuso nelle specie viventi, del rapporto tra organi maschili e femminili che, nell'uomo, si chiama coito. L'impossibilità di un rito che porta anche al piacere. Il secondo termine definisce le situazioni in cui, pur esistendo la capacità di rapporto sessuale, non vi è quella di generare una nuova vita, e può appartenere al maschio o alla femmina.

Il confronto si impone proprio perché domina la situazione di capacità, o di incapacità di realizzare gli scopi dell'Eros, quello del piacere e del generare.

Si tratta di un richiamo all'esistenza e ai comportamenti che include. Non ne fa parte l'impossibilità per l'uomo di volare, come fa un uccello, in quanto non si tratta di un comportamento che si definisce umano. La struttura del corpo dell'uomo e della donna esclude funzioni che sono invece propri di altre specie viventi, ma non arrivano a costituire un riferimento di impotenza, perché sono altro.

Da ciò deriva che il termine *esistenziale* è un'associazione necessaria a delineare il significato di impotenza all'interno delle possibilità della nostra specie e tiene conto del fatto che nel ciclo della vita si rilevano *impotenze,* che appartengono a una fase della vita. L'impotenza sessuale appartiene all'infanzia e ritorna nella vecchiaia. Ci sono delle differenze tra i generi, non certo tali da creare distinzioni sociali, ma in grado di caratterizzare funzioni tipicamente femminili e tipicamente maschili, a evidenziare il principio della complementarità, non certo quello della contrapposizione.

L'impotenza esistenziale va vista anche nel processo evolutivo della specie, poiché riguarda acquisizioni antropologiche, che servono a adattarsi meglio all'ambiente, in cui ci si trova a vivere. E del resto, l'esistenza è sempre il risultato della combinazione adattativa di un singolo all'interno dell'ambiente geografico e sociale.

Se la «volontà di potenza» non si riferisce certo al volo di un'aquila o alla forza di un ippopotamo, si esprime, tenendo conto degli altri uomini nel confronto con una realtà del possibile. Diventa «possibile», poiché si osserva in altri quel comportamento per cui l'impossibilità non è teorica, ma sperimentata.

Per riportare sul piano dell'esperienza il tema dell'impotenza, è utile distinguere schematicamente l'impotenza fisica legata al corpo, da una psichica che fa riferimento alle funzioni della mente. Si deve aggiungere un'impotenza sociale che è connessa ai ruoli, alle leggi.

Uno schema parziale, poiché l'esistenza è data proprio dall'insieme, dalla complessità che ne deriva, considerando tutte le componenti per cui ciascuna risente delle altre, in una stretta circolarità. Avviene così che l'impotenza fisica si proietta su quella psichica e, a propria volta, questa incide sui comportamenti sociali. Ma per evitare di parlare dell'impotenza in termini teorici, è utile richiamare queste sezioni, riportandole al piano esistenziale che include sempre l'esperienza, il fare. Una limitazione somatica come la paralisi di un arto (che impedisce il movimento), in alcune occasioni esprime una grave impotenza, poiché non si può fuggire da un ambiente, che si sia fatto pericoloso. Qui il senso dell'impotenza diventa evidente mentre, nel caso che la stessa persona si appresti a leggere un libro o a seguire uno spettacolo alla televisione, lo stesso limite non viene percepito, perché non incide su quell'azione.

La forza fisica ha gradi diversi di espressione, fino a giungere alla «debolezza» che ne diventa la caratteristica antinomica. Così, in tutte le occasioni in cui la forza può risolvere una esigenza, fa percepire l'impotenza, a meno di non avere un aiuto che comunque appartiene a un altro o a una protesi sostitutiva.

Diverse sono le impotenze psichiche e, anche in questo caso, si può trattare di un deficit definitivo, oppure di un effetto relativo che, guardando al tempo, potrebbe essere transitorio. Una condizione di insonnia prolungata rende più difficile l'applicazione mentale, nell'età avanzata le memorie sono meno agili.

Vi fanno parte i legami affettivi che dipendono sempre dalla relazione interpersonale e pertanto un cambiamento dei sentimenti rende impotente il singolo a mantenere la relazione che l'altro rifiuta. Uno desidera continuare un rapporto, che l'altro vuole rompere.

Desiderio è la parola-chiave per la componente psichica, poiché sempre implica l'altro e l'ambiente, dimensioni che non sono riducibili al proprio volere.

Oggi dominano i desideri (l'acquisto di oggetti) che diventano «possibili» soltanto grazie al denaro ma, almeno per la maggior parte delle persone, non è certo sempre disponibile la somma che si trasformi nell'oggetto desiderato e se si constata l'impossibilità di raggiungerlo, si sperimenta l'impotenza a realizzare quel desiderio.

Talora persino il tempo si pone come un ostacolo e la possibilità di avere «domani» ciò che si vuole possedere «subito», attiva una impotenza quantomeno temporanea.

La condizione che rende più frequente l'impotenza è l'ambiente in cui ci si trova a vivere. Del resto, il *luogo* è uno dei paradigmi centrali assieme al *tempo* per definire l'esistenza. Il caso limite è dato dal carcere, come pena che viene comminata dalla giustizia e che si esprime con la limitazione entro una cella, da cui non si può uscire se non seguendo una regola, che non corrisponde certo ai propri bisogni. Si tratta di una limitazione fisica, ma anche psichica. A mostrarlo è il confronto con la cella del monaco, che è invece ricercata in quanto rende più facile la preghiera e il legame con il Cielo. Un altro esempio è il manicomio che, come organizzazione analoga al carcere, non esiste più in Italia ma è presente per la dimensione singola, quando un malato mentale viene legato a un letto o rinchiuso in uno stanzino.

L'impotenza di tipo sociale è anche quella della schiavitù, che originariamente vedeva il possesso di uomini o di donne obbligati a compiere quanto era voluto da chi ne aveva la proprietà. In un modo analogo, sia pure di natura diversa, il «dipendente» deve compiere compiti che gli vengono affidati, imposti, dall'azienda.

Sempre sul piano dei rapporti, si può stabilire un legame con la droga o con abitudini che impediscono esercizi liberi, poiché si avverte fisicamente il bisogno della sostanza, che diventa condizione di sopravvivenza.

Le relazioni di tipo sociale, alcune volte, rendono impotenti nell'esercizio del pensare, altre volte nello stabilire legami incompatibili con quelli di cui già si è parte. Mi ha sempre colpito la condizione che Fëdor Dostoevskij descrive nei confronti dell'altro grande scrittore russo Ivan Turgenev: quest'ultimo era ricco e aveva prestato ripetutamente denaro a Dostoevskij, che non aveva possibilità di restituirlo poiché dipendeva dal gioco d'azzardo, e così, pur trovandosi in disaccordo su temi culturali o politici, non poteva criticarlo e mostrarsi di parere contrario.

Ogni ulteriore esempio mostrerebbe che ogni esistenza ha sempre una dimensione relativa ai fattori legati proprio alle condizioni ambientali e relazionali. Un ricovero ospedaliero che, certo, non può essere paragonato al carcere, poiché il suo scopo è di sanare un male, impone tuttavia una serie di limiti che trasformano una persona attiva, relegandola nella condizione di una impotenza temporanea. La differenza risalta nel confronto tra lo stile di vita dei giorni precedenti con quello che il ricovero ospedaliero rende possibile.

Anche dagli esempi riportati risulta il senso che attribuiamo all'impotenza esistenziale, sia pure all'interno di molte variabili: la percezione di incapacità che può essere modulata nella inferiorità, nell'*infimus* che significa inferiore a un altro o a sé stesso, in condizioni diverse. E così si diventa incapace, indegno, emarginato... Una serie di «negazioni» rispetto a quanto era possibile prima, o continua a essere «possibile» a un altro.

Ritorna pienamente la dimensione della consapevolezza che viene esercitata nella variazione nel tempo delle proprie caratteristiche umane, come accade nel passaggio dall'età adulta alla vecchiaia. Ma c'è una consapevolezza rispetto all'altro, che talora appare insostenibile e inaccettabile.

I parametri di confronto in questo caso sono la condizione economica o lo status sociale, ma ancor più significativa è oggi la bellezza che appartiene soprattutto al corpo, richiedendo forza al maschio e seduzione alla donna.

Una distinzione proibita per l'affermata parità dei diritti sociali di genere, ma anche perché le attenzioni per la bellezza sono notevolmente aumentate nella popolazione maschile.

La bellezza segna il passaggio tra due posizioni esistenziali, che si può verificare sia nella storia antropologica (che si pone dunque nei millenni del passato), sia nel tempo storico fino al presente.

Segna la transizione da una società della sopravvivenza a quella in cui, garantiti i bisogni primari, ci si dedica al raggiungimento di livelli progressivi di qualità della vita. E riporta anche al confine tra ciò che si definisce necessario a vivere, rispetto al superfluo.

Nella storia delle società, ciò appare dalla scomparsa della preoccupazione di poter accedere all'alimentazione, al luogo della difesa territoriale e alla costituzione di micro-gruppi, *in primis* la famiglia, che rendono possibile la persistenza della specie umana sulla Terra. È al contempo un principio che ha una dimensione individuale, perché i figli sono il segno della continuità dei padri, anche dopo la loro morte.

Questo imperativo, inconsapevole nelle altre specie viventi, risponde nell'*Homo sapiens sapiens* alla pulsione della sopravvivenza, che già biologicamente è una risposta per contrapporsi alla morte, che nella specie umana genera paura, e il bisogno di trovarne almeno apparentemente la soluzione.

Osservando le società del tempo presente si constata che questa duplicità negli stili di vita è ancora presente, come la distinzione tra le società ricche, dedite all'inutile, e altre povere che (per usare il termine di Charles Darwin) sono in *lotta* per rispondere ai bisogni della sopravvivenza.

Riportando questa distinzione alla bellezza come dimensione corporea, la differenza si esprime tra la necessità di un corpo funzionante, fino alla preoccupazione che sia attraente e che appaia in modo da poter essere scelti e non ignorati. E il rilievo più espressivo della «società della bellezza» sta nella introduzione dell'*estetica* (che si definisce l'arte della bellezza), mentre manca completamente nelle «società della sopravvivenza» e anche nelle specie animali non umane.

E, volendo arricchire con nuovi termini questa differenza, si può giungere alla distinzione di Erich Fromm tra le società dell'*avere* e quelle dell'*essere*, intese nel senso della fenomenologia: dell'esser-ci.

Nel tempo presente, la bellezza ha assunto ulteriori significati che la rendono una motivazione ancora più forte. La si è posta come nodo centrale per il successo nella società e la si considera una forza per desiderare di vivere, in quanto con la bellezza si ottiene gratificazione.

Va sottolineato che la bellezza ha una dimensione sociale. Potremmo dire che appartiene al «noi» e non all'io, tant'è che nei casi in cui sia ego-centrata (come nel narcisismo), non aiuta a vivere. Per Narciso diventa, nel mito, mortifera.

Oggi è diventata un «ordinatore sociale» e ha prodotto il paradosso, per cui la bellezza del singolo si situa nel bisogno di bellezza dell'altro. Senza questa qualità in sé stessi, non si riesce a proiettarsi nell'altro. Il misantropo e il misogino non hanno bellezza, poiché è un riconoscimento che proviene dalla comunità, mentre si chiudono entrambi in sé stessi. È una delle dimensioni, a sostegno di come la specie umana appartenga agli animali sociali.

La percezione individuale della propria bellezza è un assurdo e rientra nella psicopatologia, poiché è l'appropriarsi di un giudizio che spetta invece all'altro. La bellezza promuove la *stima di sé*, la voglia di vivere, di partecipare, di condivisione e l'amore che viene legato alla bellezza è una condizione, in cui si percepiscono tutti questi effetti insieme.

L'io percepisce la bellezza dell'altro e, in una coppia, c'è proprio uno scambio. Si potrebbe dire che uno acquisisce ciò che attribuisce all'altro. In questo singolare processo, entra la stima di sé poiché è proprio l'essere graditi che permette di inserirsi in un contesto, che è dato dai vari tipi di legame. Che sia la bellezza ad avere questa funzione vitale, probabilmente è parte dell'evoluzionismo e rappresenta il grado di sviluppo rispetto, per esempio, a società in cui è la forza muscolare a farsi elemento differenziale. Si conoscono etnie, in cui è proprio la forza di uccidere ad attribuire un valore e vi si contrappongono comunità, come quelle a fondamento religioso, in cui è invece la disponibilità a sacrificarsi e a morire, che esprime la «santità».

In questi richiami che vogliono arricchire il senso della bellezza, andando oltre il corpo, si giunge al dominio sulle dinamiche sociali, estendendo la propria appartenenza agli «oggetti». Un oggetto deve essere bello, cosicché ci si appropria della sua bellezza che arricchisce quella del corpo individuale. Sono dunque protesi, come lo diventa un'automobile bella che si riflette su chi la guida oppure l'eleganza di una casa che proietta la bellezza su chi la abita.

La bellezza degli oggetti è entrata persino nell'alimentazione portando così al mito della *haute cuisine*. Non ha nulla a che fare con ciò che si consuma, ma sul come è presentato il piatto o una tavola, dove ci si siede.

L'importanza dell'altro per la propria bellezza è bene espressa dalle *mode* e dai *modelli*: due parole che dominano nella *civiltà del benessere*. E la lettura corretta di queste dimensioni è la prova che spetta alla società definire la singola bellezza e le norme imposte ai modelli hanno un significato imperativo: «se sei vicino a questo modello, sei bello» e viene completamente annullata la propria percezione. Il fenomeno dell'*influencer* esprime il principio per cui la bellezza dipende dall'altro. Queste figure guida garantiscono l'effetto, tolgono i dubbi di ciascuno, dando risposte che sono di tipo religioso, corrispondono cioè a «comandamenti» che garantiscono la tua bellezza. Sono talmente importanti, da essersi trasformati in chirurgia estetica e dunque, in imperativi capaci di mutare il tuo corpo; segno che gli «oggetti» belli sono in funzione dell'accoglienza, dell'attrazione, del successo sociale.

Emerge chiaramente che la bellezza è il fondamento del benessere, e che i requisiti possono giungere a contrapporsi agli imperativi della sopravvivenza.

La fame, che è legata a un meccanismo biologico, può essere non solo controllata ma guidata, imponendo digiuni per raggiungere una silhouette prescritta. In questa contrapposizione alla biologia, si inseriscono i capitoli della patologia, come i disturbi alimentari, con l'impegno di riportare il proprio corpo entro limiti di peso e talora con dimensioni angelicate.

In tutto questo la bellezza diventa condizione per il successo, per il ben d'essere mentre al contempo invade il campo dell'impotenza, quando il corpo rimane fuori dagli imperativi «divini», escluso dalla vita sociale, perché non richiama l'attenzione che ne è il presupposto. Come se ogni tentativo, ogni rivestimento, fossero inutili sforzi a poter essere considerati corpi belli.

Ma occorre soffermarsi sull'altro parametro che domina le società presenti: le leggi dell'economia, con il loro simbolo del denaro.

Il denaro è il termine a cui conducono tutti i principi dell'economia. Il profitto si calcola in denaro.

Inizialmente è servito a sostituire il baratto, che era la forma attraverso cui avvenivano gli scambi tra i beni economici. Il baratto prevedeva lo scambio di oggetti, a cui si attribuivano valori differenti. Una economia reale, in quanto si potevano scambiare «cose» in maniera diretta, ma che aveva il limite di dover sempre disporre nell'acquisto di qualcosa, che corrispondesse esattamente a quanto veniva ceduto. Era possibile usarlo nel mercato del villaggio, in cui ognuno poteva portare e mostrare ciò che intendeva vendere, avendo subito in cambio quello che desiderava comperare.

Un sistema, dunque, che poneva considerevoli limiti già sulla dimensione territoriale. Fu allora che si inserì una «terza merce», definita anche valore-ponte, poiché doveva rappresentare nello scambio l'oggetto assente. È in questo modo che gli oggetti, qualunque essi fossero, potevano essere rappresentati da questa terza merce, identificata in metalli rari come l'oro: una data quantità di oro diventava intrinsecamente il valore dell'oggetto scambiato, con il beneficio che rimaneva il baratto, ma poteva avvenire temporaneamente con la sostituzione dell'oggetto di scambio nel valore rappresentativo della moneta.

Nell'antica Grecia, l'oro aveva preso una forma e portava impressa la sua origine fiduciaria che aveva una garanzia sacra, tant'è che veniva depositato nei templi, a indicare proprio questa specificità.

Ma non è bastato dichiararlo simbolo e strumento, è diventato anche il generatore di sé stesso in quanto il denaro in sé può moltiplicare, aumentare il proprio valore. Ha quindi una vera forza propulsiva. Diventa espressione di un potere che va oltre gli oggetti concreti, poiché è in grado di dare risposta ai desideri, incidere sui sentimenti, dare valore alla persona che così acquisisce una supremazia sugli altri. Il denaro finisce per avere il volto di Dio, inteso come il Creatore del mondo, il Re dei re.

La capacità autogenerante apre poi un percorso che non ha mai fine proprio perché, come specchio del potere e non degli oggetti, non occupa più uno spazio fisico, ma delinea persino l'infinito, prende la dimensione della immaginazione che dà, a chi lo possiede, la percezione di essere «altro» rispetto a ciò che è. Diventa misura di ciò che uno può fare, indipendentemente dal fatto che lo realizzi.

In questo processo, il denaro è la sostituzione stessa del termine potere, alla maniera della sineddoche in cui è possibile sostituire un termine con un altro per il loro significato comune.

Abbiamo assistito alla metamorfosi del denaro, che ha perso persino un riferimento materiale, almeno nel senso che lo trascende.

Si contano nella società presente circa 3000 miliardari, che hanno l'85% del valore totale del mondo e pertanto, sono in grado di dominare non solo le cose ma anche gli uomini.

Karl Marx aveva già richiamato la potenza sovvertitrice del denaro. George Simmel, considerato tra i fondatori nella seconda metà dell'Ottocento della sociologia, aveva messo in guardia dal suo potere alienante, nel senso della possibilità di distruggere i valori umani. Recentemente Noam Chomsky ha parlato di detentori del denaro come dei «padroni dell'umanità».

Se queste citazioni avevano nel momento in cui sono state espresse un significato profetico, oggi è persino evidente che la nostra società è condizionata in ogni aspetto dal denaro, al punto da essersi imposto come misura di ogni valore, tanto da poter dire che persino le religioni che si occupano del legame tra Dio e l'uomo sono guidate dal denaro, che ha preso dunque l'immagine di Dio. Le guerre interreligiose sono promosse proprio dal potere che ciascuno desidera avere, già all'interno dei monoteismi.[11]

«Bellezza» e «denaro» hanno, pur disegnando campi diversi, in comune la grande disponibilità a mettere in atto una percezione e un comportamento che sono propri dell'«impotenza». Non sono i soli, ma certamente esprimono in maniera forte le dinamiche che si vengono ad attivare con la presa di consapevolezza della esclusione e della assoluta impossibilità a diventare belli e a possedere denaro, che fanno sì che l'esistenza sia considerata gratificante. In entrambi i casi si può ottenere l'illusione di farcela, ma raggiunto un risultato in quella direzione, subito ci si accorge di quanto ancora manchi; risorge quindi il senso di impotenza, poiché la quantità lascia sempre attivo lo stesso obiettivo, come si fosse percorso un piccolo tratto di un sentiero infinito. Se si volesse aggiungere un'immagine della tragicità di una continua illusione, bisognerebbe ricorrere al mito di Sisifo che a fatica spinge il masso sulla cima della collina ma, appena giunto, lo vede rotolare nella valle. E così, ininterrottamente.

L'impotenza può essere vista nella dimensione individuale come mancanza di una condizione che risulta nel proprio caso «impossibile».

L'esempio della mancanza di denaro è molto esplicito. Se il padre non riesce a disporre di quanto serve a far crescere il figlio o a dare il necessario alla famiglia, avverte in maniera ancora più vasta l'effetto della impotenza.

La psiche è un sistema dinamico che tende a risolvere le difficoltà, legate alle relazioni che un individuo ha

[11] A questo tema ho dedicato il volume *La dittatura del denaro*, Solferino, Milano 2024.

con l'insieme sociale, che si situa sempre in uno spazio geografico. È funzione del cervello che, nella specie umana, presenta una tale *plasticità* da poter ricorrere a più meccanismi, definiti di difesa, per affrontare e risolvere una difficoltà. Si tratta di meccanismi che facilitano la vita e la rendono possibile.

Sigmund Freud li ha inseriti nella struttura da lui data all'apparato psichico e ha considerato la *rimozione* come il principale meccanismo difensivo: rimuovere aveva infatti il senso di portare dalla coscienza all'*inconscio* (alla inconsapevolezza) un'esperienza traumatica, per rendere «possibile» continuare a vivere.

Questo meccanismo, che ha a che fare con l'oblio, inizialmente era immaginato come uno spazio in cui venivano chiuse non solo le esperienze, ma persino i ricordi.

Se consideriamo l'impotenza, che non ha la dimensione di un evento ma è la continua presenza di una condizione, che emerge nel rapporto con gli altri, con la società, e non si presta a essere rimossa, la si potrebbe definire un trauma continuo nel tempo che, alla maniera di Sisifo, presenta il ritorno della consapevolezza di un qualcosa di traumatico che non può essere rimosso.

Se poniamo l'*impotenza* di fronte ad altri meccanismi di difesa, si potrà constatare che sono anch'essi, inadatti ad attivare una dinamica che difenda dall'«impossibile» e permetta di evitarne la frustrazione.

Il meccanismo della «idealizzazione» non aiuta poiché bellezza e denaro esprimono un ideale e non si troverebbe nulla in grado di sostituirlo, rimanendo sempre all'interno di una mancanza.

Il meccanismo della «negazione», la messa in atto, cioè, di una dinamica che toglie consistenza significativa a una mancanza «negandola», ci si accorge che non è possibile negare ciò che è continuamente presente, poiché i due termini che generano impotenza sono vissuti come essenziali alla vita. Come si potesse negare una tetraplegia, e voler camminare.

Lo «spostamento», che significa «spostare» la mancanza su qualcosa che è, invece, raggiungibile, non trova una possibile simmetria che permetta di farlo.

Nemmeno nell'attivare il «porre nel contrario», il percepirsi cioè con caratteristiche di bellezza e di ricchezza nel processo immaginativo, questa difesa crolla immediatamente nel quotidiano, nell'esperienza che occupa lo spazio e il tempo reali, a meno che non si operi il passaggio a una percezione delirante.

L'impotenza di fronte alla bellezza e al denaro giunge al punto che senza l'una o l'altro è come se si fosse morti.

Rimangono i meccanismi della nevrosi, e quelli della psicosi. Nel primo caso si tratta di dinamiche centrate sulla percezione del sé; per le psicosi, i meccanismi annullano anche questa percezione, fino ad arrivare alla dissociazione, che è una negazione dell'io o al delirio, che è invece diniego del mondo. Tale distinzione serve a sottolineare che i meccanismi di difesa, talora operano modificazioni della personalità, percezioni modificate del proprio essere a cui corrispondono «visioni del mondo» alienate, talora invece operano delle trasformazioni «malate» che si possono definire *condizioni esistenziali al limite della possibilità di vivere*. E ne fanno parte la schizofrenia, la depressione clinica e il delirio.

Per l'impotenza, non solo si può dimostrare che non emerge una soluzione attraverso i meccanismi della «normalità», ma che sono possibili soltanto i percorsi dinamici, che portano alle nevrosi e alle psicosi.

L'ipotesi proposta è che la «soluzione» – ed è un uso paradossale del termine – conduca alla «distruttività»: definizione di un comportamento che genera morte e che richiama il nichilismo (in versione filosofica), nel significato di annientare, di cancellare la vita psichica.

Nella distruttività, la morte è nel senso totale di cancellazione del corpo, della psiche, persino del mondo, almeno di quello che era percepito come «proprio mondo».

Vi sono comunque delle tappe; prima della distruzione sociale, si può avvertire il rifiuto di quella società centrata sulla bellezza e sul denaro. Una società gerarchica che richiama per opposti l'anarchia, il disconoscimento di ogni regola. Si possono così mettere in atto sistemi per il possesso del denaro, che vanno contro alle leggi, non solo giuridiche ma quelle «dentro di me», che riportano all'etica.

È difficile oggi parlare di comportamenti umani senza considerare la violenza e talora sembra di poter affermare che, se sono esistiti periodi nella storia in cui si è cercato di vivere facendo dominare l'amore, oggi sembra che tutto porti alla logica della violenza. Il termine dovrebbe essere declinato al plurale, poiché esiste una violenza sul corpo, una che senza toccarlo colpisce la personalità, e una terza forma che si esprime sulla società, sul ruolo.

Un termine, ormai entrato nel linguaggio comune, è quello di violenza *dalle belle maniere*, in cui si riesce a colpire con il sorriso, con una falsificazione tale da diventare violenza mascherata di gesti d'amore. Non c'è da meravigliarsi se si osserva che domina «la cultura del nemico», secondo cui l'identità è fondata sul sentimento dell'odio, che si riversa su quel nemico.

Non vi è dubbio che la distruttività legata ai vissuti di impotenza, implichi azioni che riportano alle fenomenologie della violenza estrema. Ma la motivazione a distruggere possiede scopo e dinamica differenti.

È utile comunque partire dalle forme di violenza estrema; contro sé stessi, con il suicidio, che possiamo anche definire omicidio di sé, contro l'altro, e porta all'omicidio. Vi è anche la violenza verso le cose, che – potremmo dire – tende a ucciderle.

Il suicidio presenta la violenza come giudizio negativo della propria esistenza, talora per un comportamento errato, che genera una colpa come manifestazione di quella negatività. Una punizione capitale, data dalla percezione di sé. L'associazione principale è con la depressione che, in questo ambito, può essere definita come «vissuto di inutilità», persino di «male» che si produce vivendo. Un vissuto di dolore, che il suicidio ovviamente cancella. L'omicidio è, in senso contrapposto, l'eliminazione di una o più persone da cui si è ricevuto il male e dalle quali ci si attende nuovo male. Con il gesto estremo si elimina questa possibilità, e pertanto la morte dell'altro permette di continuare a vivere.

Il comportamento omicida, con l'eliminazione della causa, scompare. Anche in questo caso si è realizzato uno scopo. Un esempio classico è la vendetta, un altro la gelosia. Il gesto della esecuzione è non solo considerato positivo ma efficace, e anche per questo uccidere attribuisce, a chi lo compie, una sensazione titanica, poiché finalmente si è fatta «giustizia di una ingiustizia». L'omicidio delle cose va diviso nel caso in cui si distruggono le proprie o quelle altrui. In questo secondo caso, si può distruggere ciò che si vorrebbe possedere. Se ne trova un'espressione anche nei bambini quando rompono il giocattolo dell'altro, poiché vorrebbero fosse proprio. Nel mondo adulto, si può bruciare un oggetto per trarne vantaggio oppure, più o meno consapevolmente, per colpire un nemico che lo possiede.

Da questi riferimenti, che sono parte di un vasto capitolo dei comportamenti estremi, possiamo affermare che la differenza più rilevante con la distruttività, è proprio la mancanza di uno scopo.

Da quanto abbiamo riferito risulta che il termine distruttività non ha il senso che vi ha attribuito lo psicoanalista Erich Fromm, che la vede come una espressione particolarmente grave della violenza.[12] Nella nostra visione, appartiene a una dinamica psicologica differente, tale da caratterizzarla come un capitolo a sé.

La distruttività è il comportamento, conseguente e adeguato all'impotenza, che significa avvertire di dover fare, percependo al contempo di non poter fare ciò che si vorrebbe. Allora, si agisce senza uno scopo, come equivalente della mancanza per «impotenza» di un fare, un «costruire».

È possibile dire che la distruttività esprime la «potenza dell'impotenza». L'esempio che più mi ha colpito in questi ultimi anni esce dall'ambito della cura, e dunque delle dinamiche che appartengono alla medicina. In oncologia, in cui il grande tema della ricerca non ha permesso ancora di trovare soluzioni per «guarire» molte forme tumorali e gli interventi hanno di conseguenza lo scopo limitato di allungare di qualche mese o anno la vita, sono sempre più frequenti i comportamenti di rabbia, che il paziente oncologico esprime nei confronti del proprio medico. Lo fa addirittura, rompendo quel rapporto di collaborazione che è parte delle cosiddette terapie «palliative», non finalizzate alla guarigione, ma per

[12] *Anatomia della distruttività umana* del 1973.

permettere condizioni residue migliori come il controllo del dolore e il supporto umano di comprensione e aiuto.

Il quadro che ne esce è comunque quello dell'impotenza, poiché implicitamente l'oncologo ammette di non avere gli strumenti per guarire e allo stesso tempo il malato, consapevolmente o inconsapevolmente, deve riconoscere che qualsiasi sforzo e terapia dimostrano l'impotenza nel difendere la propria vita. L'atteggiamento è quello della distruzione persino del medico, e la negazione del significato di terapie, che non possono dare la guarigione. Diventa comprensibile non solo assumere comportamenti che facilitano l'*exitus*, ma persino odiare quel medico rivestito del ruolo di sanare che, nei confronti di quel male, è una inutile presenza. Non ricorda la vita ma la morte, una morte con il camice bianco. Qualsiasi cosa si faccia è distruttiva, poiché non la si considera uno scopo proporzionato al voler vivere, a un istinto che non può nemmeno definirsi desiderio. È questo un esempio drammatico di un limite che appartiene alla disciplina medica.

Lo stesso senso di impotenza con la risposta distruttiva si presenta nei casi in cui la mancanza di denaro impedisca di accedere a luoghi, tecniche o soluzioni, che hanno sempre un significato esistenziale, ma che in questo caso significa che quello che è possibile ad altri non lo è per sé stessi. La contrapposizione misurata dal denaro si trasforma in rabbia che non ha un preciso riferimento poiché viene proiettata sul mondo intero.

E si può giungere al paradosso di uccidere la persona che si vorrebbe aiutare, ma la percezione dell'impotenza non permette di farlo. Un limite talmente insopportabile da giungere a distruggere chi si potrebbe aiutare, e sé stesso, che vorrebbe farlo. Distruttività verso una condizione che fa sentire assurdo ogni desiderio, e che mette in luce l'inutilità e l'incapacità anche di voler fare del bene.

Per tentare di immaginare il limite a cui può giungere la distruttività, occorre pensare a un uomo che vorrebbe dare tutto ciò che ha per l'altro, ma percepisce che è inutile qualsiasi tentativo. La sua immobilità, da impotente, si trasforma in forza per distruggere il mondo e sé stesso.

Mi ha sempre colpito l'uomo che esprime la propria rabbia e la propria impotenza contro Dio. La bestemmia ne è una espressione anche se, in molti casi, ha perduto la carica distruttiva, divenendo un'abitudine che rimanda più alla maleducazione e alla mancanza di rispetto verso tutti coloro che Lo pregano. È certo un'espressione verbale che si può appunto accompagnare con la partecipazione di tutto il corpo, che può anche assumere forme che richiamano proprio l'odio e la violenza.

Trattando della percezione dell'impotenza, mi pare che Dio finisca per assumere l'espressione di mondo, nella specificità di Creatore, di Colui che lo ha generato. In questa visione, la bestemmia implica un'idea per quanto vaga che Dio esista veramente. In ogni caso, il rimando è a quell'atteggiamento per cui, sentendosi incapaci di risolvere come si vorrebbe ostacoli del quotidiano, ci si trasforma in un impotente che vorrebbe distruggere la dimensione assoluta del Re dei re. Se Dio entra nella storia del credente mi pare che, conseguentemente, la relazione venga improntata al riconoscimento dell'autorità divina, capace di risolvere situazioni impossibili all'uomo. La distruzione del mondo e di Dio che l'ha creato, non richiama nemmeno l'eroe che, nelle mitologie, è rappresentato come colui che affronta l'impossibile. E il mito di Prometeo lo esprime bene. Il richiamo all'immagine di Dio aiuta a comprendere il paradosso di come l'uomo sovente esprima la propria violenza distruttiva nei confronti di chi dovrebbe semmai rispettare e in cui sperare. La distruttività nega la speranza.

Il fenomeno della cattiveria, che sembra colpire soprattutto le persone con cui c'è stato, o forse ancora c'è, un legame d'amore, è un fenomeno talmente diffuso, da tenere uniti i due termini *odi et amo* del verso di Catullo. La distruttività nell'ambito famigliare è una delle tragedie che si consumano con molta frequenza. E se questa fenomenologia la si vede all'interno dell'impotenza, rende più comprensibile il «leggerla» come bisogno di eliminare chi non si riesce ad aiutare, percependo i limiti del non poter compiere ciò che si vorrebbe, a loro vantaggio. Non è certo l'unica ipotesi, ma è sicuramente quella che, in maniera coerente, si pone entro il comportamento della distruttività. Proprio il sentire di non poter svolgere un'azione protettiva e difensiva, diventa la spinta a cancellare la vita di un figlio verso cui si è impotenti, a toglierlo da una condizione precaria in cui lo si percepisce.

Uno dei meccanismi che potremmo definire difensivi, anche se non inserito tra quelli proposti dalla psicoanalisi, è l'affrontare un ostacolo all'esistenza chiedendo l'aiuto dell'altro, operando insieme. Giungendo al trascendente, a ciò che non si vede, a personaggi a cui si attribuiscono capacità particolari.

Indubbiamente è una delle strategie che l'antropologia ha trovato nelle cosiddette popolazioni primitive, che hanno inventato il mondo degli «antenati». I trapassati rimangono legati al villaggio e poiché con la morte acquistano un potere più elevato, sono disposti ad aiutare chi invece vive ancora sulla Terra.

Il gruppo abitualmente potenzia le capacità del singolo ma, soprattutto nell'insieme, aumenta la convinzione di togliere quell'ostacolo esistenziale.

Non è questa una via che segue l'impotente, proprio perché una qualsiasi richiesta all'altro richiama l'incapacità personale. E poiché gli ostacoli sono riferiti sempre alla sfera affettiva, appare comprensibile che il gruppo non possa entrare in una dimensione che, come l'amore, non è condivisibile.

Se si osserva una storia, ma anche la struttura del racconto mitologico, il gruppo ha la capacità di affrontare e risolvere temi che riguardano il pensiero, i diritti, la giustizia. I gruppi si attivano per difendere un territorio, per far prevalere la giustizia, e in genere per affermare condizioni che riguardano tutti o, quantomeno, temi generali di una parte della società.

L'esempio storico più rilevante è dato dalle rivoluzioni, ma persino dalle guerre. La percezione della propria impotenza non è mai possibile estenderla agli altri, si tende anzi a considerarsi l'unico caso che vive una situazione di questo genere. Osservando gli altri, si percepisce ancora di più la propria irreversibile condizione.

Il gruppo non è, dunque, parte del dramma dell'impotenza, mentre rappresenta una vera difesa sociale, come quella di potersi liberare persino di un despota che causa difficoltà a un'intera popolazione.

Viene da ricordare a tale proposito il gesuita Juan de Mariana, uno spagnolo che tra il 1536 e il 1624 vive a Toledo e sviluppa la tesi sui *monarcomachi*, giustificando, anche dal punto di vista della teologia, il diritto del popolo di uccidere il monarca dittatore.

Sembra che la sua voce si alzi in questo tempo di dittatori.

Bellezza e denaro rappresentano condizioni forti per generare impotenza. La bellezza ha certamente un impatto maggiore nell'impotenza affettiva, perché la sua percezione, pur riferendosi a modelli, si cala nel vissuto del proprio corpo o di quello di chi lo osserva e ne può venire attratto. Il denaro, come riferimento alla propria immagine e forza sociale, ha una dimensione di gruppo, da quello della famiglia fino alla comunità. Il denaro ha un significato comune e per questo è molto più adeguato a dare una percezione di gruppo. Una differenza che, tuttavia, non toglie che la distruttività sia un comportamento sempre individuale.

Esistono casi di suicidi di una setta, ma la morte comporta nella convinzione di tutti il passaggio a una vita differente e migliore. Basta pensare alle «guerre sante» che nel sacrificio della propria vita terrena, vedevano la premessa di una vita altra, in cielo.

Questa osservazione sottolinea ulteriormente che l'impotenza è un vissuto e non necessariamente una condizione reale. Un vissuto talmente drammatico, da capovolgere tutti i significati comuni, cancellando ogni possibile valore che possa rappresentare una speranza. Si tratta di di-sperazione, di negazione che vi sia una diversa soluzione da quella del cancellare la vita, non una vita. Per questo si giunge persino a cancellare Dio.

La percezione della bellezza come limite insormontabile porta alla distruttività, non potendo attivare meccanismi di difesa, che significano il tentativo di un adattamento che permetta di vivere. E non coinvolge soltanto chi ha questo vissuto, ma si estende alle persone care, coinvolge le cose e quindi il mondo. È la rappresentazione di un uomo che non attribuisce se non significati drammatici all'esistere e per questo abbiamo parlato di «distruttività esistenziale». È la condizione in cui la vita appare come una disgrazia, una tragedia. Giunge a contrapporsi all'amore, nel senso del legame che oltre a dare piacere promuove sicurezza, consolazione, e permette di immaginare persino il futuro, che rappresenta un meccanismo per superare gli ostacoli in quanto è pensabile che, domani, possano non esserci più.

Una visione che si trasferisce da chi la vive su tutti e sul mondo, una proiezione in cui l'impotenza si fa globale, si potrebbe dire universale, come non ci fosse più distinzione tra la propria percezione e quella degli altri. E soltanto la fine, pur mancando anch'essa di significato, diventa l'ultima fatica.

La morte non può che essere un gesto di libertà, poiché non implica lo scegliere qualcosa (anche la libertà è dunque impotenza), è anzi il gesto di un impotente, che non ha la capacità di distinzione, di individuazione, poiché tutto ciò che tenta di fare è prova della «impossibilità» a farlo.

Si potrebbe parlare di un meccanismo di offesa, ma le sue dimensioni escono dall'io (nel cui ambito sono nati i meccanismi difensivi) e pertanto è da chiedersi come questo comportamento distruttivo dell'esistenza, si possa situare all'interno dell'uomo che per definizione è un vivente.

In questi casi, si giunge a cancellare ogni istinto che sia difesa della vita del singolo, ma anche dell'ambiente in cui ci si trova.

Nell'ambito del suicidio che può essere visto come distruzione della propria esistenza, quando si esclude persino l'idea di un mondo alternativo post mortem, Freud ha inserito la «pulsione di morte». Un concetto difficile poiché si scontra con la libido, l'energia vitale che spinge a vivere, pur attivando meccanismi difensivi. Per Freud l'Es predispone alla vita e a una dinamica che prevede di risolvere le possibili antitesi tra forza vitale e le leggi del Super-io, che vorrebbe contrapporsi.

Anche se apparentemente la pulsione di morte si mostra come una contraddizione, è indubbio che analizzando i comportamenti emerge una visione guidata proprio da una forza anti-biologica.

Ma nemmeno la «pulsione di morte» aiuta a comprendere la distruttività, in quanto riguarda la Vita e non l'esistenza umana del singolo, è addirittura contro la creazione, contro l'universo e il sole, che ne mantiene le condizioni perché la vita si renda possibile sulla Terra.

L'antitesi Eros e Thanatos è troppo debole; la distruttività si contrappone alla creatività, in questo caso anziché generare, distrugge annientando tutto quanto abbia una rappresentazione, esista. Non è nemmeno possibile chiudere la distruttività in un quadro patologico, come si tenta di fare giudicando le cause del suicidio. Sembra che la distruttività si collochi addirittura sopra l'individuo, e che l'impotenza si contrapponga al gesto creativo che si immagina Dio abbia compiuto per portare dal nulla all'universo e alla coscienza dell'uomo.

I casi di distruttività sono, del resto, diventati molto frequenti, ma questa visione è presente nella storia delle idee, delle percezioni, nella storia e nella mitologia, persino nelle profezie. La distruttività esistenziale appare come una visione umana, le apocalissi sono un capitolo del pensiero e la descrizione di come avvenga la fine del mondo. L'*Apocalisse* di Giovanni è il teatro della fine e si contrappone al *Genesi*.

Dal nulla alla vita che, dopo l'apocalisse, non ci sarà

più. È questa la contrapposizione che viene alla mente anche quando si tenti di distinguere la distruttività esistenziale dalla violenza.

Occorre inoltre ricordare che l'apocalisse non ha nulla a che fare con la fine di una civiltà. Le civiltà sono lente costruzioni che riguardano il «come» vivere, cercando di attribuire un senso alla vita. Una visione che nasce e muore, avendo come protagonista l'uomo.

Sono terminate le civiltà mesopotamiche, con la fine della civiltà occidentale si ritorna all'uomo di natura, che si definiva barbarico. Ma la specie umana continuerà.

Le apocalissi di ultima generazione sono quelle raccontate dai fisici, o meglio dagli astrofisici, che vedono l'universo ridursi a un *buco nero*, entro cui collasserà la vita di tutti gli oggetti del cielo, ridotti a una massa di una densità infinita. Come se il tutto si riducesse a un punto, che non ha più significato. Non riguarda solo la Terra, il frammento di universo in cui si calcola che in qualche miliardo di anni sarà ridotta a una pietra fredda, quando l'energia solare si sarà consumata. Ma l'universo è gigantesco, contiene un miliardo di galassie e ogni galassia circa un miliardo di oggetti, di stelle con luce propria, di pianeti, che ne vengono illuminati. Con le tecniche attuali si sono rilevate galassie che distano oltre 20 miliardi di anni luce, dai punti in cui si operano questi rilievi.

Ma prima della fisica, a percepire che cosa sia il mondo e dunque la vita, oltre alle religioni era la filosofia, in quel capitolo straordinario e misterioso sulla percezione del tempo, che ha bisogno di presupporre l'eterno, pur essendone la contrapposizione. L'eterno non ha tempo, o forse è «oltre» il tempo.

Le apocalissi oggi non sono espressioni del pensiero e dell'immaginazione. Sono disponibili oltre 12.000 ogive atomiche, e ne bastano un centinaio per eliminare la specie umana e tutto ciò che esprime una vita animale o vegetale.

Paradossalmente riuscirà a distruggere il mondo, un uomo tanto potente da disporre della forza deflagratrice delle bombe atomiche, ma tanto impotente nel proprio vissuto da temere che persino la persona che lo ama possa ucciderlo.

Il personaggio è quel singolo uomo impotente che cancella le persone che vivono con lui, che sono attorno a lui, e poi si uccide.

Una personalità che avrebbe voluto creare un piccolo mondo dove situare la propria esistenza, ma gli pareva di essere morto, talvolta perché era brutto, talvolta perché non riusciva ad acquistare un senso e un valore misurati in denaro, a sua volta misura del potere.

Non so perché ma, meditando sui casi di distruttività esistenziale conosciuti direttamente o attraverso le cronache sempre più ricche, avendo raggiunto la piena percezione della incapacità di dare una configurazione convincente anche a questo comportamento umano, mi è tornato alla mente una composizione poetica di Cecco Angiolieri, un contemporaneo di Dante vissuto tra il 1260 e il 1310 (forse 1313) a Siena. Si intitola *S'i' fosse foco*.

A me pare un testo distruttivo che manca tuttavia della tragicità che in quel periodo caratterizzava invece il divino poeta.

S'i' fosse foco, ardere' il mondo;
s'i' fosse vento, lo tempesterei;
s'i' fosse acqua, i' l'annegherei;
s'i' fosse Dio, mandereil'en profondo;

...
S'i' fosse Cecco, com'i' sono e fui,
torrei le donne giovani e leggiadre:
le vecchie e laide lasserei altrui.

Il sesso delle parole

La sessualità divisa

Il *Genesi* racconta che Jahvè, dopo aver creato l'universo e aver sistemato le acque di sopra e quelle di sotto, concentrandosi sulla Terra, avesse pensato di arricchirla di piante e poi di animali.

È implicito che ciascuna specie di viventi doveva essere costituita da un componente maschile e uno femminile, poiché a questa distinzione è legata la loro continuazione.

Quando crea l'uomo «a sua immagine», alita sopra la creta, trasmettendogli così «qualcosa» che proveniva dal proprio interno. Una volta che ebbe terminato, decise di generare la donna: lo fece usando una costola dell'uomo.

È un passaggio di grande significato, anche tenendo conto della scienza e di tutto quanto l'uomo ha fino a ora scoperto. Un sapere umano che può servire a una narrazione diversa, senza togliere né il significato né la bellezza di quel primo racconto sulla creazione. A partire proprio dal Big Bang, da quell'attimo in cui, secondo la fisica delle particelle, dall'energia esce la materia che darà forma non solo all'universo ma alla «bella d'erbe famiglia e d'animali».

Ciò che meraviglia e sa di mistero, è che di ogni specie

si è conformato un essere maschile e uno, complementare, femminile. Con differenze, che sono di una tale perfezione da rendere incredibile che il caso possa comporre pezzi di una tale precisione, da formare un uomo e una donna che si uniscono per generare un altro uomo o un'altra donna.

Si tratta di un evento che, all'analisi della mente umana, si presenta incomprensibile e al contempo meraviglioso tanto che, se è di scena il Caso invece che Jahvè, si è obbligati a credere che il Caso debba essere Jahvè. Il particolare del racconto, che si sofferma sulla creazione dell'uomo e della donna, e che presenta la donna derivata dall'uomo, è un dato forse necessario a risolvere il difficile problema della corrispondenza tra uomo e donna, pur nella loro diversità. Ed è proprio per precisarlo nella specie umana, che il *Genesi* dice che la donna è parte dell'uomo. In questa affermazione è più facile immaginare che uno si combini perfettamente con l'altro e bisogna, almeno, ammettere che non sia accaduto per puro caso.

Si può certamente raccontare l'evento della creazione in qualche altro modo, ma per quanta sapienza si usi, si rimane sempre dentro il mistero.

Che l'uomo e la donna, il maschile e il femminile, siano i protagonisti che entrano in scena nello stesso momento, è indispensabile per garantire il principio che la Creazione è un evento della storia e che da allora, la specie e, ciascuna separatamente, possiede il meccanismo di ri-generarsi

E così Jahvè può riposarsi dalla fatica della creazione.

Il maschile e il femminile vivono insieme, e non è più possibile pensare all'uno e non all'altro.

Se biologicamente si tratta di una combinazione straordinaria, sul piano comportamentale compiono insieme il bene e il male.

L'uomo e la donna generano un figlio di nome Caino e suo fratello di nome Abele: uno «cattivo» e uno «buono». Caino ucciderà Abele. Anche la storia successiva al *Genesi* è fatta di imperfezioni, di peccati.

Rispetto alla bellezza dei racconti possibili sull'origine delle specie e di quella umana in particolare, che sanno sempre di favola e di mitologia, ridurre la differenza di un insieme a chiave-serratura appare riduttivo anche se esprime la congiunzione sessuale che differenzia strutturalmente e somaticamente il maschile e femminile.

Leggendo il racconto del *Genesi* secondo la teoria evolutiva di Charles Darwin, diventa necessario per la sopravvivenza il cibo, la difesa del territorio dove sentirsi al sicuro e proprio quel rito di congiunzione, senza il quale la specie finisce. E si porrebbe fine al *Genesi*.

Siamo partiti da lontano per significare che, dall'origine del mondo, da quando cioè compare la specie umana, si è sempre dovuto parlare di uomo e di donna nella specificazione della diversità sessuale, poiché questo è un principio primo senza il quale non vi sarebbe vita umana.

Una osservazione che si può esprimere con diverse colorazioni. La più raffinata riporta alla Fenomenologia, a quella corrente del pensiero filosofico che nasce con Edmund Husserl e segna il passaggio dalla grande filosofia idealista a quella dell'esistere, dell'essere-nel-mondo. E per indicare che si tratta di una affermazione concreta, si usa il termine esser-ci, il *Dasein*, che indica il «qui e ora» nel *phainomenon* (ciò che appare), dentro un habitat, che è un frammento di mondo.

Esser-ci significa che un uomo e una donna hanno unito i loro corpi, mettendo insieme due cellule che segnano l'incipit di una nuova vita. Attiva una meccanica dei corpi di un insieme che la storia recente, quella dell'Occidente, ha diviso attribuendo un significato del maschio diverso da quello della femmina, ponendoli su piani diversi. Una follia dal momento che senza la donna non c'è vita. E non vi è dubbio che è la donna il personaggio che sa custodire la vita, poiché per un periodo cresce dentro il suo ventre.

Per questo sono affascinato e sbalordito nello stesso tempo, dallo sviluppo della scienza medica che riesce a trasferire questo incontro uomo-donna, come operazione generatrice, in provette di laboratorio o in uteri di ferro, che consentono di configurare un essere umano, che proviene solo dal padre o solo dalla madre.

In un tempo, quello presente, in cui oltre a una nuova biologia si è costruita una psicologia, che lega intimamente il femminile e il maschile non soltanto alle cellule seminali, ma alla psiche.

Per questo c'è un femminile psichico in un maschio biologico e, in corrispondenza, un maschile psichico in una biologia che configura il corpo con le espressioni fisiche della donna. Di conseguenza, si possono creare dei conflitti tra il proprio corpo e la propria psiche per cui nasce il desiderio di dare liberazione alla identità psicologica, adeguandovi il corpo che va in una prima tappa demolito, e poi ricostruito, stabilendo una coerenza tra il chi si è e il come si appare.

La storia conosce da molto tempo il desiderio che l'uomo ha di unire il proprio corpo a quello dello stesso sesso. La pederastia greca celebrava l'amore tra un uomo adulto e un giovane che avesse raggiunto la pubertà, (non va confusa con la pedofilia che porta invece all'unione tra un uomo maturo e un bambino prepubere). L'isola di Lesbo ascoltava i versi d'amore che Saffo dedicava a una donna.

Ma si sono dimostrate esperienze che appartengono alla preistoria attraverso analisi delle sepolture e servendosi di tecniche di riconoscimento attraverso la genetica che permettono di determinare l'identità maschile (che presenta i cromosomi XY) e quella femminile (con la combinazione XX). A partire dal 2019, è stata introdotta una modalità scientificamente più avanzata. Si è potuto stabilire che il cromosoma Y che determina la mascolinità, regola anche la sintesi di una proteina che si trova nello smalto dei denti.

In un luogo archeologico vicino a Modena, in una tomba che conteneva due amanti riconoscibili dalla loro posizione, si è potuto stabilire con la nuova modalità che i soggetti erano entrambi maschi.

Sempre in tema di sessualità archeologica, è famoso il caso del guerriero vichingo reperito in una tomba a Birka, in Svezia. Una tomba piena di armi, per cui la si è sempre ritenuta ospitare un guerriero; con la tecnica del DNA si è scoperto che il corpo è quello di una donna. È stato possibile anche ricostruirne il corpo, creando così l'immagine di un vichingo donna.[13] Da queste curiose novità scientifiche che risalgono dunque alla lontana epoca vichinga, si può dedurre che è seguita una vera tendenza a escludere le donne da funzioni che, origina-

[13] Questo riferimento è a Leszek Gardela, *Women and Weapons in the Viking World*, 2021. Un ulteriore caso del periodo vichingo è quello trovato in Norvegia, a Nordre Kjølen, in cui il presunto vichingo era, anche qui, donna. Certamente le tombe vichinghe hanno una supremazia maschile, ma ora si rende possibile ipotizzare che, tra i guerrieri vichinghi, vi fosse una significativa percentuale di donne. In Finlandia, a Turku, si è aggiunto recentemente un altro caso con cromosomi XXY, la condizione che definisce la sindrome di Klinefelter, che comporta una sessualità con incapacità di erezione.

riamente, erano aperte a entrambi i generi. Una condizione che il tempo presente almeno in parte riapre e che sembra trovare radici lontane e per questo anche più naturali, se solo si pensa che sia nel mondo ebraico antico, sia nella civiltà greca e poi romana, socialmente si era posta una regola differenziata per i due generi.

Tornando al tempo presente, il rilievo della contrapposizione tra genere somatico e genere psichico, che pone in un vero conflitto il tema della doppia identità, può essere semplicemente l'emergere di un passato che ritorna, non appena il radicale controllo della simmetria tra mente e corpo, incontri una maggiore flessibilità. L'omosessualità è stata fino a qualche decennio fa considerata una patologia grave e prima ancora un comportamento demoniaco, che comportava la pena di morte, con il rogo della Inquisizione e successivamente, con la decapitazione.

L'avere separato in maniera radicale i due generi ha contribuito a creare due mondi distinti, considerando ogni deviazione una vera mostruosità, relegando la donna alla gestazione (il ruolo della maternità prima e della crescita dopo) ed escludendola da tutti i ruoli che hanno imposto una crescita diversificata per il maschio e per la femmina, guidando quindi la costruzione del corpo lungo due modelli contrapposti e impedendo che potesse esistere un corpo femminile, dotato di quelle abilità e forza caratterizzanti il maschio.

Si sono così selezionate le due tipologie, seguendo le tecniche che si mettono in evidenza, quando si voglia nell'allevamento potenziare e orientare in un certo senso lo sviluppo corporeo.

Chi ha vissuto in regioni dell'Africa e della Nuova Guinea, quando erano ancora «primitive», ha preso atto facilmente che vi erano donne il cui aspetto era conforme a modelli occidentali maschili e, anche se con minore frequenza, maschi che erano dentro il modello della femminilità.

Queste considerazioni e ipotesi servono per mettere in dubbio il concetto, mai dimostrato, di una «naturale» contrapposizione tra maschile e femminile, mentre è sempre più evidente come siano fondati su principi sociali, che non hanno nulla di biologico.

L'idea che il genoma «fissi» la macchina umana come avviene in una officina che produce un tipo di automobili, perde sempre più di consistenza proprio per le continue scoperte che vedono sulla genetica molecolare, aggiungersi l'azione dell'ambiente: una epigenetica in evoluzione. La stessa teoria darwiniana va letta sempre più, non come una serie di mutazioni casuali, ma come un materiale genetico che risente dell'ambiente geografico e sociale.

Con lo stesso metodo di chi opera la selezione, per ottenere una nuova tipologia di cani, attraverso l'esclusione di quei soggetti che non corrispondono alle caratteristiche volute. Una tecnica che favorisce la direzione verso il modello che si vuole raggiungere e, se questa guida dura millenni, si finisce per attribuire alla natura un prodotto che è invece sociale.

La grande scoperta di una genetica che permette la plasticità del cervello umano tende ormai a generalizzarsi, non solo perché la si rileva anche in altri organi dell'uomo, ma sulla considerazione che si parla ormai di plasticità delle cellule e persino delle molecole.

È possibile rilevare la plasticità di un'ameba, di un protozoo ciliato che, a seconda del luogo in cui vive, acquista comportamenti non osservati fino a quel momento. Sempre di più, il principio dell'identità ha bisogno dell'aggettivo plastico. E anche la specie umana, con il suo genoma, che è stato completamente trascritto alla fine del Novecento, deve tener conto delle variazioni ambientali e della storia. Ecco perché l'identità di genere va raccontata in un modo nuovo.

Da tali considerazioni mi pare emerga che il legame fondamento della relazione e dei sentimenti, pur esprimendo un bisogno esistenziale, appartiene alla psiche. All'insieme cioè di quelle funzioni che emergono dal cervello e che trascendono l'istintualità, intesa come parte del comportamento umano automatica e determinata.

Abbiamo contrapposto al determinismo la plasticità del cervello ipotizzando che pur legandosi alla genetica, vi siano *disposizioni-a*. Ed è entro questi limiti del possibile, che si svolge ciò che chiamiamo relativismo. La scelta è una esperienza primaria (elementare) della consapevolezza.

Si rileva così una distanza tra l'uomo istintuale e quello dei sentimenti, dell'empatia, che anche nell'etimo esprime una pulsione al legame.

In termini ancor più espliciti, si può dire che il legame d'amore è una funzione della mente, utile se non necessaria a vivere. Ed è indubbio che la plasticità, a cui abbiamo fatto riferimento, è una tappa della evoluzione; quindi, parte dei meccanismi di adattamento non più riferiti, però, alle mutazioni casuali di Darwin, ma al rapporto tra io e mondo: un binomio essenziale per costituire i comportamenti umani.

Tutto ciò porta ad affermare che i sentimenti, e l'amore in particolare, sono al di là della meccanica biologica e in qualche modo la trascendono. Significa che ne fanno parte ma non la determinano. Il corpo agisce con i propri meccanismi, all'interno di una funzione mentale superiore.

Possiamo dire che la sessualità non è amore, ma ne rappresenta un elemento, che entra a farne parte, viene guidata dal sentimento, come funzione psichica che trascende i meccanismi del corpo. Il legame d'amore è una rappresentazione psichica ed esprime un bisogno, viene prima delle pulsioni sessuali, che rispondono all'imperativo della continuazione della specie. Ma questa forza istintiva non si può identificare con l'amore e con quei legami che sono parte del «come» esistere.

Occorre aggiungere che l'esperienza e l'osservazione, persino nel passato archeologico, testimoniano possibilità innumerevoli di legame, ma non infinite, poiché vi è sempre una necessità isomorfica che permette diverse scelte, purché coerenti con l'essere individualmente parte di un insieme.

Questo rilievo include il caso di chi si lega sentimentalmente, essendo un maschio a una femmina, ma è altrettanto frequente che un maschio si leghi affettivamente a un maschio e così una femmina a un qualche esemplare del suo stesso genere. I legami sono dunque una variabile psichica, al cui interno si attiva una istintività che, nella forma più varia, chiamiamo erotica, mentre se diretta alla procreazione della specie definiamo sessuale.

Si presenta così un teatro, in cui i legami psichici riportano alle espressioni corporee, quindi alla sessualità, ma dove il legame d'amore è prima psiche e poi corpo.

Se il legame è all'interno dello stesso genere, i due corpi si uniranno adattando i meccanismi pulsionali alla maniera che si definisce omosessuale (che include il legame sia tra corpi maschili sia femminili). Il «come» i corpi partecipano al legame d'amore, presenta variazioni amplissime, poiché vi partecipa tutto il corpo e non solo gli organi differenti deputati al generare.

Nella vecchiaia gli organi sessuali primari non sono attivi e l'eros trova uno spazio enorme per amare.

La nostra civiltà (come abbiamo accennato) si è fissata sulla sessualità d'organo, ponendo in secondo piano una ritualità erotica straordinaria che non contempla necessariamente l'uso «concezionale» dell'insieme. E se, staccandosi da questa fissazione, osserviamo attentamente la liturgia dell'eros, ci si rende facilmente conto che la gran parte dei giochi sono comuni, escludendo gli organi primari, sia all'etero sia all'omosessualità.

Quando poi entriamo in quelle età, in cui gli organi primari non sono in funzione, l'esercizio dei corpi non è distinguibile sul piano dell'eros in nessuna delle tipologie di legami che possono costituirsi. Due persone che si uniscono da vecchi, si muovono entro spazi che poco hanno a che fare con l'esercizio della riproduzione ed è così per l'adolescenza, in cui il bacio non è un preliminare della congiunzione, ma ha un significato che non la richiede.

Indagini epidemiologiche sui riti sessuali hanno mostrato che, nella eterosessualità matura, si nota un altissimo uso di quel rito che nella omosessualità è centrale. E per semplificare una dettagliata descrizione che qui sarebbe fuori luogo, si potrebbero far risaltare nei riti lesbici, giochi che richiamano fortemente quelli della eterosessualità.

Ma, per dare ancor più forza a una osservazione non guidata dagli schemi imposti culturalmente, né dal moralismo, bisogna aggiungere anche le storie di soggetti che hanno vissuto un legame omosessuale e successivamente uno eterosessuale, con l'inclusione del coito e del generare. Casi di chi, per quindici anni, ha vissuto una relazione lesbica, passando poi a un legame matrimoniale, di lunga e definitiva durata. Esiste il bisex che il mattino può attivare un meccanismo etero, e la sera quello omosessuale.

Richiami che non toccano il campo delle perversioni, un capitolo forse troppo voluminoso che Richard von Krafft-Ebing ha iniziato con il trattato *Psychopathia sexualis*, ma che sono dentro la dinamica di un legame sentimentale, rivolto cioè ai sentimenti, alle persone tutte intere, a cui segue la partecipazione dei corpi che, per il legame sentimentale, non comportano l'imperativo del *multiplicamini*.

Se, superando i pregiudizi, riuscissimo a osservare i comportamenti senza far scattare lo schema del lecito o dell'illecito e persino del peccato e dell'inferno, ci si renderebbe conto che esistono nelle liturgie dell'Eros costanti, entro diversità che sono diventate contrapposizioni, per la cultura che le ha stigmatizzate. Troveremmo forse straordinarie analogie tra l'attività sessuale e il gioco che, pur tra manifestazioni apparentemente diverse, ripetono alcuni schemi costanti. Nel gioco dell'Eros, in qualsiasi fenomenologia si rappresenti, vi è sempre un ruolo dominante e uno non-dominante, ma non si tratta dell'esercizio di un potere: rappresentano un binomio, con ruoli che sono, nel gioco, entrambi fondamentali per esprimere il piacere dei sentimenti, proiettati sulla corporeità.

Anche nel gioco infantile si distingue il ruolo dominante da quello non-dominante, come quando, giocando alla scuola, si vede uno fare il maestro e l'altro l'allievo. Ma non è solo la ripetizione di quanto accade nel concreto dell'aula, di solito il maestro immaginario è cattivo e l'allievo fa la parte del perdente, creando quella sintonia che è proprio della scena del gioco, non del potere. Sempre per utilizzare l'immagine del gioco, può accadere l'inversione dei ruoli: lui diventa lei e lei diventa lui.

È frequente nella omosessualità, sia tra maschi sia tra

femmine, «giocare», attivando nel caso di una relazione saffica la figura del maschio: una vera metamorfosi immaginata.

Risulta con evidenza che i sentimenti sono simmetrici, ponendo così i due termini della relazione sempre sullo stesso piano. Entro questa cornice suona stonata una convinzione secondo cui, se non funziona il legame sessuale, si spengono i sentimenti. Abbiamo già detto che a far funzionare il sesso sono i sentimenti. L'esatto opposto di una sentenza diffusa, ma errata.[14]

Si deve aggiungere una scoperta recente, grazie alla quale si può distinguere nettamente l'imperativo del *generandi* dal piacere delle liturgie del corpo, come arricchimento di una relazione che, prima di tutto, ha un fondamento psichico. Queste considerazioni vanno anche contro un'altra tendenza che domina nel tempo presente, quella della cosiddetta *educazione sessuale* che dovrebbe lasciare il posto alla *educazione sentimentale,* espressione che richiama il titolo di un romanzo di Gustave Flaubert del 1869.

Una infinita sequenza di pregiudizi sulla sessualità ha attraversato, con una strana coerenza, secoli di storia dell'Occidente, poiché il controllo ossessivo e al contempo fobico della sessualità si è mantenuto in periodi storici, guidati dalle più diverse visioni del mondo.

Una continuità, saldamente mantenuta dalle religioni, nelle quali si è costruita sulla diversità del sesso perfino

[14] A dare ancor più forza al dominio dei sentimenti sulle pulsioni istintuali della sessualità d'organo, si pone il «sentire» verso ciò che è «altro», il trascendente, Dio. Sia l'eremitismo sia il monachesimo ne sono evidenze nel passato e nel presente e rappresentano esempi di sentimenti senza sesso. All'opposto si pone la prostituzione: un esercizio di ginnastica sessuale che si inserisce in una logica di mercato, e non dei sentimenti.

la gerarchia sacerdotale che è il sistema terreno «visibile» delle dottrine trascendentali. Il riferimento al cattolicesimo mostra che, proprio sul fondamento della diversità degli organi sessuali, si è esclusa la donna considerata «impura» e pertanto inadeguata al sacerdozio. Un esempio paradossale, perché la religione è fondamentalmente un'espressione di sentimenti. La religione ebraica ha legato l'impurità della donna al ciclo mestruale. Un vero paradosso, se si considera che a questo meccanismo del corpo femminile si deve la capacità di dare la vita, di divenire madre.

Gli storici hanno potuto documentare non solo che tra i discepoli ci sono stati uomini che avevano legami matrimoniali, ma anche che nei primi secoli della Chiesa, i discepoli che esercitavano funzioni sacerdotali potevano prendere moglie.

Solamente a un certo punto, il papato vietò il matrimonio prima ai vescovi e successivamente ai presbiteri per difendere il patrimonio della Chiesa, che sarebbe stato posto in pericolo dai diritti di successione dei figli.

È possibile aggiungere che, nei Vangeli canonici, non vi sono esplicite affermazioni su limiti sacerdotali per la donna, e che nei Vangeli apocrifi si trovano invece riferimenti a episodi che mostrano il particolare apprezzamento da parte del Maestro per la donna.

Questo cambiamento viene abitualmente riportato al IV-V secolo, quando nasce il monachesimo occidentale con san Benedetto da Norcia, che pone il voto di «castità» come condizione per appartenervi. Si può osservare che se la vita del cristiano deve essere all'insegna della povertà, di cui pure si fa «promessa» nel sacerdozio, mi pare possa scomparire la preoccupazione che si dilapidino i beni temporali della Chiesa. I diritti testamentari di un povero non esistono.

Sempre nell'ambito delle religioni, che non sono delle decorazioni della società umana, ma esprimono dei bisogni esistenziali di ciascun uomo e donna, non si può dimenticare che l'attività sessuale è stata posta al centro dei «peccati» e giudicati con la pena eterna. Sarebbe però esagerato cercare l'origine della distinzione tra uomo e donna, che si radica nella sessualità, solo nelle Chiese, di cui esistono esempi in cui è ammesso il matrimonio.

Prima del Cristianesimo, sia nel mondo greco sia in quello romano, si considerava la donna come proprietà dell'uomo, che ne aveva diritto di vita e di morte. In particolare, l'adulterio era punito con la lapidazione.[15]

Certo vi è una grande distanza tra una legge che impone l'infibulazione rispetto a società che differenziano sul piano dei diritti sociali la donna dall'uomo, ma è comunque generale la presenza di una diversità, che si radica sugli organi primari della sessualità.

Anche nel nostro Paese il tema dei diritti del mondo femminile si muove lentamente, disparità fondata su pregiudizi fobici sulla sessualità. Sarebbe tempo di fondare l'attenzione sui sentimenti, che sono il fondamento di una comunità. Relazioni che abbiamo più volte evidenziato con il termine di legami, non di contrapposizioni.

[15] Paradossale è il comportamento del magistero della Chiesa se si considera l'episodio evangelico dell'adultera che sta per essere condannata, seguendo la legge anticotestamentaria, ma Gesù la difende. Non è questo l'unico riferimento nella vita del Maestro, tanto che alcuni esegeti sostengono che vi sia un comportamento preciso di difesa della dignità della donna. Pur non potendo approfondire qui il tema, è importante sottolineare come questo pregiudizio persista ancora, e nelle società più lontane tra loro.

Il sesso delle parole[16]

Una delle testimonianze più fedeli del pensiero di una società è data dal linguaggio. Il pensiero umano si esprime attraverso le parole che si definiscono come suoni a cui viene attribuito un significato convenzionale, ma allo stesso tempo accettato per poter permettere una comunicazione tra i componenti della comunità. Il pensiero l'abbiamo definito come una funzione del nostro cervello dotato di centri e di una organizzazione adatta a tradurre le idee in parole.

Non è sempre facile applicarla, e sovente avvertiamo di non esserci riusciti, avendo la percezione di dovere ri-

[16] Il tema del sesso delle parole rimanda al nome della romana Alma Sabatini (1922-1988), attivista del movimento delle donne degli anni '60-'70 quando la lotta in Italia era volta alla legalizzazione dell'aborto. Attivista del Partito radicale, nel 1971 fu tra le fondatrici del Movimento di liberazione della donna, che aveva tra gli obiettivi quello di opporsi allo sfruttamento da parte dei maschi della prostituzione. Un impegno politico e sociale insieme, quello di Alma Sabatini, laureata in lettere moderne e insegnante di lingua inglese alle scuole superiori, che la portò a scrivere nel 1986 una relazione dal titolo *Raccomandazioni per un uso non sessista della lingua italiana* pubblicato dalla Presidenza del Consiglio dei ministri, al cui interno si era costituita la Commissione nazionale per la parità e le pari opportunità tra donna e uomo. Tale documento, di 18 pagine, aveva lo scopo di «riconoscere garantire e adottare un linguaggio non discriminante rispettoso della identità di genere identificando sia il soggetto femminile che il maschile in atti amministrativi e corrispondenza, denominazione di incarichi, funzioni politiche e amministrative». Divenne un volume nel 1987, pubblicato con il titolo *Il sessismo nella lingua italiana*. È da ricordare che aveva cercato di sostituire i termini uomo e donna, fortemente differenziati, con quello di persona. L'opera era, in particolare, riferita alle cariche politiche, coniugate tutte al maschile: il presidente, il ministro, il guardasigilli, l'assessore, il deputato… ma si estendeva ad altri ambiti: l'avvocato, il procuratore, lo scienziato.

provare attraverso l'uso di parole e di combinazioni di parole più adeguate. La corrispondenza tra pensiero e linguaggio ha come scopo la «chiarezza», che esprime la riuscita dell'«abito» che si è trovato per le idee che, così, diventano comuni.

È curioso che, nell'analisi di una lingua, si parli di «genere delle parole» come dovessero rispondere o tenere conto dell'identità di genere della persona.

Proprio per questa associazione, abbiamo dato a questo capitolo il titolo di *Il sesso delle parole*.

Non è una operazione di pura fantasia, se si pensa che nella nostra lingua esistono il maschile e il femminile. Un binomio di contrapposizioni, poiché una parola è o maschile o femminile e potremmo per associazione dire che rappresenta la testimonianza di quel dualismo rigorosissimo tra i due sessi, che domina la storia passata ma anche il tempo presente sia pure con una maggiore flessibilità. La bisessualità coerentemente definisce individui che non sono sessualmente o maschili o femminili, ma l'uno e l'altro. Se poi si passa a distinguere la dimensione anatomica dell'organo sessuale primario, rispetto a quella psicologica, si giunge a persone che sono di un sesso anatomicamente, ma dell'altro psicologicamente.

Continuando a saltare dalle parole alle caratteristiche della sessualità umana, è interessante il rilievo che nelle lingue madri, il greco antico prima e il latino poi, sono ammessi non due, ma tre generi, aggiungendo il neutro. Vi sono dunque, sia per nominare i sostantivi sia gli aggettivi, tre possibilità. L'espressione greca di tale tripartizione dei generi è l'*oudèteron*, che serve per indicare che quel sostantivo non è né maschile né femminile. Il termine latino «neutro» chiarisce che quel qualcos'altro ha il significato di non corrispondere né al genere maschile né a quello femminile.

Mi pare che, seguendo questi criteri non si possa escludere che «neutro» possa includere la condizione in cui il genere sia, al contempo, l'uno e l'altro. E ciò diventa estensibile ai casi in cui una persona è maschile e femminile. Ma per simmetria, si può aggiungere che neutro possa interpretarsi come «né l'uno né l'altro», in quanto effettivamente l'essere l'uno e l'altro equivale a non appartenere né al maschile né al femminile.

Manco delle competenze che hanno gli studiosi di linguistica e non appartengo all'Accademia della Crusca, che ha il compito di difendere l'integrità della lingua italiana e darne chiarimenti. Mi sono permesso questo esercizio, in quanto credo che la presenza in una lingua dei tre generi, contenga l'idea di una maggiore variabilità. Superando il rigido dualismo dell'uno o dell'altro. Penso persino che nella strutturazione della lingua italiana, avvenuta nel decimo secolo, nel 963 se si considera come documento di partenza quella contesa per la proprietà di un terreno, rivendicato da due parti e che in una testimonianza si è verbalmente espressa con *Sao ko kelle terre, per kelle fini que ki contene, trenta anni le possette parte Sancti Benedicti,* dominasse nel clima medievale il pensiero cristiano, con l'idea di una natura precisamente definita e perfetta, come già riteneva Aristotele, e che esistessero di conseguenza i due generi: il maschile e il femminile. Ne discendeva che i tre generi fossero una anomalia della visione del mondo, e quindi si dovesse correggerla.

Sta di fatto che esistono lingue come il rumeno che discende anche dal latino, e che mantiene il genere grammaticale neutro. Inoltre, con una derivazione parzialmente diversa, il neutro è presente anche nella lingua tedesca.

Dalla dimensione dottrinale si può passare, divenendo così più concreti e non correndo il rischio di qualche ingenuità teorica, alla dimostrazione delle incongruità nella lingua italiana nella scelta di termini che sono declinabili sia al maschile sia al femminile, come la cuoca-il cuoco o altri che sono al maschile, ma mancano della versione femminile: generale non ammette il femminile. Esempi in cui, se un termine è espresso nel genere diverso, cambia il significato, come i pianeti che se diventano le pianete, non hanno nulla a che fare con gli oggetti dell'universo, poiché la pianeta, detta anche casula, è il mantello cerimoniale che usa il sacerdote nella celebrazione della eucarestia. L'analisi del sesso delle parole è un tema che affascina, ma richiederebbe un esame di dimensioni gigantesche, se solo si considera che per il dizionario moderno Treccani sono 60.000 i lemmi, le parole della nostra lingua, anche se nell'uso comune si riducono fin troppo, dimostrando un vero impoverimento nelle capacità espressive degli italiani. Mi limiterò pertanto ad alcune considerazioni, le più adatte a indicare che, anche nella testimonianza linguistica, vi è una netta separazione tra i ruoli del femminile e del maschile, a sostegno di una differenza di genere, oggi considerata ingiustificata e inaccettabile.

La famiglia come cellula sociale mette insieme l'uomo e la donna. Il primo si occupa del patrimonio, che etimologicamente contiene il termine *pater* e *munus* (compito) e si prende cura delle cose. La donna ha il compito del matrimonio, che è formato dal genitivo di *mater*, unito a un suffisso riconducibile al sostantivo *munus* che esprime dunque il compito della maternità. Una chiara espressione di come il potere che si lega alle cose possedute è dell'uomo, mentre la donna ha il compito di generare e allevare i figli.

Per sottolineare ancor più questa differenza linguistica come espressione anche sociale, è sufficiente richiamare la parola «patriarca». Dal greco, *patriarkes* nel senso di patria (analogo a tribù, famiglia, stirpe) e *arko* che significa comandare. È questo un termine usato per i capi famiglia, da cui deriva la figura di Mosè, come capo di un popolo e a testimoniarlo è Jahvè che gli consegna le Tavole della Legge. Il termine contrapposto di matriarcato è nella nostra lingua considerato come organizzazione addirittura patologica e dall'enciclopedia Treccani viene definito «istituzione giuridica, esistente presso molti popoli a cultura inferiore in cui il potere è detenuto dalle donne...».

Il termine è coniato verso la fine del secolo XIV sul modello di patriarcato. Almeno fino alla metà del secolo XX ha continuato a essere adoperato da alcune correnti antropologiche e considerato espressione di una fase primitiva di organizzazione sociale. Le ricerche antropologiche hanno dimostrato non solo l'insostenibilità delle congetture evoluzionistiche, ma di tutte le organizzazioni sociali, fondate sull'assegnazione di potere politico alle donne piuttosto che agli uomini.[17]

Si tratta di frammenti che esprimono bene un pregiudizio ancora oggi dominante, talmente radicato da giungere al rifiuto di studiare società di tipo diverso e di teorizzare un potere declinato sia al maschile sia al femminile.

Un ambito di particolare interesse è il «sesso di parole» riferito a ruoli sociali, al lavoro denominato per l'uo-

[17] Preso letteralmente dal *Dizionario di Storia*, 2010.

mo e per la donna. Si assiste alla regola per cui aumentando l'importanza delle occupazioni, si passa da parole che si declinano al maschile e al femminile verso altre che, nella nostra lingua, sono presenti solo al maschile.

Al servo corrisponde la serva, al portinaio la portinaia, al postino la postina, al sarto la sarta, al commerciante la commerciante, al commercialista la commercialista.

Ma alcune corrispondenti a certi lavori appartengono a un sesso e non all'altro.

A pastore non vi è corrispondenza femminile, a prostituta manca il maschile; anche il termine prostituzione è al femminile (la parola è formata da *pro*, «davanti» e *statuere*, nel significato di ammettere). È curioso notare anche l'espressione analoga, la meretrice.[18] Al maschile si parla di meretricio che indica però uno stile deteriore del commercio.

Di casalinga manca il corrispondente, di cavaliere altrettanto, il meccanico non ha il femminile, mentre con meccanica si designa un settore dell'industria. In un salto di qualità nella gerarchia sociale, rispetto a «prefetto» non esiste un termine femminile, nonostante nella recente realtà vi siano province guidate da una donna; si suggerisce, anche in questo caso di usare, la parola al maschile, indicando il signor prefetto, dottoressa... Questa regola vale per altre posizioni che rientrano nella pubblica amministrazione: tra queste il questore, il cancelliere, il presidente...

Un'altra area, in cui domina ancora il peso di una differenziazione tra i sessi delle persone, è l'esercito. I gra-

[18] Viene distinta da prostituta: l'esempio è tra Messalina, prostituta e Taide, meretrice, un termine che ha usato Terenzio nell'*Eunuchus*. Una differenza che viene sostenuta da Dante nel diciottesimo canto dell'*Inferno*, versi 129 e seguenti.

di militari sono declinati al maschile: a generale di Corpo d'armata non si accompagna la generale ed è del tutto arbitrario, ma parlare di generalessa sa di errore. E la separazione netta si rileva anche per gradi minori, come quello di maresciallo, di colonnello, di capitano... La mancanza di questi termini corrisponde in pieno alla esclusione per principio o per il pregiudizio che la donna non abbia le connotazioni necessarie a tali ruoli. Il sacerdote, il presbitero, il vescovo, il cardinale, il papa, pure con l'eccezione della papessa Giovanna che è salita al soglio pontificio (secondo la storia o la leggenda) con il nome di Giovanni VIII, dall'853 all'855.

Un altro ambito è quello che riguarda gli oggetti dell'universo. L'universo è maschile, poiché indica una totalità che allo stesso tempo è, per usare i termini più precisi, illimitato. Mentre, seguendo la categoria della bellezza, prevalentemente proiettata sul sesso femminile (sia della donna sia delle parole), le stelle sono al femminile e di un tale fascino che, nei complimenti alle donne, le si usa spesso. Il sole è però maschile e anche in questo caso ciò che emerge è la potenza che abbaglia, ma anche la sua funzione che dà energia. La luna si è ritenuta per secoli solo espressione della bellezza e immaginata come simbolo dell'amore. E a indicarlo in modo sublime è il *Canto notturno di un pastore errante dell'Asia* di Giacomo Leopardi: «Che fai tu, luna, in ciel? / dimmi, che fai, / silenziosa luna? / Sorgi la sera, e vai, / contemplando i deserti; indi ti posi...».

I buchi neri sono anche stati fotografati recentemente, non sono certo belli. Sempre nello stesso ambito il cielo diventa nell'insieme maschile, mentre la Terra è femminile. E su questo aspetto la narrazione è stata ampliata dalla mitologia, che ha parlato della «dea madre» che viene «seminata» dal cielo. E il gesto, nell'antica liturgia dell'agricoltore, si rappresentava con un oggetto di legno appuntito che entrava nella terra, in cui si poneva un seme. È, simbolicamente, l'arte del coito. Del resto, il termine «coito» è maschile, così come «bacio», «abbraccio», mentre alcune specificazioni della sessualità diventano, ma questa volta in senso negativo, femminili, come ad esempio la masturbazione. Una differenza forte delle parole risalta per i vizi: tutti e sette sono declinati al femminile, in perfetta sintonia con l'immagine della donna «peccatrice».

La descrive quel passo dell'*Ecclesiaste* (*Qohelet*), attribuito a Salomone, il più saggio tra i grandi protagonisti dell'Antico Testamento in cui si dice: «più terribile della morte è la donna, solo l'uomo timorato di Dio la può scampare, il peccatore ne è avvinto, abbindolato».[19] In ordine: superbia, avarizia, lussuria, invidia, gola, ira, accidia. Bisogna però, ammettere che anche le virtù vengono espresse al femminile e ne sono definite sempre sette, a cui appartengono quattro *virtù cardinali*: prudenza, temperanza, fortezza, giustizia e tre *virtù teologali*: fede, speranza, carità.

Risulta evidente che tutte le osservazioni sono legate alla lingua italiana, che non mostra sempre una corrispondenza con altre lingue. Un esempio significativo, in quanto appartiene alla dimensione esistenziale, è il «dolore» che, nella lingua francese, è *la douleur*, al femminile. Un aspetto che acquista un significato particolare, sia per l'uomo sia per la donna, tenendo conto che c'è un dolore esistenziale e un dolore provocato.

[19] È questa la versione di una edizione del 1961, in parte mitigata con apporti successivi dalla Conferenza episcopale italiana (Cei).

Non si può dimenticare che, nell'Antico Testamento, quando Jahvè caccia i progenitori dal Paradiso terrestre, richiamerà il «sudore della fronte» rivolto a Adamo, e per Eva risuona il «partorirai con dolore».

La medicina è una professione fondamentale per una società, e si è sviluppata progressivamente in aree sempre più specializzate: storicamente, la facoltà di medicina e chirurgia è stata per secoli frequentata esclusivamente dai maschi. Negli ultimi decenni, questo imperativo maschile ha perso di forza, tant'è che non solo le facoltà mediche sono frequentate dalle donne, ma la professione è rappresentata in prevalenza dalle donne. Il sesso però dei termini che indicano il medico e il chirurgo, non ha trovato ancora un corrispettivo al femminile.

La medica e la chirurga non sono termini entrati nell'uso e il suono di queste parole risulta stonato.

A dimostrare che non si tratta di risonanze decorative o estetiche, suscita ancora una reazione negativa nei pazienti il sapere di essere sottoposti a un intervento chirurgico eseguito da una donna, la cui denominazione è «chirurgo-donna». Una precisazione che, nonostante alcuni casi in cui è nota la particolare capacità, un chirurgo donna attiva una minore fiducia come reazione immediata nell'esecuzione dell'intervento. Ciò sottolinea come sia inaccettabile l'uso di una parola al maschile sia pure corretta con l'aggiunta.

Come è noto nella nostra lingua, già l'articolo «il» o «la» contiene la separazione. Mentre non appare nel «the» degli inglesi.

Ciò che si rileva nella tradizione sanitaria, sia pure con un impatto emotivo differente, avviene anche per l'ingegnere o l'architetto, denominazioni al maschile, anche se la presenza della donna in questi ambiti è sempre più rilevante. Indice di una evoluzione sociale, a cui la lingua deve adeguarsi, rispondendo però ai cambiamenti con modificazioni che rappresentino e rispettino le novità.

Che ciò avvenga almeno in parte, è mostrato dai neologismi, dunque da una integrazione nei vocabolari delle lingue parlate e scritte. Ma è indubbio che vi siano, forse inconsapevoli, forti resistenze in particolare in alcuni settori: un deciso conservatorismo linguistico.

Tra gli innumerevoli riferimenti sul dominio del maschile sopra il femminile, appare significativo che il coraggio sia maschile, la paura ovviamente femminile.

In questi decenni abbiamo assistito a una rivoluzionaria tecnologia: quella dei computer digitali, con una necessità di nuovi termini per designarne il contenuto e la dinamica. Vi è infatti un piccolo vocabolario del mondo digitale. Insensatamente però, la nostra lingua sembra pigra alle innovazioni, accogliendo così termini anglosassoni che, ormai, modificano persino il suono delle frasi che riportavano alla ricchezza e alla fantasia dell'italiano.

Uno sforzo che va invece fatto guardando ad altri esempi come il francese, che importa materiale linguistico in quantità minore, e coerentemente arricchisce di termini la propria lingua.

Dopo aver richiamato diversi ambiti, occorre, però, ricordare che il limite linguistico più forte nel tema di una giustizia e nel rispetto delle differenze tra uomini e donne e delle denominazioni linguistiche che appartengono agli uni e alle altre, si lega proprio all'uso del termine uomo.

Una parola che deriva dal latino *homo*, che si estende anche a *humanus* e *humanitas*. Quando noi usiamo il termine «uomo», riportiamo il significato implicito di umanità. Nell'antropologia che deriva da *anèr-andròs* (uomo) e *logos* (studio), viene esclusa la donna. Per mitigare questo effetto, si può considerare, come sottintesa, la sua inclusione nel termine *homo*.

Soprattutto dopo la nascita dei movimenti ispirati alla parità dei diritti fra i due sessi, ogni volta che si parla di antropologia, anch'io avverto il limite di questa esclusione e giustifico il continuo riferimento alla parola uomo solo come termine che non intende escludere la donna. Ma mi rendo conto che anche questo tentativo rafforza il riferimento al maschile.

La cosa diventa ancora più insopportabile, quando giungo a indicare che l'umanesimo è l'insieme dei principi primi che indicano le regole per il vivere sociale. Mi accorgo di operare una discriminazione, aiutato da una lingua che non ha risolto al proprio interno il rispetto dei generi maschile e femminile, con parole di pari dignità. Un vero e proprio sessismo.

Ritorniamo all'interno della nostra lingua per indicare alcune incongruenze nella declinazione al maschile e al femminile. Interessante ci sembra, riferendosi al mondo delle piante, sottolineare come l'albero da frutto sia indicato al maschile, mentre i frutti sono al femminile. Il melograno genera la melagrana. Un frutto che è anzi, simbolo della femminilità, per la sua costituzione data da chicchi che ne indicano la prolificità.

Il melo produce le mele. Un altro simbolo della femminilità. Per convincersi, basta tagliarla in due parti e ci si accorge di evidenziare una superficie bianca che mostra centralmente l'immagine dell'organo femminile, attraverso cui è facile evidenziare dei semi. Una vera illustrazione estetica della sessualità femminile. Il pero genera le pere ma, in questo caso, non vi è un richiamo anche grafico alla femminilità.

Casi di incomprensione di un termine quando se ne voglia esprimere il genere femminile sono frequenti, quasi a dimostrare l'impossibilità di distinguere il genere solo attraverso l'articolo: il foglio-la foglia, il banco-la banca, il bilancio-la bilancia, il masso-la massa, il capitale-la capitale, il fine-la fine, il regolo-la regola.

In alcuni casi oltre all'articolo, il termine assume una ristrutturazione che va oltre la desinenza «o» per il maschile, «a» per il femminile: il re-la regina, il senatore-la senatrice, il cane-la cagna, il fratello-la sorella, il toro-la vacca, il pittore-la pittrice, il gallo-la gallina, l'eroe-l'eroina.

Particolare attenzione andrebbe rivolta all'abbigliamento intimo dal momento che in un caso è funzionale al sesso maschile, nell'altro a quello femminile. La mutanda mantiene il genere bisex, così anche la maglia, che non può avere il corrispettivo maschile in maglio, che diventerebbe lo strumento che serve a dare forma a una lamina posta sull'incudine dove cade pesantemente la mazza che vi incide una immagine.

Nella lingua italiana grande importanza hanno nella grammatica i pronomi personali...

maschile	femminile
me	me
te	te
lui	lei
essi	esse

Come si osserva non c'è simmetria, in alcuni casi il segno verbale è lo stesso in altri si distinguono i generi.

Tali riferimenti stanno a indicare come sia forte nella nostra lingua il bisogno di una distinzione del genere delle parole, anche se tale intendimento non dà luogo a una regola fissa e costante. Nell'inglese, per esempio, questa ossessione manca e l'articolo e anche le desinenze non mutano poiché per i due generi esiste «the».

A sostegno che è possibile superare questa ingiustificata contrapposizione che, come abbiamo sostenuto, evidenzia un tema di rilevanza sociale, è utile ricordare che, in una indagine fatta sulle 256 lingue parlate sulla Terra: 144 non presentano generi grammaticali, il genere non viene quindi esplicitato; 50 hanno due generi come l'italiano; 26 hanno tre generi, ne sono un esempio le lingue indoeuropee; 12 hanno quattro generi, le lingue caucasiche; 24 hanno cinque o più generi, come per esempio la Nigeria e il Congo.

Tutti questi esempi sono segno della distinzione sessuale delle parole e vanno inseriti nel principio che abbiamo già richiamato, e cioè che il linguaggio e le sue caratteristiche esprimono il pensiero di un popolo. Credo che giustamente la corrente filosofica dell'idealismo abbia evidenziato l'unità inscindibile di linguaggio e pensiero, giungendo ad affermare che l'inadeguatezza o la povertà dell'uso di un linguaggio limitino le funzioni del pensiero, sottolineando così che l'attenzione allo strumento con cui si manifestano le idee esprime il limite al suo sviluppo. Se si guarda alla storia delle società, si nota che la conoscenza della lingua aumenta le capacità di comunicazione, e dunque la trasmissione del pensiero. Personalmente, credo che queste due funzioni del pensare e del comunicare, intese come una traduzione in parole delle idee e delle ideologie, vadano distinte anche temporalmente, nel senso che si ha la consapevolezza di un'idea che solo successivamente può essere tradotta in parole. E se la dinamica attraverso cui si compone biologicamente un pensiero è caratteristica della specie, la fase della traduzione differenzia le popolazioni sulla base delle caratteristiche strutturali e semantiche delle diverse lingue.

È indubbio che una parola possa arrivare a stimolare la genesi del pensiero. Inoltre, chi conosce bene più lingue percepisce chiaramente che la confezione di un pensiero riesce meglio in un linguaggio piuttosto che in un altro. Osservazioni queste che riportano alla constatazione che il linguaggio verbale è una dotazione necessaria per l'attività del pensare, che è il vero motore del comportamento umano e della storia delle differenti civiltà. Si deve percepire la preziosità della lingua madre, poiché è lo specchio anche della efficienza del nostro cervello. Uno stimolo a mantenere la struttura che riporta alla grammatica e alla sintassi, aggiornandone però i contenuti come fase essenziale dello sviluppo del pensiero e della forza di una civiltà, che va misurata su questo binomio pensiero-linguaggio. Ciò significa anche non staccarsi dalla conoscenza di quelle lingue antiche che hanno generato l'italiano.

Riporta all'immagine della bellezza di una pianta che, però, dipende dalla attenzione posta alle sue radici, da cui anche i rami più alti devono ricevere la linfa in quella trasmissione che non è visibile, ma ben presente e necessaria. Per questo, mentre mi sento di spingere a conoscere altre lingue per potersi sentire cittadini di una più vasta comunità rispetto a quella in cui è radicata la propria identità, esprimo il mio disappunto per il mescolare le lingue tra loro e aggiungere parole straniere. È necessario innovare il linguaggio con neologismi che rispettano la struttura della lingua come parte vivente, specchio della propria identità. Rispettarne la purezza potrebbe servire anche a diminuire la distanza, in parte inevitabile, tra le generazioni.

E il riferimento va subito al computer digitale, a questa protesi della mente a cui stiamo delegando sempre maggiori funzioni del nostro cervello a partire dalle memorie. Per un ricordo numerico o per una piccola operazione aritmetica oggi occorre cliccare. La stessa tendenza potrebbe vedere realizzato il trasferimento della semantica, del significato storico e convenzionale che si attribuisce a un suono, per trasformarlo in parola. Se diminuisse la memoria semantica in quanto bisogna cliccare per recuperarne i significati, la nostra capacità verbale diminuirebbe e con essa, senza accorgerci, diventeremmo degli analfabeti.

Con tali preoccupazioni non viene diminuito il significato di una straordinaria tecnologia, ma se ne dimostrerebbe certamente un cattivo uso.

Dopo essermi soffermato sul linguaggio verbale, va ricordato che esistono e hanno una loro importanza i linguaggi non verbali e, tra questi, quello per immagini, che è stato arricchito certamente dai computer digitali. Bisogna però tenere presente che, per il comportamento, la nostra forza si lega proprio alle idee, tanto da poter dire che la nostra civiltà si fonda sull'astrazione, sui concetti e sulla capacità di immaginare un «mondo delle idee», come ha proposto il più grande iniziatore della civiltà occidentale, Platone.

La forma delle idee rispetto a quella delle immagini si lega meno all'empirismo, alle cose, permette persino di entrare in un mondo che non è solo quello della fantasia, ma appartiene alla trascendenza, dove hanno trovato posto da sempre gli dèi. Credo sia utile ricordarlo oggi in un tempo che appare incollato alle cose e che si perde nell'*hic et nunc* senza poter mai arrivare all'eterno. Mi pare che, senza questa dimensione, l'uomo si appiattisca sulla superficie di questo pianeta, riportando a un mondo ben descritto in *Flatlandia* del 1884, romanzo fantastico di Edwin Abbott.

Se le parole traducono il pensiero e se ne abbiamo perso il vero significato riducendo il vocabolario a pochi termini, saremo nella condizione di chi, pur esprimendo profonde concezioni non riesce a tradurle. Quel contributo della mente umana non solo andrebbe smarrito ma, tradotto male, genererebbe confusione.[20]

[20] Nel 2017 l'opera di Alma Sabatini (nota 16) è stata ripresa in un convegno intitolato "Il sessismo nella lingua italiana". Gli atti sono stati pubblicati con lo stesso titolo nel 2017 (a cura di Anna Lisa Somma e Gabriele Maestri, Blonk Editore). Un testo che è nello stesso tempo indice dell'importanza del tema, ma anche della sua non raggiunta soluzione. Era doveroso citare questo filone dell'analisi, anche se come abbiamo detto è orientato a una valutazione politica e amministrativa, a differenza del nostro approccio che è più rivolto all'antropologia, espressione che abbiamo visto come fortemente maschilista, ma non coincidente con le tematiche del tempo presente e che la pone nella cornice di una cultura più generale dell'uomo e della donna. La professione dello psichiatra si rivolge infatti in maniera più marcata ai riflessi psicologici, che una discriminazione sul piano dei diritti umani e sociali porta nell'esistenza, in una dimensione quindi più ampia di quella individuata da Alma Sabatini e dagli studiosi che hanno celebrato e partecipato al convegno con le rispettive relazioni, riportate nel volume citato.

Il delinquente normale

Il comportamento umano e l'importanza della Storia

Chi si occupa del comportamento dell'uomo e si ponga la questione del perché egli possa agire oggi con modalità contrapposte al passato, è portato a considerare l'Ottocento come il secolo in cui si sono costruite le basi per una risposta scientifica. Nascono infatti discipline che vengono percepite come fondamenti del comportamento, *in primis* la psicologia, che si volge a studiare i meccanismi del comportamento seguendo una «logica» che lega le dinamiche dell'agire, dalle pulsioni fino ai desideri, dall'*intelligere* al *velle*. Un percorso che è giunto alla psicologia dell'io e alle psicoanalisi.

Si è aggiunta la sociologia come una metodologia per analizzare gli ambiti entro cui il singolo agisce, che ha prodotto studi sulle società di piccole o di grandi dimensioni, mostrando come vi siano comportamenti dell'uomo all'interno del gruppo, con logiche che sovrastano il singolo, dovendo tenere conto dell'insieme io-mondo. Ci si è orientati verso l'importanza del gruppo più che dei meccanismi individuali e il fenomeno «massa» ne è una espressione. Se si considera l'azione suicida, si giunge a interpretarla come una induzione che è estranea alla psicologia, ma richiama la sociologia.

Le scienze naturali, sempre in questo secolo delle grandi invenzioni, acquistano anch'esse un ruolo nell'analisi del comportamento umano, poiché l'habitat si aggiunge come un'altra dimensione, sul cui fondamento è possibile leggere l'agire dell'uomo. Le carestie, le epidemie, la scomparsa dei fiumi sono eventi che «guidano» l'uomo.

Se poi si considera che l'essere umano non è estraneo alla natura ed è parte di un percorso evolutivo contemporaneo ad altre specie, ne derivano conseguenze legate alle caratteristiche, alla conformazione strutturale della «macchina» umana.

Abbiamo richiamato i tre elementi fondamentali per l'analisi del comportamento: l'Io (come identità singola), la società (come insieme di più individui), l'habitat naturale come luogo in cui si svolge l'azione.

Ed è entro queste tre dimensioni che si sono costruite le ipotesi per rispondere al perché dei comportamenti dell'uomo.

Un peso significativo lo ha acquisito la disciplina, anch'essa nata nell'Ottocento, che ha assunto la denominazione di «criminologia», centrata sul comportamento antisociale colpevole poiché l'uomo è ritenuto capace di scegliere «liberamente» le proprie azioni. Anche quelle che contrastano con il gruppo o con un potere, che impone delle leggi da seguire.

Il riferimento va alle Tavole della Legge, come richiesta da parte di Dio, di fronte al quale l'uomo è «libero» di seguirle (fedele) o di contraddirle (peccatore).

A questa visione liberista si è contrapposta la tesi di un uomo che invece è condizionato dagli altri, fino a poter compiere azioni che sul piano individuale eviterebbe negando così la libertà individuale.

La conseguenza di queste ipotesi contrapposte è notevole: nel primo caso si impone la pena per un comportamento proibito, ma scelto volontariamente. Cesare Beccaria sosteneva la necessità di una pena che imponesse un'azione riparativa, economicamente pari al danno provocato dall'azione illecita.

Per l'altra ipotesi, nota anche come teoria «positivista» (poiché espressione del Positivismo), l'individuo non ha colpa e tutto ricade sul gruppo che, nella sua più ampia dimensione, è rappresentato dalla società. Cesare Lombroso definisce il criminale un «degenerato» e ha individuato nel suo cervello (ritenuto l'organo di guida del comportamento) delle anomalie che sono causa del comportamento criminale. Da qui la necessità di luoghi detentivi perpetui, che impediscano al «degenerato» di ripetere l'azione criminale.

La colpa ricade su un errore della natura che nega ad alcuni soggetti uno sviluppo corrispondente all'evoluzione della specie: è il principio dell'«atavismo», secondo cui la degenerazione viene causata da un blocco dello sviluppo, rimanendo quello degli uomini «atavici» del passato.

Abbiamo portato sulla scena della Storia della criminologia due autori che hanno avuto un peso importante in una «lettura» contrapposta del comportamento criminale.

Occorre aggiungervi Émile Durkheim, che riduce il crimine a un fatto puramente sociale e così si aggiunge al determinismo biologico, strettamente legato al singolo, un determinismo sociale. Si costruisce così il concetto di «classi pericolose» e di ambienti marginali, al cui interno si ha la diffusione di comportamenti anomali.

Nella teoria della causa sociale, si inserisce anche Karl Marx con la concezione che la criminalità sia legata a una società alterata dal capitalismo, che impone alle classi dei lavoratori un sistema di sfruttamento.[21]

Da questa rapida disamina emerge che lo studio del comportamento e del comportamento criminale ha la necessità di non tenere separati i tre fattori che lo generano: biologia, ambiente naturale e sociale, ma di rivolgersi all'uomo *tutto intero,* a una scienza del comportamento che necessariamente tenga insieme l'individuo nei gruppi sociali e ogni società nell'habitat naturalistico, in cui si esprime.

Se la scienza dell'Ottocento tendeva, dunque, a costruire discipline sempre più precise ma staccate dall'uomo, si è passati a una visione unitaria che vede il comportamento come «fenomeno» dell'esistenza umana, quale insieme di individui (Io), della società (Noi), dell'ambiente naturale (habitat), un insieme che contiene bisogni specifici di sopravvivenza e meccanismi di adattamento.

Si ritorna a un concetto di antropologia, nel significato etimologico di «studio dell'uomo», in tutte le sue manifestazioni comportamentali: un'antropologia che si appropria, però, del concetto evoluzionistico di adattamento (*fitness*) come incontro di tutte quelle componenti che appartenevano ognuna a una disciplina specifica.

Lo stesso bisogno lo si è avvertito entro la scienza medica che, oltre ad appartenere all'uomo, si era fram-

[21] Un tema che si associa alla criminalità è quello della follia, sulla osservazione che alcune categorie di «folli» sono particolarmente legate a un comportamento stigmatizzato come «pericoloso».

mentata in specializzazioni di organo, mentre occorre ora rileggere l'insieme poiché ognuno influisce sull'altro, rendendo assurda persino la separazione tra cervello e corpo extra cerebrale, tra mente (*psyché*) e cervello (come organo).

Una dimensione particolarmente importante, ritornando alla criminalità, è la percezione tra «bene» e «male»: un tema delle ideologie che finiscono per condizionare il significato di crimine. Seguendo le ideologie, lo stesso comportamento appartiene al «bene» in alcuni casi, in altri al «male». Vale per l'uccidere: è un dovere in guerra, è un crimine estremo in tempi di pace.

Si ritiene oggi che il comportamento sia il fondamento stesso dell'esistenza e che abbia una genesi indipendente dagli aggettivi che vi si possono legare, come appunto «comportamento criminale» che prende il senso di un giudizio. Una valutazione che risente, come abbiamo visto, di una dimensione storica e persino semantica.

Il comportamento umano dipende sempre da tre fattori strutturali. Il primo si lega alla biologia, con caratteristiche proprie della specie umana, ma contempla anche variazioni del singolo uomo. Il riferimento è il genoma che ha un contenuto proprio per la nostra specie, ma ammette variabili che rendono unico, sia pure per piccole differenze, ogni uomo.

Occorre aggiungere che il genoma, che sovrintende alla costruzione della macchina umana, contempla una parte che possiamo definire deterministica, ma anche una quota che, sia pure sotto il controllo genetico, è «plastica». Ciò significa che, in alcuni organi e in modo particolare nel cervello, si «plasmano» strutture, cioè insieme di neuroni, sulla base dell'esperienza o, in maniera più precisa, del «come» quell'evento di cronaca viene vissuto da ciascun uomo.

Per il comportamento, oltre al genoma, un particolare significato dunque lo ha il cervello, con un margine di attività che non viene guidata dal codice genetico, ma dalla possibilità di modificazione che la plasticità permette. Non si può parlare di «fuga dal gene», ma dell'esercizio di una potenzialità che si esprime solo nel corso dell'esistenza.

I geni possono essere visti come dotazione, ma anche come privazione. La specie umana non può ad esempio volare, manca cioè di una capacità che è presente in forme evolutive inferiori rispetto all'albero dei viventi disegnato da Charles Darwin.

Il secondo fattore è dato dalla *psyché,* che rappresenta l'insieme delle funzioni che emergono dal cervello. Non si tratta di un fattore fissato, bensì di caratteristiche che dipendono dalle esperienze (fin dalla nascita e forse persino da quelle fetali). Si usa abitualmente il termine «personalità», la cui costruzione si modifica continuamente nel tempo, ammettendo persino un «rimodellarsi», a seconda delle esperienze.

Fondamentale è dunque il concetto di esperienza, che non si identifica con l'azione, ma nel «come» viene vissuta. Per dare significato a questa importante caratteristica basti pensare alla paura, alla percezione di pericolo di eventi che per una personalità sono tali, mentre da un'altra vengono considerati diversamente.

Un altro riferimento va alle variazioni di umore: un soggetto malinconico attribuisce significati contrapposti, rispetto a chi ha una grande stima di sé (fino alla mania).

È sufficiente considerarne le variazioni nelle diverse fasi di età, dall'infanzia alla vecchiaia, per percepire quanto sia rilevante per il comportamento la personalità, che imprime il «come» venga vissuta una esperienza.

Il terzo fattore nella genesi del comportamento è dato dall'ambiente, che ha due campi distinti: quello fisico geografico che possiamo anche definire della natura e l'ambiente sociale, inteso come l'altro o come gruppi di appartenenza, sempre più estesi fino all'insieme della specie umana.

Analizzare il comportamento implica prendere in considerazione questi tre componenti che, pur potendo variare nel loro singolo contributo, sono tuttavia sempre fondamentali per comprendere la genesi di qualsiasi tipo di azione.

Un esempio, di relativa maggiore importanza biologica e propriamente genetica, è dato dalla sindrome di Down, ma si è ampiamente dimostrato quanto i limiti forniti dalla trisomia 21 siano enormemente influenzati dall'ambiente, dai processi educativi, dalle relazioni, che contribuiscono a strutturare la personalità.

Esempi di dominanza relativa del fattore ambiente li si rileva nei comportamenti di eventi politici, quali le rivoluzioni, il terrorismo, le opposizioni. In tal caso dipendono dai principi, dalle idee, ma risentono degli altri due fattori tanto da esprimersi con variazioni sia quantitative sia qualitative (nelle modalità dell'agire).

A questi esempi si può aggiungere il comportamento «criminale».

La parola libertà

Dopo aver dato senso al termine comportamento, si impone considerare quello di «libertà», posto come fondamento dell'idea illuministica, nel senso di Voltaire (pseudonimo di François-Marie Arouet) e Montesquieu (Charles-Louis de Secondat, barone di Montesquieu).

È stata applicata alla criminologia da Beccaria: in questo caso la libertà diventa il *sine qua non* della teoria criminologica.

La mancanza di libertà riporterebbe la criminalità a un prodotto della società, dove l'uomo è un agito e non un agente.

Abbiamo scelto di soffermarci sulla parola «libertà», anche per mostrarne il significato illusorio, non potendo parlare di comportamento libero poiché, dei tre fattori, l'ambiente può essere sintonico, favorevole a una scelta, ma anche negarla. Inoltre, alcune caratteristiche genetiche costruiscono una macchina che possono dotare di particolarità adeguate a una scelta, ma anche renderla impossibile, per i limiti insiti nei meccanismi di quella costruzione.

Già l'altezza è un pregio o un limite che condizionano pesantemente la libertà. Con altrettanto effetto si pongono le dotazioni mentali. La disposizione musicale rende possibile il comportamento di Wolfgang Amadeus Mozart, le capacità di espressione grafica sono fondamento di quello grafico-pittorico di Leonardo da Vinci.

La libertà è, se la si considera in senso assoluto, un puro *flatus vocis*. La si può paradossalmente usare solo all'interno dei limiti e allora diventa relativa, cioè non-libertà (assoluta).

Ma bisogna subito aggiungere le leggi che esprimono in maniera precisa ciò che si può fare e ciò che si deve evitare; di per sé, una legge è dunque contro la libertà, la limita o la impedisce.

Nella storia dell'Occidente il primo a negare la libertà è Jahvè che consegna la Tavola della Legge al popolo eletto e prevede la condanna, nel caso venga trasgredita.

In associazione con legge, il termine libertà assume un significato individuale, sia pure sostenuto dalla cultura e dall'assetto organizzativo di una società. Basti pensare a un regime dittatoriale che non permette l'esercizio di scelta, a meno di un rifiuto che comporta punizioni estreme.

La libertà pone in campo la legge imposta da una parte e l'atteggiamento personale, la disponibilità ad accettarla, dall'altra.

Gli «atteggiamenti» risentono delle pulsioni biologiche (sessualità per esempio), ma anche delle tradizioni sociali, che hanno una grande importanza, poiché sono la dimostrazione che, seguendole, permettono di vivere avendo la prova del lungo tempo in cui sono state applicate.

Gli atteggiamenti sono dei «preformati» che vengono applicati per consuetudine; di conseguenza, non sono propriamente liberi anche se utili alla logica dell'esistenza.

Possiamo considerare le leggi come norme interiorizzate «dentro di me». Una delle distinzioni, che si è posta con forza nella storia, è tra leggi «dentro di noi» e leggi «sopra di noi». Solo per citare l'espressione più nota, quella di Immanuel Kant, suona come la *legge morale dentro di me*, in cui è implicita la distinzione tra *principi* che fanno parte dei bisogni esistenziali e *leggi* che svolgono una direttiva di tipo sociale. Nel caso di Kant il riferimento va anche a Dio come creatore e legislatore.

Al di là delle diverse interpretazioni, sembra derivare un sistema che distingue i principi primi che non sono legiferabili, poiché sono parte strutturale del singolo uomo e dell'esistenza. Mentre le leggi riguardano l'insieme sociale e il comportamento implica contemporaneamente l'io e l'altro. Una distinzione che appare piena di senso, persino indiscutibile, poiché, se l'uomo è una «macchina», ha impliciti dei meccanismi, delle azioni che ne regolano il funzionamento, e pertanto, non ammettono possibilità diverse. Il «come» stabilire rapporti interpersonali e sociali non fa più riferimento ai bisogni del singolo, ma a quelli di una visione superindividuale, che deve tener conto di un gruppo o di una comunità.

Non si può legiferare il funzionamento dell'organismo, allo stesso modo non si può non rispettare la funzione di ciascun organo (del cuore, del cervello). I bisogni primari del singolo, nella visione darwiniana dati dalla necessità alimentare, dalla difesa della propria incolumità non possono essere oggetto di leggi che non li rispettino.

Tra i principi primi, si impone il rispetto sia verso l'altro, sia di venir rispettati, e il bisogno di credere negli dèi. Quest'ultimo riferimento ha particolare significato poiché riporta al pensiero, o comunque a ideologie, ad appartenenze, ritenute significative per l'esistere.[22]

Considerazioni che portano ai due cardini: quello dell'etica e quello delle leggi sociali. Nella società occidentale sono nati due ordinamenti, che li hanno separati e che, seguendo una massima antica, riconoscono di «dare a Cesare quel che è di Cesare e a Dio quel che è di Dio».

Un'altra distinzione si evidenzia nei termini di un diritto privato, distinto dal diritto pubblico e, in questo caso, il privato è sinonimo di individuale, di proprio, mentre il pubblico richiama tutto ciò che è comune, che appartiene cioè alla comunità.

Non si può però nascondere che anche tale sistema non è facilmente rispettato.

[22] Tali principi, peraltro, fanno già parte delle analisi di Platone sull'uomo.

Il tema della sessualità ha richiesto nel tempo presente una intensa legiferazione. Basti la controversa domanda di applicare il diritto di una sessualità, non finalizzata se non al piacere (diritto al piacere), nel confronto con una sessualità guidata dal principio biologico della prosecuzione della specie, escludendo forme che non rientrano in questa finalità. Ma anche in quest'ultimo caso in alcuni Paesi, è legiferato il numero di figli possibile e in altri si legifera sulla eventuale decisione di interrompere la gravidanza.

La storia dell'omosessualità ne è un riferimento significativo e oggi, lo è il «gender», un comportamento che permette di negare la propria identità biologica.

Relativamente alla trascendenza, vi sono esempi in cui viene proibita ogni pratica che si ponga in un rapporto con il divino, e si legifera cioè il credere o il non credere. Nei regimi dell'ateismo era proibito credere in Dio, nel medioevo le Inquisizioni punivano chi non ci credeva e non seguiva i precetti.

Tra principi e leggi vi è, tuttavia, una distinzione di forma: le leggi prevedono il giudizio e la pena per chi non le segue, non i principi «dentro di me» che attivano il sentimento di colpa che non rimanda a un controllore esterno e, se la pena venisse autoinflitta, potrebbe andare contro la pulsione di esistere. È probabile che al senso di colpa si aggiungano la tristezza, la malinconia, la depressione, che allontanano da tutto ciò che è vitale.[23]

In ogni caso rimarrebbe la differenza tra un giudizio esterno e uno invece soggettivo con pene diversificate per lo stesso «peccato».

[23] In questo ambito sarebbe da considerare la tanto discussa pulsione di morte.

Nel dominio dell'etica si è inscritta la confessione, che comporta un giudizio e una pena esterni, proprio per togliere al singolo un compito che potrebbe portare a un giudizio insanabile. L'esempio più acuto è dato dal rimorso che rimanda a una colpa che non si avverte mai sufficientemente punita.

La distinzione tra principi primi «dentro di me» e leggi «fuori di me», secondo una interpretazione critica, non sarebbe di sostanza poiché il «dentro di me» dipenderebbe dall'ambiente sociale, a partire da una educazione che è un metodo per far considerare «proprio» un comportamento, in cui pesa un'inconsapevole imposizione dall'esterno.

Al di là degli istinti, un neonato si ridurrebbe a una *tabula rasa* e la visione che si ricava dall'osservazione delle prime fasi della vita, soprattutto antecedenti all'attivarsi della comunicazione attraverso il linguaggio, rappresenterebbe un periodo di iscrizione «inconsapevole» di principi di cui, solo più tardi, si avrebbe cognizione.

Il termine «consapevole» ha un enorme peso nel comportamento e nella sua valutazione. Compiere un gesto, consapevolmente o inconsapevolmente, fa sì che la stessa azione acquisti un significato contrapposto.

La consapevolezza è la percezione anticipata degli effetti che un'azione può provocare. È una caratteristica propria solo della specie umana, un'acquisizione che è entrata nel processo evolutivo, teso a favorire l'adattamento del singolo uomo nell'ambiente sia naturale sia sociale. Implica dunque la previsione, che tiene conto non solo dello scopo da raggiungere (anche gli istinti lo hanno), ma dell'altro, dell'ambiente, che da quell'azione potrebbero subire danni. Se, avvertendo freddo, accendo un fuoco per riscaldarmi, la consapevolezza mi fa considerare che quello stesso gesto può causare un incendio.

L'espressione consapevole contiene, come antinomico, l'inconsapevole e sta a indicare che alcune operazioni possono essere acquisite, senza l'immagine anticipata dei possibili effetti.

La differenza si pone allora con la scelta che si può fare, in base alla consapevolezza, di eseguire o evitare un'azione. La consapevolezza è legata al conoscere ciò che si vuole raggiungere e al volerlo esprimere.

Una dinamica che è a fondamento del limite proprio dell'uomo, dal momento che l'agire, di per sé, non ha in ogni caso un significato positivo. Può infatti condurre a non raggiungere l'obiettivo, ad attivare effetti di danno a sé o all'ambiente (sia sociale sia naturale). Un limite che manca in molte specie viventi e certamente negli insetti sociali, che sono portati a esprimere scopi individuali e di gruppo automaticamente, senza l'ipotesi dell'errore. Un'antica sentenza recitava che, invece, per la nostra specie «*errare humanum est*», a indicare quanto l'errore sia insito nel comportamento umano e contribuisca anzi al senso della libertà.

Va aggiunto che, implicitamente, vi è libertà di errare. È facile rendersene conto già nella più semplice delle espressioni, che è rappresentata dalla scelta. Di fronte a due sentieri, si può prendere quello che conduce a una cima, mentre l'altro si ferma all'ingresso di una caverna naturale.

Si può aggiungere che, tipica dell'umano, è anche l'imperfezione, che implica il poter sbagliare.

Una termite non sbaglia, poiché non ha consapevolezza, che non rientra negli automatismi. Anche l'uomo è guidato da istinti, ma finisce per avere la consapevolezza delle loro espressioni, tant'è che si usa il termine «pulsione» a significare una possibilità di resistere alla spinta istintuale. L'esempio più semplice riporta alla sessualità. Anche l'uomo è attratto da un comportamento che ha in sé lo scopo di generare ma, di fronte a questa pulsione, può resistere e non assecondarla.

Occorre fare un rapido riferimento alla coscienza, la cui caratteristica è data dall'esistenza dei «livelli di coscienza».[24] Nell'espressione più esemplificativa, li si sperimenta nel sogno: una esperienza, poiché non solo succede qualcosa, ma accade con una sequenza dinamica. La differenza rispetto a un'azione della veglia è che in quest'ultimo caso domina il movimento (che comporta l'attività del sistema motorio), nel sonno invece muscoli e articolazioni sono inattivi.

Si tratta di due livelli di coscienza, ma con un senso totalmente diverso in ciò che il sogno produce. Compiere un delitto nel sogno, non attiva il procedimento che sarebbe messo in atto se accadesse nello stato della veglia. E ad accorgersi del passaggio, è proprio la transizione da un livello di consapevolezza a un altro, al risveglio.

I livelli di coscienza hanno portato a considerarla come un iceberg, con una parte che viene avvertita e una sottesa che non si vede e poiché la parte nascosta è profonda, prevede livelli di incoscienza via via più intensi. Un rilievo che ha portato a distinguere un *subconscio*, e a farlo per primo è stato Pierre Janet, che lo ha definito un livello inferiore di consapevolezza. Freud, che tendeva ad attribuire alle caratteristiche della psiche una funzione attiva (operativa), ha parlato di *preconscio* per indi-

[24] Vittorino Andreoli, *L'origine della coscienza*, Solferino, Milano 2021.

carne la tendenza a emergere. Ha aggiunto poi l'*inconscio*, attribuendogli invece la tendenza a non emergere e dandogli un significato difensivo. Una difesa da ricordi traumatici, che potrebbero essere rivissuti.

Tra i molti tentativi di dare un senso ai livelli di coscienza, si è legato il conscio al razionale, il subconscio alla emotività e ai sentimenti, l'inconscio freudiano alla rimozione degli aspetti traumatici.

Nella interpretazione di Carl Gustav Jung, l'inconscio diventa collettivo, a cui ogni singolo è legato, per cui il suo significato va interpretato non individualmente, ma attraverso i simboli che contengono comportamenti *archetipici*. Gli archetipi sono le forme psichiche, che riportano alla storia antropologica nel corso del tempo.

La nostra personale considerazione è che non esistano una coscienza, una subcoscienza e un inconscio come entità distinte strutturalmente, ma che siamo tutti riportabili a «livelli» diversi di coscienza e ai suoi diversi «correlati».

Si tratterebbe di distinzioni che riportano alle memorie, molto diverse tra loro e fondate su dinamiche altrettanto differenziate. Ciò non toglie però di significato al dato, rappresentato dalla difficoltà di ricordare e dalla specificità del contenuto del ricordo. Elaborare delle tecniche, tra cui la psicoanalisi, per superare questa difficoltà, mantiene tutto il suo significato utile, indipendentemente dal presupporre delle istanze, delle strutture, o invece, considerare che tutto accade all'interno dei processi mnemonici.

Le memorie, nella nostra teoria della coscienza, sono il *correlato* principale nell'emergere della coscienza nei suoi diversi livelli. Ciò che acquista un particolare significato è il diverso peso che assume l'azione, se la si sia attuata consapevolmente o inconsapevolmente (con diversi livelli di consapevolezza).

A tale tema si collega il principio della «imputabilità», il nodo dell'attribuzione di senso al comportamento, sia sul piano individuale sia collettivo. Viene definita sulla base della «capacità di intendere e di volere» di una persona che sia però matura, non un minore, e che sia sana di mente.

Se un soggetto è imputabile, allora è anche responsabile. Di conseguenza la responsabilità si associa a una situazione, in cui vi sia la possibilità di scegliere il comportamento da tenere, dal momento che ogni comportamento umano ha la dimensione di agire sull'altro e sull'ambiente.

La possibilità di scelta deve fondarsi anche sulla previsione e sulla piena percezione che ognuno ha, di potersi comportare diversamente da come è accaduto essendo prevedibile che accadesse.

Il principio della imputabilità – come abbiamo detto – implica la responsabilità ma non si tratta di due sinonimi: si può essere imputabili, ma non responsabili. È il caso di un comportamento di legittima difesa in cui si è imputabili, in quanto si è operato contro un altro, ma non responsabili in quanto non vi era possibilità di scelta, a meno di non diventare vittima o martire.

Da questa analisi deriva che la persona, imputabile e responsabile, è «normale». Sembra un paradosso, ma tutte le espressioni che definiscono i reati, i crimini, sono ritenuti compatibili solo con la normalità. Nel linguaggio comune, quando si considera una persona criminale, si trasferisce un giudizio negativo su un uomo che non ha alcuna anomalia né fisica né mentale, ma appartiene appunto alla normalità.

A questo punto è necessario, almeno, qualche rilievo sulla differenza tra normale e patologico, includendo la follia.

Normalità e follia

Pathos – nella lingua greca – significa sofferenza, ma anche malattia, e la patologia è appunto lo studio sulle cause di sofferenza. La presenza del dolore è un indice, oggi si dice sintomo, di malattia.

Vi si contrappone la condizione della normalità, intesa come mancanza di segni patologici.

I segni possono essere visibili o invisibili. Nella patologia dell'apparato osseo è possibile vedere, toccare, il luogo da cui proviene il dolore ed è una manovra che lo può incrementare. Sempre dal corpo si può generare un dolore, che invece è nascosto, e a indicare che non è visibile si parla di «malattie interne».

Una osservazione che può apparire persino banale, ma serve a legare il *pathos* a qualcosa di fisico, di materiale, e a sottolineare che anche la sofferenza della mente (della psiche) ha un'origine fisica. Si è infatti dimostrato che tutte le funzioni incluse in questo termine emergono dal cervello: un organo con una propria struttura, da cui provengono le azioni e le percezioni.

Tale affermazione è piuttosto recente nella storia della medicina, poiché l'uomo si riteneva formato anche di una componente immateriale, spirituale, priva di corpo: l'*anima*. Cartesio l'ha chiamata *res cogitans*, e l'ha nettamente separata dalla *res extensa*.

Esiste tuttavia, pure in questa uniformità dell'uomo come oggetto fisico, una distinzione tra il cervello e gli altri organi, sia visibili sia interni (come il fegato), poiché il cervello è la sede di funzioni come il pensiero e l'affettività, che difficilmente si inseriscono nel concetto di normalità o in quello di patologia. Si possono ad esempio esprimere due idee antinomiche e affermare che se è esatta l'una, non può esserlo l'altra, senza che vi siano segni che le contraddistinguono come normali o patologiche. È famosa la domanda che ha segnato la nascita delle neuroscienze: se cioè, per esprimere un pensiero logico-razionale o al contrario uno dissociato e illogico (come nel delirio di uno schizofrenico), fosse misurabile nel cervello una diversità. Se la pose Seymour Kety nel 1941: misurando il consumo di ossigeno nel cervello di un soggetto normale e di uno schizofrenico, ma non ottenne un risultato diverso.

Se la funzione del fegato è di produrre la bile, che è misurabile e dà risultati diversi in un fegato sano e in uno alterato, altrettanto non è possibile fare nei livelli di pensiero o di affettività.[25]

Una differenza deve essere sostenuta tra cervello e altri organi, pur non essendoci un motivo sufficiente per porre il cervello al di fuori del resto dell'organismo.

È abbastanza nota la patologia e lo sono i sintomi degli organi extracerebrali, nel caso del cervello forse perché ancora poco conosciuto, risulta impossibile legare tutte le variabili funzionali alle conoscenze anatomiche e fisiologiche. Questo settore appartiene alla psichiatria e alla psicopatologia, che usano i linguaggi di «normalità» e «patologia» in modo molto diverso, anche se vi è la tendenza a misurare, quindi a quantizzare, in coerenza con il procedimento scientifico che, nella defini-

[25] Tale confronto ricorda un'altra espressione storica, attribuita a Walter Vogt, che definì il pensiero «la bile del cervello».

zione di Giambattista Vico, si esprimeva proprio con il *scientia est mensura*.

Una psicologia su base scientifica nasce nel 1879, con i laboratori di Wilhelm Wundt, che iniziò occupandosi di «misurare» quantitativamente le sensazioni (funzioni degli organi di senso: visiva, uditiva, tattile, dolorifica, olfattiva), secondo una ipotesi che spetta a Freud: «ci sarà un tempo, in cui il linguaggio psichico sarà traducibile in quello della biochimica». Secondo un'altra ipotesi (anche da me sostenuta), non sarà mai possibile questo riduzionismo, poiché le funzioni cerebrali derivano sì dalle aree da cui emergono, ma elaborano dati che provengono dalle esperienze passate e dall'ambiente in cui ci si trova a vivere.

Se la bile è riportabile totalmente alle caratteristiche e funzioni del fegato, il pensiero e soprattutto l'affettività si esprimono in termini che non hanno un preciso riferimento al cervello preso isolatamente. Un legame d'amore ha la necessità dell'altro (individuo) per potersi manifestare. Semplificando, il fegato è autonomo per costruire la bile, il cervello non lo è, né per formare un ragionamento, né per esprimere un sentimento. Basterebbe l'esempio di un bambino, posto in *sensory deprivation*, per verificare l'incapacità di esprimere sia le funzioni afferenti al pensiero, sia la sezione delle emozioni e dei sentimenti.

Una prova meno radicale proviene dalle osservazioni della madre con il bambino nel primo periodo della vita, che mostra come il tipo di madre modifichi in maniera evidente il sorgere delle funzioni affettive.

Una convinzione che ho ampiamente sostenuto ne *L'origine della coscienza*, i cui *correlati* sono fortemente legati al cervello, ma ugualmente alla presenza dell'altro e all'ambiente.

Questi temi assumono significato particolare quando si voglia definire la normalità o la patologia comportamentale. Certamente, entra la dimensione fisica (*res extensa*), ma anche tutto ciò che si definisce psichico e che costruisce la personalità.

Il caso più significativo è dato dal concetto di follia. Nessuno nega che il cervello abbia un peso significativo, il suo linguaggio funzionale è quello delle molecole, in prospettiva lo sarà delle particelle subatomiche che le costituiscono, per tenere aperto il campo, da poco definito, di una possibile migliore comprensione del suo funzionamento se interpretato con la meccanica quantistica. Ma è altrettanto certo che, a definire il folle, abbia un grande peso la società in cui è inserito. Per fare l'esempio della società dell'Occidente, occorre rilevare che a dominare è stato il principio della «pericolosità».

La definizione contenuta nella legge del 1904, la prima formulata nel Regno d'Italia, riduceva il folle a colui che è «pericoloso a sé e/o agli altri o è di pubblico scandalo». La follia, come condizione di pericolosità, richiama subito la violenza e vi aggiunge lo scandalo, che aveva come riferimento massimo la sessualità.

La società si riflette su molte componenti: la tradizione, l'esperienza, l'ossessione della sessualità, ma in molti casi è evidenziata dalle leggi vigenti, per cui il folle è anche colui che non ottempera alle leggi, emanate in quel momento storico dalla società.

Quella definizione di follia, dopo un lungo periodo di applicazione, è stata contestata, sul rilievo che la pericolosità non si mostra, almeno statisticamente, con frequenza maggiore nella follia rispetto a coloro che sono definiti dentro la norma. Con la legge del 1978, il parametro che identificava la follia è stato cancellato. A sostituirlo, è entrata una nuova lettura della follia, considerata una visione particolare del mondo. E il comportamento folle si situa come espressione coerente, o possibile, per vivere nel tempo presente.

È indubbio che tale interpretazione ha risentito della visione fenomenologica e dunque dell'attenzione, non tanto all'uomo come pericoloso, ma più semplicemente, all'uomo che assume visioni del mondo (e lo si intende come ambiente sociale e naturale), a seconda di come vi si trova.

In luogo di un organo fisico, si passa all'esistenza, che comprende allo stesso tempo il singolo, l'altro, la società. Una nuova definizione che contempla il fatto che uno stesso individuo può, in funzione dell'altro o della società e da come tutto ciò viene vissuto, avere pensieri, sentimenti, comportamenti assolutamente diversi. Si rende così impossibile catalogare il folle, proprio perché è un essere vivente, il cui comportamento dipende da variabili a lui esterne.

Emerge da tali rilievi tutta la difficoltà nel distinguere la normalità dalla follia: forse si tratta di un *continuum*, in cui la separazione appare mutevole e convenzionale. Entrambe queste categorie, normale e folle, non rappresentano una condizione fissata, immobile. E ciò risulta in particolare per la normalità che può, sia pure transitoriamente, mostrare comportamenti folli. Del resto, anche la follia può avere un andamento fasico, possedere cioè periodicamente al proprio interno la normalità.

A questo si deve aggiungere il fatto che i folli possono avere capacità creative e dare contributi alle più alte espressioni delle funzioni dell'uomo, quali la pittura, la poesia. Si è così evidenziata la possibilità di comportamenti, non solo normali, ma virtuosi.

Bisogna inoltre sottolineare che, a diventare più ardua, è proprio la definizione di normalità e non di follia, che presenta in ogni caso dei sintomi, delle anomalie.

Le categorie psichiatriche sono costruite sulla base dei sintomi, che si ergono su un'altra quantità di elementi, ignorati a seguito dell'orientamento di misurare unicamente i segni negativi (ciò che manca).

I quadri della follia hanno assunto così una forma e, nella storia, si è distinto il campo delle psicosi da quello delle nevrosi, avendo sempre come dato di riferimento il negativo.

Nell'ambito clinico, quando si cerca di rispondere se un individuo appartenga alla normalità, lo si sostiene affermando che non c'è la presenza delle categorie malate, a partire da quelle delle psicosi (le più gravi), fino alle nevrosi. Normale è dunque colui che non rientra nelle categorie psichiatriche, relative soprattutto all'agire e poi, all'affettività e al pensiero.

In questa maniera, la normalità finisce per apparire come un campo sconfinato, poiché contiene tutte le caratteristiche che l'uomo potenzialmente può manifestare. Ed è un campo così vasto da potervi comporre variazioni persino stridenti, anzi contrapposte.

Se la follia si misura con i sintomi, la normalità finisce per essere centrata sulle personalità, che invece risultano costituite non da sintomi, ma da caratteristiche, entro uno spettro che è pure sconfinato. Lo dimostra l'introduzione del termine «disturbi della personalità». E un'altra espressione che si amplia sempre di più è quella di «*borderline*».

Riferimenti che mostrano l'impossibilità di principio, e persino scientifica, di separare questi due domini, in quanto il comportamento dell'uomo è il risultato di variabili tra i tre fattori (già ricordati), ognuno dei quali è costituito da molteplici combinazioni che portano al singolo individuo, legato a quel momento storico e ai vissuti, che vanno distinti dai fatti concreti. Le combinazioni nei due ambiti sono così rilevanti da rendere ridicola ogni netta separazione.

Si evidenziano paradossi, di cui uno dei più rilevanti è proprio la «pericolosità» come follia, che contiene il «crimine», mentre per Émile Durkheim, verificando il dato che in nessuna società manca il «delitto», anche in quelle esemplari, lo si deve considerare legata anzi conseguente alla normalità.

A questo si collega anche l'espressione di «delinquente normale», per definire un individuo né psicotico, né nevrotico, né psicopatico, né mentalmente deficiente.

Normalità e criminologia

«Il concetto di normalità», nella visione della criminologia, si potrebbe fondare sulla statistica, riportando la condizione mentale normale alla «media» di una data popolazione. Ciò sarebbe coerente con la logica sociale, che è quella di imporre una condotta standard alla popolazione.

Il normale è colui che sa adattarsi e quindi il grado di normalità corrisponde necessariamente alla facilità dell'adattamento alle richieste sociali. «La normalità può essere definita operativamente come una condizione mentale nella quale non sia richiesto alcuno sforzo speciale, alcuna straordinaria misura di natura psichiatrica, da parte della legge penale e del sistema penale.» Viene così sottolineato che, in tal modo, non ci si riferisce all'adattamento darwiniano legato alla sopravvivenza nell'ambiente naturale, ma include anche l'adattamento alle leggi, in particolare a quelle dell'ordinamento penale. Un sistema che risentirebbe in maniera antinomica di una società a gestione liberistica, oppure all'opposto dittatoriale. «Questo implica che la linea divisoria debba essere molto flessibile, che possa essere spostata avanti o indietro a seconda dei nostri mutevoli punti di vista, e che dipenda anche da fattori quali l'età, il sesso e la classe sociale. Non vi è alcuna definizione assoluta della normalità, della salute mentale e della malattia mentale: la mente normale è ovviamente impossibile da descrivere.»[26]

Sembra tuttavia che una società non possa funzionare senza il concetto di «normale» o di «folle», ma anche di «bene» o «male», di «giusto» o «ingiusto». Rimane almeno il dovere di dare a questi termini un significato storico ed essere attenti a modificarlo sulla base di nuovi rilievi e di risultati scientifici, anch'essi tuttavia legati a un dato momento storico. Mancano cioè della caratteristica che in passato si definiva «verità».

L'autore del *Trattato di criminologia comparata* mette in evidenza il caso in cui un delitto venga compiuto in un ambiente dominato da regole contro le leggi, rispetto a uno che si attui in un ambiente economicamente più elevato e rispettoso delle leggi.

Nel primo caso, dovrebbe essere il sociologo a darne una valutazione in quanto è la società a delinquere, nel

[26] Le citazioni sono tratte da Hermann Mannheim, *Trattato di criminologia comparata*, Einaudi, Torino 1975 vol. I, pp. 385-87.

secondo si dovrebbe interessare lo psicologo, poiché le dinamiche dovrebbero riguardare prevalentemente i meccanismi della personalità. Il confronto si complica poiché vi è la categoria dei «delinquenti folli», quella dei «delinquenti normali» e dei «normali non delinquenti». Ma la distinzione vale chiaramente nell'attimo presente, vi è sempre la possibilità di transitare da una categoria all'altra.

La dimensione psicologica rispetto a quella sociologica sviluppa in modo molto diverso l'analisi del delitto: «I delinquenti normali mostrano sentimenti particolarmente forti di inadeguatezza personale, il delinquente ha una diversa percezione del mondo attorno a sé e del proprio ruolo in questo mondo e questo orientamento generale del pensiero cambia la sua percezione degli eventi sociali nei quali è implicato e che influiscono nelle sue azioni».[27]

Occorre ammettere che diventa veramente difficile separare la dimensione psicologica da quella sociale poiché l'esistenza è sempre un rapporto tra io e mondo. Se la normalità si può raccontare attraverso le caratteristiche, non si può come abbiamo fatto per il comportamento in generale tenere conto dell'insieme di fattori biologici, di personalità e di ambiente.[28]

A complicare il tema, si può aggiungere che esiste anche il delitto compiuto solo per il gusto di uccidere. E ciò cambia completamente il teatro della criminalità. André Gide nel suo romanzo *I sotterranei del Vaticano* racconta che il personaggio principale, Lafcadio, getta dal tre-

[27] *Ibidem*, p. 392.

[28] Dopo aver legato la normalità alla personalità, va citato che già nel 1937 G.W. Allport, nel suo test «personality», riportava 37 definizioni diverse di personalità. Oggi sono sicuramente aumentate.

no in corsa un uomo con il quale stava viaggiando, a lui del tutto sconosciuto. È chiaro che un delitto senza motivo esce dalla condizione giuridica.

«Io non desidero un motivo per il delitto. Tutto ciò che voglio è una spiegazione del delinquente. Sì! Intendo portarlo a commettere un delitto gratuitamente, nel desiderio di commettere un delitto proprio senza alcun motivo... La sua vera ragione per commettere il delitto è semplicemente il commetterlo... Il motivo di Lafcadio è anche quello di scoprire se egli è un uomo capace di farlo... Molti uomini si ritengono capaci di qualunque cosa, ma poi si tirano indietro quando arrivano al punto di farlo... Quale abisso tra l'immaginazione e il fatto.» [29]

Un tema, questo, presente anche ne *I fratelli Karamazov* di Fëdor Dostoevskij, nel passo in cui Ivan spiega al fratellastro Smerdjakov che la vera libertà la si raggiunge uccidendo una persona che non si conosce e che non ti ha fatto nulla. Fu questo lo stimolo per il fratellastro, menomato mentalmente, a uccidere il padre. Nel romanzo di Dostoevskij ciò che dà forza a uccidere per un uomo straordinario è «il diritto di commettere qualunque delitto voglia». Lo si può rapportare all'escluso che odia la propria debolezza, spostata però sulla debolezza e miseria umana.

Gide, nella descrizione del personaggio, non fa emergere alcun segno di anomalia mentale e ritiene che semmai il gesto si leghi a una totale sanità di mente. Un uomo che considera la vita umana una ben povera cosa. Afferma il personaggio: «Ho sentito [mentre ammazzavo] come se avessi potuto stringere al mio cuore l'intera umanità in un unico abbraccio, o strangolarla indifferentemente».

[29] Hermann Mannheim, *op. cit.*, p. 399.

Si tratta di un'azione compiuta da un uomo per il quale l'esistenza non aveva alcun intrinseco valore.

Gide sostiene che l'omicidio è un'azione coerente e proporzionale a una visione del mondo che, a suo giudizio, non ha nulla di anomalo. Verrebbe da aggiungere: del resto, non vi è molta differenza rispetto ai comportamenti suicidari, in cui si compie un omicidio di sé, per mancanza di significato del proprio essere-nel-mondo.

Freud ha sostenuto che, almeno una volta nella vita, ciascun uomo ha il desiderio di uccidere. E ha considerato parte della struttura psichica la pulsione di morte.

Cyril Burt (uno psicoanalista che si è occupato di criminalità) ha richiamato l'importanza dell'inconscio, legando l'uccidere al ruolo che l'Edipo ha nella costituzione psichica.

«Il suicido può essere considerato una uccisione introiettata di un'altra persona» sostiene Franz Alexander. «Il tentativo, pur nel rispetto dei meccanismi psichici profondi, è quello di sostenere per il suicidio una serie di motivazioni ignobili, ma anche più profondamente umane... È questo lo spettro di sentimenti; vale anche per l'omicidio che trova talora motivazione nella cupidigia, nella vendetta, nella lussuria, nella gelosia, ma anche nella paura, nella compassione, nella disperazione, nel senso di onestà, nei criteri politici... E può, persino, non avere alcun motivo.»[30]

Si è operata una distinzione tra la follia, che nega la criminalità, riportandola solo a specifiche patologie della mente, e la normalità che, sul piano psicologico, viene delineata in base a caratteristiche della personalità.

Mannheim, sempre nel capitolo dedicato alla psico-

[30] *Ibidem*, p. 399.

logia del «delinquente normale»,[31] ritorna anche con un rilievo storico sul tema della personalità. Pone come caratteristica principale, e in un certo senso generale, in funzione della delinquenza la «personalità inadeguata», come se mancasse di riferimenti precisi. Oggi verrebbe definita *liquida*, seguendo Zygmunt Bauman, tale da generare una incapacità di adattamento, che porta a considerare in modo inadeguato l'esistenza, e a evadere quindi dal senso di realtà. Opera il confronto con l'immaturità, di cui la personalità inadeguata risulta sinonimo. Citando Roper, giunge infatti a sostenere che «l'immaturità e la criminalità possono essere la stessa cosa, e poiché siamo immaturi nella fase iniziale della nostra vita, la criminalità potrebbe essere una condizione naturale dell'uomo».[32]

È chiaro che il bambino compie degli atti che di per sé sono inadeguati alla soluzione sia di problemi sia dei vissuti emotivi, ma questa ipotesi diventa più significativa quando si passi all'adolescenza, in cui l'immaturità si colloca su un organismo, capace di ben più vaste azioni a effetto individuale e sociale: «La delinquenza degli adolescenti è posta in atto, non tanto per un senso di ingiustizia vissuta nei singoli casi (ingiustizia provocata dagli individui o da enti specifici), quanto per un senso generale di delusione diretta contro la società».[33]

Il concetto di «maturità» è presente anche oggi negli ordinamenti giuridici con l'affermazione del principio che il responsabile del comportamento del figlio minore è il padre.

[31] Capitolo XVI del *Trattato* al paragrafo V.

[32] *Ibidem*, p. 407.

[33] *Ibidem*, p. 412.

Passando a fasi successive dell'età, si trovano le personalità emotivamente instabili. Questa idea aveva portato a stabilire un quoziente di maturazione (Q.M.) da aggregare al quoziente di intelligenza (Q.I.).

Oltre alla immaturità e sempre nell'ambito di caratteristiche della personalità che, al di fuori della follia, sono frequenti nel comportamento delinquenziale, Mannheim riporta la teoria della frustrazione-aggressione. Un riferimento di grande attualità a cui noi stessi spesso rimandiamo.

La violenza è interpretata sempre come conseguenza della frustrazione, tanto da poterla intendere come risposta alla percezione di esclusione, di incomprensione, indice di non adeguatezza nell'ambiente. E per questo si diventa una «vittima designata».

Il significato di frustrazione viene qui arricchito dal concetto di anticipazione della punizione. Se si risulta inadatti, ciò significa che si verrà puniti. Di conseguenza, la violenza agita acquisterebbe il significato di difesa. In questa prospettiva il delitto comincia sempre come reazione alla frustrazione. Viene a questo proposito riportato un brano dalla letteratura, una novella di Maksim Gor'kij, in cui si riferisce un dialogo tra due contadini russi dell'epoca zarista:

«Può darsi che tu abbia molte ragioni per questo, ma non è il carattere di tua moglie che ti spinge a trattarla così stupidamente. La causa è la tua stessa condizione arretrata».

«È proprio così – esclamò Jakob – noi viviamo davvero in una oscurità nera come la pece.»

«La condizione della tua vita ti irrita e tua moglie ne sopporta le conseguenze... Essa è sempre a portata di mano, non può allontanarsi da te.»

Dopo di che, Jakob si volta verso l'altro e gli dice:
«Zitto! Anche tu picchi tua moglie vero?».

«Non dico mica che non lo faccio, poiché lo faccio, Che posso farci? Non posso mica picchiare il muro con i pugni, quando sento che devo battere qualcosa.»

«È proprio ciò che sento anch'io» dice Jakob.

Viene affermata l'ipotesi dei quattro desideri, ritenuti caratteristiche della personalità del «delinquente normale»: il desiderio di sicurezza, il desiderio di nuove esperienze, il desiderio di avere risposte, il desiderio di riconoscimento. Non sono certo desideri patologici ma, almeno presi singolarmente, ognuno esprime un'esigenza della normalità.

Ulteriore caratteristica particolarmente spiccata è il senso di ingiustizia. Del resto, Freud sosteneva ne *Il disagio della civiltà* che «il primo requisito di una cultura è la giustizia». Non si tratta solo del sentimento di ingiustizia subita, ma del vissuto che un comportamento punitivo attiva nel singolo caso. Nel test di Rosenzweig si tende a rilevare il tipo «extra punitivo» e quello «intra punitivo»; per la figura del delinquente si tratta soprattutto di extra punitività, come tendenza a riconoscere solo nell'altro l'origine della ingiustizia.

Una ulteriore caratteristica, rilevata in chi assume comportamenti delinquenziali, è l'«imitazione».

In questa descrizione, che rappresenta la cornice entro cui collocare la nuova tipologia della «delinquenza normale», appare utile dare un senso alle «parole» che fanno parte del linguaggio della scienza (così chiamata) criminologica.

La prima – e l'abbiamo frequentemente usata – è «delinquente». Etimologicamente si riferisce a *delinquere*, nel significato di tralasciare, venir meno. È più corretto scriverla come *de-linquere* in cui il *de* è un prefisso intensivo e *linquere* ha il significato di abbandonare. Il delinquente è pertanto colui che abbandona una condotta rispettosa delle leggi e, così, devia dalla linea ordinaria della legalità e dei doveri. Delinquere riporta a delitto la cui espressione latina è *delictum*, nel senso di mancare, di tralasciare. Si va contro l'obbligo di seguire le leggi promulgate, ma anche le leggi morali nella distinzione tra etica e diritto. Il termine delitto assume una straordinaria descrizione in *Delitto e castigo* di Fëdor Dostoevskij.

La seconda parola è «criminale». Lo abbiamo usato meno frequentemente, in quanto ha un significato completamente distinto. L'etimologia deriva da *crimen*, a propria volta derivato dal greco *krino*, che ha il senso di esamino, decido, accuso e *krima*, in modo più specifico, vuol dire giudizio, condanna, pena. Il criminale è dunque colui che ha ricevuto un giudizio e una condanna, mentre delinquente si riferisce a un atteggiamento, non a un fatto. Sul versante etico, criminale è colui che compie un peccato mortale.

Il terzo termine è «reo» e vi si lega reato. Si riferisce a colui che è citato in giudizio e pertanto deve comparire davanti al giudice. *Reor* significa calcolare, ma *reus* anche colui che deve rendere, che è quindi un debitore. Il reato diventa una condizione per cui si è accusati di qualche illecito. Anche il Codice penale attuale parla di reati, su cui il sistema giuridico ha il compito di calcolare, analizzare.

La criminologia appare dunque, anche etimologicamente, il termine più corretto per indicare lo scopo di giungere a individuare e a condannare chi ha commesso un illecito. L'illecito fa riferimento alla legge, a tutto ciò che è legiferato. Non è giudicabile o punibile chi ha un comportamento che non è stato oggetto di trasformazione in legge.

In tale cornice la criminologia diventa parte dell'antropologia e del giudicare.

C'è una criminologia primitiva, che si esercita con la legge non scritta del più forte e in cui domina la difesa personale e del territorio, che rappresentano due imperativi darwiniani. La lotta fisica in senso generale mostrava chi era il più forte e dunque, il vincitore: lotta per la sopravvivenza, *mors tua, vita mea.*

In una fase antropologica, che potremmo definire del villaggio, ogni vertenza era riportata al capo, al più vecchio, a cui spettava il giudizio definitivo.

Con la nascita della società, intesa anche nella dimensione numerica e nella complessità, nasce un organo giudicante. È così che si promulgano delle leggi (dal re nelle monarchie, dal popolo nelle democrazie), in cui si distingue un aspetto civile con il tribunale e uno religioso-etico che, nel cattolicesimo, ha come simbolo il confessionale.

Con queste annotazioni si può considerare conclusa la narrazione tra riferimenti storici e semantici, che rendono possibile comprendere l'espressione «delinquente normale» che si rileva oggi nella nostra società.

Il delinquente normale del tempo presente: personalità

Dalla lunga premessa è risultato che l'analisi del comportamento deve prendere in considerazione i tre fattori che lo costituiscono: biologia, personalità, ambiente. Il risultato è che, anche nel caso del comportamento normale, l'attenzione va posta su personalità e ambiente.

La prima è una dimensione estremamente variabile e dunque si presenta con caratteristiche che, nell'insieme, delimitano delle tipologie. Abbiamo sostenuto come le caratteristiche differiscano dai «sintomi», che sono il riferimento per la costruzione delle categorie proprie della psicopatologia nei vari quadri psichiatrici più noti, come la schizofrenia, i disturbi depressivi, la maniacalità, l'ossessività. Sono solo queste le forme che hanno una dimensione di patologia, sia in base alla frequenza sia sul fatto di irrigidire i comportamenti.

Mentre la personalità è fortemente variabile, il disturbo della mente è «fissato» con poche variazioni, che finiscono per definire dei quadri psicopatologici.

La schizofrenia, fino dal 1911 quando Eugen Bleuler coniò questo termine, si può presentare nella forma paranoidea o in quella ebefrenica.

È presente nel 2% della popolazione: un dato che non si discosta molto nei differenti contesti sociali.

Si tratta di indicazioni che impongono di partire, nel trattare del comportamento schizofrenico, dalla biologia, ma aggiungervi poi l'analisi della personalità e dell'ambito sociale, in cui la psicosi si manifesta. Non è questo il caso dei comportamenti che definiamo nella norma e che, invece, trovano nella componente della personalità il riferimento principale.

Non vogliamo certo escludere che anche questa dimensione possa coinvolgere la genetica (l'insieme dei 30.000 geni che costituiscono il bagaglio dei cromosomi umani), ma certamente riporta alla plasticità (già accennata) del cervello. E ciò induce semmai ad aggiungere alla parola biologia l'aggettivo di «plastica», in contrapposizione a una biologia a carattere più fissato, se non addirittura deterministico.

La biologia plastica si lega anch'essa alla genetica, ma richiede una «genetica della plasticità» che, certo, non è ancora consolidata, né sufficientemente studiata.

La descrizione che ora riportiamo, e che appartiene al quadro del delinquente, viene raccontata attraverso le caratteristiche della personalità prima, e dell'ambiente sociale poi: dimensioni che appartengono al dominio della psicologia e della sociologia.

Come è stato sottolineato vi è comunque una circolarità tra psiche e corpo e, anche in questo caso, sarà possibile rilevare come le caratteristiche psichiche incidano sulla corporeità, attribuendo al corpo espressioni che sono però riflessi psichici. Si è descritto un io-corporeo proprio per sottolineare questo principio.

La personalità delinquente che caratterizza il tempo presente si esprime nei due generi, anche se la maggior frequenza appartiene al maschio. In questo caso l'atteggiamento del corpo è particolarmente vistoso, mostrando decisione, con un passo che sembra non temere ostacoli nel procedere, dunque senza modificare il proprio incedere a seconda delle condizioni.

Mostra disinteresse per tutto ciò che accade attorno, in una sorta di rappresentazione in cui ciò che è attorno risente della sua presenza, come se fosse lui a dominare.

Non si tratta però del movimento proprio della maniacalità che mostra di volere essere notati e ci si comporta per richiamare l'attenzione. Il delinquente normale, in realtà, vorrebbe passare inosservato e per questo è un corpo rigido come un uomo di pietra o di legno, di titanio. Suggerisce un atteggiamento noncurante dell'ambito sociale, anche se ne ha una qualche paura. Non richiama nemmeno il corpo narcisistico, ma di uno che invece cerca di agire senza farsi notare, in un insieme che esprime, nell'evitamento, anche il timore.

Si comprende bene questo atteggiamento, se si considera che il delinquente normale è guidato non dalla ricerca di un legame (sentimenti) interpersonale o sociale, ma da una determinazione che lo porta a trarne profitto attraverso l'ambiguità, la falsità. Richiama semmai la figura del ladro che mantiene un rapporto con ciò che ha attorno al solo scopo di appropriarsene indebitamente. E così riduce le persone e l'ambiente a rappresentare solo la fonte da cui ottenere ciò che non gli appartiene e rappresenta anche un rischio che attiva la paura di venire scoperti e puniti.

È una tipologia che permette di cogliere la distinzione tra furbizia e intelligenza. Con questo secondo termine si indica la capacità di un individuo di dare soluzioni a problemi che rappresentano degli ostacoli a vivere, e si caratterizza per idee che almeno empiricamente permettono di risolvere le difficoltà. Anche la furbizia è una strategia, ma ha un unico scopo: l'appropriarsi di ciò che è di altri, con la convinzione di averne, più che bisogno, diritto.

Un'appropriazione indebita, non sullo stesso piano del furto in cui è chiaro il principio che si ruba ciò che è proprietà dell'altro. Qui domina invece il principio del diritto che quell'oggetto o quella condizione gli appartenga. Non ruba dunque, ma si prende ciò che crede avere il diritto di possedere.

La furbizia è l'applicazione di un metodo tutt'altro che intelligente, ma che permette di ottenere ciò che non appartiene, facendolo diventare proprio.

Si può aggiungere che il mondo per il furbo è fatto di

cose, di oggetti, più che di persone. Anzi le persone sono spesso solo un tramite.

L'oggetto non fa parte necessariamente dei beni di sopravvivenza, ma riguarda la decorazione.

La riduzione della società a un enorme «mercato» di cose, la si deduce anche dalla constatazione che non si raggiunge mai l'*en plein*. Vi è sempre qualcosa che porta a usare la tecnica della furbizia, che può sembrare intelligente poiché riesce a sorprendere, ma si riduce invece, sempre allo stesso piano e allo stesso scopo. Ecco perché il termine falsità (imbroglio) è appropriato.

In tale visione le persone non sono che strumenti per oggetti. È indubbio che si approfitta in particolare dei deboli, poiché è più facile raggirarli.

Vi entra l'aspetto delle leggi che il delinquente normale conosce e riesce ad aggirare, poiché non lotta mai direttamente contro le persone che sono ridotte a puro strumento. Molte volte riesce a ottenere con lo stesso assenso di chi non ha capito il significato delle prime mosse, e non comprende che si traducono inevitabilmente in una perdita.

Forse è utile, a questo punto, qualche esemplificazione che troverà però spazio più ampio nella casistica che esporremo più avanti.

Si possono acquistare, in modo del tutto ordinario, due azioni di una società di dimensioni rilevanti. Indipendentemente dal numero e seguendo la dinamica di una società per azioni, si acquisisce il diritto di partecipare alle assemblee, di intervenire e manifestare posizioni fortemente critiche e contrarie alla gestione della società. Invece di esprimersi pubblicamente in assemblea, egli rende noto alla società questa intenzione e chiede di ottenere gratuitamente un oggetto che quella società produce, per evitare di farlo.

Chi conosce l'importanza del clima assembleare, si rende conto di quanto sia utile evitare le proteste. È una forma, dunque, di implicito ricatto, anche se non ha nulla dell'espressione «mafiosa» che è chiaramente proibita dalla legge.

Sempre su questo esempio, nel caso di una multiproprietà, il delinquente normale riesce a farsi vendere una piccola area, se si tratta di terreno agricolo di pochi metri quadrati, e acquista così diritti che non si differenziano da chi ne ha una grande estensione. A questo punto esercita un potere sproporzionato alla acquisizione di quei metri di proprietà e diventa consumatore di un'area ben maggiore.

L'obiettivo può essere un'automobile, o altri simboli di possesso, se si tratta di una signora, capi di abbigliamento di griffe o gioielli. Un orologio prezioso.

Le modalità ambigue del comportamento si attivano tutte per il medesimo scopo, sono quindi funzionali alla caratteristica di fondo, che è la continua appropriazione di ciò che non si ha e di ciò che non si è.

È frequente, infatti, la «simulazione» di una falsa identità, quando appaia utile alla operazione delinquenziale che è il *fil rouge*, la vera pulsione dell'esistere. L'identità diviene così strumentale, il delinquente normale sa mascherarsi nel modo più vario. Richiama l'immagine della «personalità multipla» che viene in qualche modo assunta solo per poter ottenere i simboli di un potere, che in realtà non ha.

Non è possibile invocare l'invidia, perché mancano i comportamenti di conflittualità rivolti a colui che l'invidioso cerca di emulare. Ricorda più il bisogno di possedere alla maniera infantile, attribuendo così agli oggetti un significato che è puramente personale.

La figura del delinquente normale non è stimolata dall'oggetto in sé soltanto, ma il suo valore sta nella modalità di ottenerlo. È l'imbroglio a gratificare, la sua attività «professionale».

Il delinquente a differenza del maniacale non agisce in maniera continua, insistente, sulla certezza di poter raggiungere obiettivi elevati. Non ha la percezione di un sé onnipotente. Non cerca relazioni sociali che possano apparire come occasioni di un proprio successo. La delinquenza normale si esprime su una monotonia operativa, su una furbizia, che ha le caratteristiche di appropriarsi unicamente di cose o vantaggi in maniera impropria.

A sottolineare l'importanza della personalità sono i casi che fanno parte di una famiglia ricca. Anche in queste situazioni, si notano vantaggi ottenuti in modo fraudolento e non usando i denari disponibili. Ciò che soddisfa il delinquente è appunto la modalità attraverso cui quell'oggetto viene acquisito. Vien da pensare che, comunque, il bisogno sia di imbrogliare, che la delinquenza sia una strategia esistenziale. La soddisfazione è, persino, riposta nel non onorare un debito senza che vi sia ricorso alle vie legali. Un creditore che si rassegna e non chiede più il dovuto viene considerato il risultato di una abilità. Esistono anche casi di ricchi con debiti che potrebbero, invece, pagare facilmente. Certamente, manca il senso di colpa. Semmai, in questo caso, è contrabbandato per furbizia.

Abitualmente si riporta la stima di sé come elemento portante della personalità, in quanto rappresenta la spinta a fare, a diventare piccolo o grande protagonista della propria esistenza. È la forza dell'impegno, del migliorare la propria condizione sociale, basandosi sulle capacità per organizzare un sapere, come fondamento dell'intelligenza.

Nella personalità che stiamo descrivendo, la *self-esteem* è invece limitata, riguarda semmai la percezione di riuscire nell'imbroglio, che viene rinforzata dal successo ottenuto. Ed è pertanto possibile ipotizzare che l'investimento in questo comportamento delinquenziale esprima, in realtà, il senso di una incapacità a esistere socialmente, se non con le «maschere» della molteplicità di atteggiamenti assunti.

Nel viaggio dentro la personalità di questa nuova ma soprattutto diffusa tipologia del delinquente normale, risalta un atteggiamento che appare paradossale: il ritenere cioè che, a tentare di imbrogliare, siano gli altri e, al contrario, riuscire a mettersi nelle vesti di chi «deve» imbrogliare, per impedire di esserne, lui stesso, vittima. Non si tratta di un assurdo in quanto corrisponde a un meccanismo di difesa della personalità che è quello della proiezione del comportamento proprio nell'altro. Non è dunque un attribuire all'altro il male che si compie, ma è una dinamica per orientare meglio la pulsione, trarne ogni vantaggio possibile poiché si vede l'altro come un alter ego forte. Ma non si deve pensare che le strategie di successo di questo delinquente abbiano la dimensione di un confronto pericoloso, come accade sempre tra due lottatori sul ring, dove anche il vincitore può venire colpito duramente. Si tratta di una tecnica puramente mentale, per venire indennizzati in una modalità che è coerente con l'abilità del furbo a ottenere.

Per fare un esempio, uno di questi soggetti ha chiesto un indennizzo, poiché il vicino di casa, che aveva risanato l'umidità della cantina, avrebbe procurato danni con un aumento dell'umidità nella cantina propria: un'ipotesi assolutamente assurda. Tecnicamente l'effetto era semmai l'opposto in quanto la nuova condizione eliminava la possibile contaminazione, da contiguità. In realtà, la dinamica della furbizia era di ottenere il risanamento della propria abitazione in via gratuita, attraverso gli stessi operatori che avevano lavorato dall'altra parte.

A distinguere le due personalità in questo caso era che l'uno aveva raggiunto l'obiettivo affrontando la spesa necessaria, l'altro invece mirava allo stesso scopo a spese del vicino.

Un altro aspetto si evidenzia nella transizione di atteggiamento quando si percepisce l'opportunità di attivare il comportamento delinquente. Un improvviso mutamento della «personalità multipla».

Si può immaginare che il delinquente normale incontri una persona perbene, che il rapporto si esprima tra osservazioni che mancano di un significato come nell'incontro tra due persone, senza uno scopo o un piano. L'atmosfera che si crea è comune, banale, con commenti casuali che possono essere i più diversi e i più lontani. Se però, si tocca una tematica che può riguardare una occasione che rientra in un possibile vantaggio, si assiste a un rapido voltafaccia, che diventa non solo teso a coinvolgere, ma a intravedere, a proporre subito un affare che, nel caso specifico, diventa un mettere in atto tecniche di sopraffazione. Ricorda la distinzione tra la «posa» di un cane da caccia che, scorgendo una preda, la «punta» e la tiene controllata.

Tali considerazioni servono a sottolineare che questa forma di delinquenza normale è anche indice dell'incapacità di mantenere un qualsiasi legame nel tempo. Persino un legame affettivo è destinato a mostrarsi propizio al comportamento di sfruttamento e, così finisce, per terminare con una rottura che, nel migliore dei casi, è dovuta a una scelta di evitamento, ma può anche manifestarsi come litigio, da una parte messo in atto per la difficoltà a realizzare il proprio piano, dall'altro per difesa da un evidente atteggiamento che nulla ha a che fare con l'amicizia o con l'amore, e nemmeno con la regola del buon vicinato. Ciò mostra l'incapacità di questo personaggio di provare un sentimento di riconoscenza o per un favore ottenuto o per un gesto; tutto è dovuto, sulla base non di requisiti umani ma del significato dell'altro, che è solo una preda. E l'impegno è unicamente per trarne qualche vantaggio

Si tratta di personalità che mutano frequentemente ambiente, sia di lavoro sia di area abitativa, poiché per difesa non possono che allontanarsi, data la sgradevolezza da cui sono circondate. Finiscono per essere odiate quando ci si rende conto – e di solito avviene dopo esserne caduti vittime – della falsità e della mancanza di ogni rispetto.

Non vengono denunciati, proprio perché l'imbroglio è una tecnica complicata, ambigua, in gran parte sotterranea, che non rientra quindi in precisi articoli di leggi, in cui quel comportamento risulti «reato». Non è un furto, ma richiama la circonvenzione di incapace che può essere espressa anche attraverso gesti puramente formali, di apparente benevolenza.

L'unica difesa finisce per essere l'odio silenzioso e il fastidio generato dalla sola sua immagine. È una presenza che genera sconforto, una percezione di vivere con un nemico che comunque mostra di condurre un'esistenza legata agli oggetti-simboli di un potere che non ha, se non quello di creare un'atmosfera che disturba.

Stimola reazioni di vendetta, che si mostrano però ridicole, che si limitano a ipotesi di pura fantasia, anche se pieni di disprezzo.

Per mascherare ancor più il falso, riportano disturbi di tipo psicologico, sono disposti a farsi riconoscere una patologia da uno psichiatra, affrontando il rischio di essere stigmatizzati ed esclusi da opportunità di lavoro possibili.

Il quadro della psicopatologia ha meno strumenti tecnici per dimostrare disturbi sia pure fortemente invalidanti, ed è più facile fingere. Basterebbe un riferimento a Pirandello e al suo Enrico IV, che «finge» la follia. Si tratta di una personalità che è definibile con «pensiero unico», quasi si fosse costituita una struttura psichica dominante che programma operazioni solo al fine di possedere per inganno. È una espressione che indica bene come non sia tanto il possedere in sé, quanto la modalità attraverso cui si ottiene.

Viene alla mente *L'uomo a una dimensione* di Herbert Marcuse (un libro del 1964), in cui è descritto un uomo inconsapevolmente guidato dal sistema di produzione, obbligato attraverso la pubblicità e la cultura a «consumare» oggetti. Un pensiero e un desiderio «indotto».

La genesi del delinquente normale riporta al meccanismo psicologico del «compenso». Parte, dunque, da una percezione di esclusione, di incapacità di raggiungere i modelli di affermazione e di potere, seguendo le vie tracciate dalla struttura sociale in cui vive.

La percezione di insoddisfazione, di fallimento porta ad abbandonare le vie corrette, per dedicarsi a strategie che sono quelle della sopraffazione, che si tinge sempre anche di violenza, di odio, verso chi possiede quanto al delinquente normale manca.

Vi è dunque un'identificazione in un modello di successo che, però, è inaccessibile, se non seguendo modalità che portano a ottenerlo in modo inappropriato.

La differenza, rispetto al criminale, è che non corre il rischio di essere identificato come colui che ha commesso un reato e che viene punito con il mezzo più frequente, che è quello della incarcerazione. Le strategie del delinquente normale tendono a rimanere entro i parametri formali, esteriori, della società, indossandone i simboli.

Il termine «compenso» esprime la necessità dell'imbroglio, per apparire in maniera diversa dalla condizione reale. È interessante considerare che questa figura si colloca a diversi livelli sociali. Nell'ambito universitario, ad esempio, ci si appropria di idee, che sono state carpite a un altro; se ordinariamente l'affermazione di un'idea segue precisi iter (come la pubblicazione su riviste importanti o nel caso di idee tecnologiche attraverso i brevetti), per il delinquente normale si saltano queste tappe.

Vi sono storie in cui personaggi della scienza giravano regolarmente in vari Paesi (come negli Stati Uniti d'America) per portare in Italia le idee e, magari con qualche piccola modifica, se le attribuivano. Vi sono ancora in corso dibattiti su chi abbia identificato per primo il virus dell'AIDS, nonostante una assegnazione concordata del Nobel per questa scoperta. Altrettanto accade oggi per i microprocessori dei computer digitali.

Il meccanismo del compenso, quando entra a far parte del pensiero, diventa una convinzione profonda, che gratifica allo stesso modo di chi ha raggiunto quella scoperta con fatica e grazie alla propria creatività. Al contrario, il delinquente normale della scienza è gratificato dall'essersi appropriato di un'idea o di una scoperta in modo delinquenziale.

Il processo diventa ancor più esplicito quando si giunge, in forza propria di quel pensiero unico, al credere che quell'idea sia propria. Riesce persino a difendere questo ruolo, anche nei confronti di colui al quale l'ha rubata.

Tra le espressioni comportamentali seguite per questo scopo, occorre menzionare il grande capitolo della consulenza delinquenziale normale: è infatti diffusa un'ampia categoria di professionisti, che danno il proprio sostegno a comportamenti delinquenziali. Diventano complici del «furto» e nello stesso tempo lo difendono come diritto, riportandolo falsamente alla dimensione di un atto normale (lecito). Il delinquente normale si appropria, così, anche di competenze che arricchiscono la dimensione della furbizia e supportano il pensiero unico.

Non si esclude alcuna categoria di professionisti, ma le principali sono quelle dell'avvocato, del commercialista, del notaio e del medico. La differenza sostanziale del delinquere di parte di questi professionisti è che la conoscenza della legge, che dovrebbe servire a spingere a seguirla, qui guida a evitarla, senza scivolare nell'errore penale.

Per i casi in cui l'oggetto della sopraffazione è il denaro, l'esercizio delinquenziale usa particolarmente il fisco come una via di gratificazione, poiché sono facili i tentativi di evaderlo, soprattutto utilizzando quegli studi professionali di supporto che contribuiscono al diffondersi dei comportamenti di evasione. È indubbio che questa via permette facilmente di poter disporre di denaro, che dovrebbe essere destinato invece alla vita di comunità e alla organizzazione sociale, verso le quali la personalità compensativa è del tutto insensibile, per il suo essere centrata solo su di sé.

Diventa in questo ambito facilmente comprensibile la

strategia delinquenziale di grande diffusione che va sotto il nome di corruzione. Un sistema, i «controllori» diventano di fatto i destinatari di parte dell'evaso, poiché l'inganno prevede che una parte venga versata al fisco e una parte (di solito la maggiore) venga data al controllore che, in cambio, attesta la avvenuta corresponsione del dovuto. L'evasione totale è sicuramente un reato, quella parziale (che è la regola) ottiene con la corruzione la certificazione di aver dato, sia pure *obtorto collo*, il dovuto.

Oggi, l'evasione è divenuta occasione di vera gratificazione, nella percezione di aver realizzato una battaglia perfetta. Ed è di fatto diventata uno dei temi da raccontare, e di cui gloriarsi.

Una ulteriore modalità usata dal delinquente normale, senza che il denaro entri questa volta come «personaggio» è l'appropriazione indebita di titoli considerati di prestigio.

L'organizzazione sociale necessita di competenze specifiche che vengono esercitate e di cui è possibile valutare operativamente il significato. Ciò vale sia per l'organizzazione pubblica, sia per le attività private, che tendono a produrre oggetti o servizi. I ruoli sono, dunque, indice di operazioni e di attività. Si distinguono dai titoli di decorazione, che servono a rappresentare ma non ad agire. Ed è frequente che i titoli sostituiscano i ruoli o, comunque, che includano un significato sociale che serve, però, più all'apparire, al sembrare.

Vi sono organizzazioni che distribuiscono titoli e, al contempo, ne difendono l'importanza. Si può arrivare ad attribuirvi maggior significato rispetto ai ruoli.

È facile ottenerli, ma ancor più facile affermare di averli acquisiti.

Il titolo ha di per sé un grande significato compensatorio, non corrisponde a fatti, a dimostrazioni; per lo più è legato a un attestato, a un documento, impreziosito da firme di dignitari o di presidenze di club, di istituzioni onorifiche, di cui esistono forme persino segrete. Ma senza arrivare a queste espressioni, è sufficiente utilizzare i titoli, che risalgono a organizzazioni straniere internazionali, con riferimenti a realtà sconosciute e non comprovabili per poter fare dei falsi.

Una via che appare, rispetto a questo scenario, più consistente, è la possibilità di comperarli. È diventato possibile persino per le lauree, che non sono più gestite soltanto dallo Stato, ma anche da istituti privati. Anzi, seguendo un costume libertario, gli enti privati finiscono per attribuire lauree di maggior valore.

Vi sono Paesi in cui le università statali contano molto poco, magari per minori investimenti, mentre in altri la dizione «Università statale» ha ancora un alto valore. Questa duplicità che presenta esempi di grande significato educativo, indica che le istituzioni libere, sono una via più facile per creare diplomi, lauree e master che mancano di tutto il supporto di insegnamento necessario e diventano così dei distributori di titoli e occasione di fregiarsene, acquistandoli al mercato. Da una parte attribuiscono un falso significato a chi li ha acquistati e, contemporaneamente, lo tolgono a chi ha invece operato con un vero curriculum impegnativo.

Esistono famiglie in cui la laurea è parte di una storia e di una modalità di acquisizione di competenze, di sapere. Vi sono famiglie che usano gli stessi titoli comperati in qualche supermercato o boutique delle lauree. L'esempio oggi più diffuso è dato dai master, il cui costo di iscrizione è tale da garantire sia la promozione annuale sia il diritto di acquisirla, allo stesso modo con cui si compera un'automobile.

Dopo aver elencato le strategie di acquisizione (cioè per avere), ne esistono molteplici per nascondere. E anche se i termini sono antitetici, assumono una medesima finalità: vi è un investimento positivo nell'acquisire titoli, ma anche nel nascondere episodi o caratteristiche della propria condizione e storia. Esiste un numero enorme di persone inquisite e condannate per reati di vario tipo ignorate, a fronte di un piccolo numero di persone bene identificate.

Ovviamente uno Stato che si caratterizzi per il gran numero di reati, non può che difendere la segretezza delle certificazioni civili e penali. Praticamente, a poterne avere «copia», sono solamente coloro che hanno compiuto i reati.

E a mostrare questo paradosso, è la considerazione che nel nostro Paese i giudizi e le pene vengono emesse «in nome del popolo italiano» che è invece escluso dal poter conoscere quali siano i casi che, in suo nome, sono stati giudicati.

Esistono Paesi in cui i giudizi vengono emessi su ordinanza della Repubblica, del re oppure dell'ordine giudiziario... Tutte rimandano a qualche istituzione dello Stato.

Nascondere è dunque una modalità di gratificazione, in quanto si riduce a una cancellazione di colpe che ciascuno può operare. E ci si attribuisce anzi qualche merito sociale, o un titolo onorifico.

Indubbiamente apparteniamo a una società che, pur emettendo sentenze, permette una grande facilità di attribuirsi onorificenze. E i titoli servono a far dimenticare la propria dimensione reale apprezzandoli, in quanto si deve credere a quelli dell'altro per potersi convincere del valore dei propri, che si sono inventati o acquistati.

È il segno che quell'aggettivo «normale», accoppiato a «delinquente», ha anche una verifica statistica, in quanto la falsità dei titoli, l'appropriazione indebita, la cancellazione di reati, appartengono alla norma, cioè alla media statistica che contribuisce alla definizione di comportamento o di essere normale.

Non vi è dubbio che l'insieme sociale agisce sulla singola personalità tanto da dover inserire l'ambiente tra i fattori che contribuiscono a motivare il comportamento umano che dunque si definisce nel rapporto tra io e mondo, e comprende l'altro nel senso di altra persona, ma anche di una storia di tradizioni e di leggi che incidono fortemente in ogni individuo. Una società spinge a comportamenti comuni in quanto diventa il luogo che permette a una pluralità di soggetti di vivere.

Già Freud ne *Il disagio della civiltà* mostrava come questa entità super-individuale dovesse imporsi sui desideri del singolo, onde evitare una facile lotta, inevitabile, tra i desideri differenti dei suoi componenti.

Non vi è, dunque, dubbio che la nuova figura del delinquente normale è in relazione, talora in un rapporto causale, con la società. Un richiamo generale che è utile, pur tenendo conto che non è facile separare i due termini proprio perché la personalità non è uno status, ma una variabile in funzione delle esperienze, che presuppongono un «dove» e un «come» agiscono.

Dei tre fattori che sono parte del comportamento si può sostenere che quello biologico (costituito dal genoma) è un elemento «fissato», che non si lega all'ambiente. I geni hanno una struttura che guida la costruzione e il funzionamento della «macchina» umana, costituiscono la parte fissa che permette di inserire i singoli dentro una specie, pur con attribuzioni «secondarie» che appartengono all'individuo, ma non tali da incidere su quel denominatore comune che distingue l'*Homo sapiens*.

La personalità riporta all'interno dell'esistenza, intesa come un fare in un luogo fisico (la natura), con la presenza e i legami con l'altro. Anche l'ambiente fisico è in gran parte un dato relativamente stabile, ciononostante la personalità si costruisce nel tempo, in quanto presuppone la dimensione del «vissuto» che è lontano dal «fatto», in quanto l'interpretazione dello stesso dato comprende significati e risposte emotive e sentimentali, proprie di quel soggetto. Tutto ciò si lega alla psiche che, pur essendo l'insieme delle funzioni di un organo (il cervello), ha nella specie umana una parte «plastica» che permette appunto i «vissuti». Entro certi limiti, pur nella staticità genetica e geografica, vi è spazio a risposte che sono molto diverse nell'antropologia.

Vi sono state modificazioni importanti nelle epoche, ma anche nel tempo che passa, che si caratterizza per fenomeni umani diversi anche se provenienti dallo stesso genoma, che non ha nemmeno evidenziato delle «mutazioni». Il riferimento a questa che potremmo definire «condizione umana» (che si distacca da quella delle altre specie), comprende influenze che provengono dall'ambiente e delineano delle personalità, con caratteri di frequenza tale da farsi norma. È il caso della delinquenza (comportamento) normale, che mostra caratteristiche comuni.[34]

[34] Per fare un esempio, la categoria dei ladri viene socialmente individuata sul comportamento del rubare. Vi appartengono tutti coloro che hanno

Su questa considerazione è fuori di dubbio che una società può favorire alcuni tratti della personalità da permettere l'identificazione di un gruppo e, persino, costruire delle tipologie che non contraddicono l'affermazione del singolo come irripetibile, dal momento che quella tipologia si limita ad alcune caratteristiche. Nel nostro caso, il delinquere (come abbiamo visto) si lega ad alcuni aspetti del comportamento esistenziale, cioè del vivere in società. E avendo inserito ora la dimensione sociale, ci si può rendere conto che il delinquente normale è colui che, in rapporto all'ambiente sociale, mette in atto comportamenti comuni e quindi normali, poiché la società li permette e può addirittura favorirli.

Si impone pertanto la necessità di descrivere le caratteristiche sociali che rendono possibile quel comportamento delinquenziale, mostrando come ne sia implicata la società, soprattutto nel concetto di «normalità» che ne esprime l'alta frequenza.

Elementi sociali nel fenomeno della delinquenza normale

Il primo elemento è dato dalla «società del successo», che possiamo descrivere come una comunità che stabilisce una gerarchia di valore, sulla base del successo e dei simboli che la esprimono, come il denaro (simbolo generale) e gli oggetti (elementi mutevoli nel tempo e a seguito delle tecnologie in particolare).

È stato ampiamente descritto che le caratterizzazio-

commesso uno o più furti. Non tiene in considerazione né le motivazioni di queste specifiche azioni, né le componenti di personalità che non vengono nemmeno considerate, come i sentimenti.

ni sociali non si legano all'essere, ma all'apparire. Non è certamente una tendenza da poco, poiché vincola il valore della vita umana solo a ciò che si vede. L'elaborazione del pensiero e di tutto ciò che è invisibile, non ha invece significato. Il creatore di pensieri non esiste, a meno che non sappia vendere le proprie idee che finiscono per diventare degli oggetti. L'intellettuale del tempo presente è proprio colui che si mostra, nella trasformazione di pensieri, in parole, in atteggiamenti che hanno una «visibilità».

Un'altra derivazione della società del successo è di spingere i suoi componenti a mostrarsi ed è giunta a creare uno strumento, che ne rappresenta il mezzo più straordinario: Internet.

È il risultato della grande scoperta dei computer digitali che ciascun cittadino ha e può portare con sé, come una appendice. Internet è la rete che unisce e mette in comunicazione tutti i personal computer.

I social network indicano l'importanza del successo delle apparenze, dando a tutti la possibilità di intervenire o su Facebook (che richiama il volto) o su Instagram (che permette di mostrare immagini di ciò che uno fa).

Al di là di queste annotazioni generali su Internet, va sottolineato che permette la delinquenza normale poiché vi si può raccontare il falso, mostrare le simulazioni che non trovano più sostegno in un singolo, ma hanno una diffusione senza confini.

Permette di diffamare gratuitamente e allo stesso tempo di autoesaltarsi. Rende facile l'intimidazione, questa volta usando l'e-mail e potendo continuamente invadere lo spazio che dovrebbe servire solo a comunicazioni di lavoro o a lettere di affetto.

Si giunge allo stalking, alla diffamazione, al ricatto,

servendosi di trucchi e di abilità che hanno reso la furbizia digitale ripetitiva.

Internet è uno straordinario strumento di compenso, poiché qui tutti si possono descrivere e mostrarsi non come sono, ma come vorrebbero essere e possono apparire come lo fossero. Una via straordinaria per operare l'imbroglio attraverso pseudonimi, oppure simulando appartenenze professionali che funzionano nel video, finendo per creare dei personaggi solo sull'inganno.

Si tratta di un mezzo su cui si compiono reati contro la persona, che sono presi in considerazione solo per casi estremi. E ciò porta persino a irridere gli organi che fanno rispettare la legge, la lentezza con cui procedono, il bisogno di prove, che Internet – come le costruisce facilmente – può altrettanto facilmente cancellarle con un clic.

Stiamo semplicemente ripercorrendo i tratti della personalità del delinquente normale che, in questo strumento tecnologico, trovano la possibilità di esprimersi in modo più ricco ed efficace.

Le innovazioni da computer digitali e il peso che hanno assunto sono possibili poiché è nata la società del tempo reale, rivolta a ciò che si presenta nel «qui e ora», avendo perso la memoria del passato, per il disinteresse verso il futuro, o quantomeno per pianificarlo. Ha poco significato l'espressione «vivere per il futuro», per un tempo cioè che contenga i desideri e non i bisogni dell'immediato. In questa cornice, l'eccesso di informazione e la logica di Internet vengono facilmente recepiti e nello stesso tempo salvano una società del tempo presente: quella del cosiddetto *Homo empiricus*. Si tende cioè a ridurre l'esistenza a una serie di atti, ognuno dei quali è staccato dal precedente. L'*Homo empiri-*

cus non sa nemmeno immaginare l'attimo successivo, poiché risponde solo agli stimoli del momento. Si contrappone pertanto all'uomo dei principi e a quello degli impegni, in quanto riduce tutto all'unico meccanismo di stimolo-risposta.

Se non si hanno principi guida o ordinatori per vivere con gli altri, scompare persino la parola trasgressione (colpa), poiché manca un riferimento. Tutto è legato, infatti, all'immediato.[35]

Il secondo elemento è dato dalla perdita del divino e dell'autorità. Risulta evidente che, senza Dio, non si possono identificare doveri verso di Lui. La società in cui vive il delinquente normale si caratterizza per la perdita di Dio e anche di chi lo rappresenta, e fa riferimento soprattutto alla città della Terra e non a quella del Cielo. Si cala così dentro i fatti empirici, non alla dimensione dell'eterno e della trascendenza.

La stessa dinamica avviene anche per una società senza padri, come espressione dell'esempio e dell'educazione. Pertanto, il figlio non ha riferimenti a regole e a principi, e vive empiricamente guardando come si comporta un giovane della sua età. Tutto si riporta a una imitazione di ciò che l'altro compie. La nuova fi-

[35] Si è sostenuto che al senso di colpa si sia sostituito quello della vergogna che si avverte quando quell'azione (priva di principi etici) incontra riferimenti sociali, che la considerano negativamente. Allora, l'essere scoperti attiva un sentimento di malessere in quanto l'altro ne è, ora, a conoscenza. È chiaro che, se ad accorgersi, è una persona che segue esattamente il medesimo comportamento, non si prova vergogna. La si avvertirebbe solo se, a scoprirlo, fossero altri che seguono le leggi e non si riconoscono in quel comportamento, ora «svelato». Va aggiornata l'idea della sostituzione della colpa con la vergogna e occorre riconoscere che non esiste più nemmeno questa, proprio perché è comune, normale, in quanto comportamento dominante.

gura è appunto quella dell'*influencer*, a cui ci si riferisce per imitarne gesti, azioni, da ripetere. Il comportamento acquista il medesimo significato dell'indossare una maglietta o un paio di scarpe.

L'*Homo empiricus* si potrebbe anche definire l'uomo «senza»: senza principi, senza impegni, senza Dio, senza padre, senza colpa, senza vergogna... e dobbiamo ora aggiungere, senza coerenza.

L'immagine è quella di un uomo, che si spoglia di tutto ciò che, nel corso di millenni di evoluzione di una civiltà, si era indossato. Un uomo nudo, senza dimensione sociale, ridotto a essere guidato da pulsioni: lo si vede bene nelle oche che vivono imitando, seguendo, qualcuno o qualcosa che si muove davanti a loro.[36]

Veniamo ora alla «coerenza». Nei secoli la si è posta come un atteggiamento che esprimeva la spinta a comportarsi secondo regole, che erano il riferimento per una scelta. E se mancano, diventa incomprensibile il termine stesso.

Per capirne l'importanza, è sufficiente ricordare che la coerenza era indice della identità. L'*Homo empiricus* è quindi senza identità. Nel migliore dei casi, mostra una personalità multipla (a cui abbiamo già accennato) e persino l'identità di genere che faceva riferimento all'appartenenza maschile o femminile non esiste più. La molteplicità del gender può variare o sovrapporre

[36] A studiare questa specie è stato Konrad Lorenz, che aveva osservato come alla schiusa di un uovo, il piccolo seguiva la madre, ma se la si sostituiva con una sagoma mobile l'anatroccolo seguiva quest'ultima. E, se successivamente veniva riportata in campo la madre, continuava a seguire la sagoma. Sulla base di tali osservazioni aveva parlato di fissazione (*imprinting*).

le diverse fenomenologie. E come si può osservare, si aggiungono tanti altri «senza».

Mi pare si evidenzi come la personalità del delinquente normale sia perfettamente adeguata a questa dominante sociale. Si potrebbe giungere a dire che è quasi invitato a farlo.

Il terzo elemento ci porta a una parola che è diventata di grande consumo: «libertà.» A una società «senza», nel significato di non avere alcun riferimento se non quello dei propri vissuti, si legano bisogni che, nel caso del delinquente, si limitano al poter appropriarsi di oggetti e simboli che la società via via propone, come indice di successo. A provarlo sono l'economia, i mercati, non più il valore delle idee ma degli oggetti.

La libertà diventa banale se la si considera come un diritto acquisito, spontaneo, di fare ciò che si vuole: senza riferimenti, non esiste nemmeno la «scelta» che si fonda su criteri precisi per decidere. Si riduce al derivato di quella interminabile serie di «senza», in quanto manca ogni limite.

Ha perso di significato, poiché anche la libertà ha un riferimento empirico al «qui e ora». Si riduce al «dire no». Si può così dire «no» a tutto.

Ma non è questa la libertà che ha dominato nell'ambito della storia e della civiltà, che aveva come fondamento proprio il limite, una contrapposizione di contenuto ideologico o di una visione della società. Oggi è ridotta a un automatismo di negazione di qualsiasi obbligo. E quel «no» viene legato al principio dell'anarchia più radicale che significa riconoscere solo il bisogno dell'io e in quel momento. È l'uccisione dell'autorità.

La libertà è stata una guida sociale che permette di difendere il diritto di eliminare il dittatore o l'invasore. Ora esprime solo il bisogno di fare individualmente ciò che si vuole. Un tempo questo atteggiamento lo si definiva «licenza», non «libertà».

Anche il «delinquente normale» diventa un'espressione di questa non-libertà. E per meglio inquadrarne la personalità che – come abbiamo detto – è allo stesso tempo un adeguamento a una società, che non solo la permette ma addirittura la facilita, è utile mettere a confronto due termini: «dominio» e «gratificazione».

Il dominio esprime una forte pulsione che si fa anche desiderio di sovrastare gli altri, in modo da ottenere ciò che si vuole. Condiziona fino a imporre una dipendenza che tende a diventare totale e fa sì che la vita dell'altro dipenda da tale sopraffazione.

È la caratteristica del potere che in ogni azione tende a mostrare la superiorità sull'altro, con le buone o le cattive maniere.

La gratificazione è invece fondata sulla percezione di sé, sull'autostima che nella frustrazione si riduce, mentre la gratificazione la rinforza. È un meccanismo che caratterizza ogni tipo di personalità e nelle condizioni abituali serve a dare coraggio a resistere, con la consapevolezza di avere potenzialità per continuare a vivere.

Il delinquente normale non è spinto dal dominio, manca per lo più delle caratteristiche per poterlo mantenere. Usa la furbizia per un'azione, ma subito dopo scompare per cercare un'altra occasione da cui ottenere, in modo ancora subdolo, ciò che non gli appartiene. Il dominatore tende invece a persistere, attratto dal desiderio di sottomettere persone che sono a loro volta dei dominatori. Il delinquente si avvale soprattutto dei deboli ed è portato a muoversi per denaro, o per entrare in possesso di oggetti simbolo dell'apparire.

Il potente tende alla maniacalità, a una percezione di onnipotenza. Non è così per il delinquente che, accontentandosi di «cose», cerca addirittura di evitare ogni condizione che preveda un confronto aperto e impositivo.

La gratificazione è una percezione molto soggettiva, il dominio è, invece, una affermazione sociale.

Abbiamo caratterizzato in senso generale il «delinquente normale», ponendo attenzione prima alle caratteristiche della personalità e successivamente a quelle della società, in cui questo tipo di uomo è diventato molto frequente. Si è giunti così a tracciare una linearità dei due aspetti, quasi si trattasse della corrispondenza tra una serratura e la chiave che la può aprire.

A questo punto, per passare dal generale al particolare, si dovrebbe dare spazio al racconto di alcuni esempi che finiscono per trasportare sul piano individuale la dinamica psicosociale del delinquente normale.

Non può, tuttavia, essere questa l'esigenza, poiché il fenomeno è così diffuso e quotidiano che raccontarne singole espressioni dovrebbe attingere al banale, all'ordinario e per paradosso, riportare semmai casi di non delinquenti di questo tipo, dal momento che sono loro, la vera e significativa rarità.

Quando un fenomeno è molto diffuso si inverte il criterio di scelta, poiché l'eccezione diventa in realtà interessante ma patologica, anche se in altre epoche storiche esprimeva la normalità.

Apparirebbero parte ormai di una banalità che non distingue nemmeno il «noi» dagli altri forse perché, almeno un poco, «delinquenti normali» lo siamo tutti.[37] Merita invece ricordare che la delinquenza normale

[37] Il signor K abitava in un borgo di campagna. La sua proprietà modesta includeva però un passaggio comune per i mezzi agricoli; veniva dunque usato anche da due vicini che, per raggiungere la propria terra, dovevano attraversarlo. Si trattava insomma di una «servitù». E cercando di sfruttare quest'antica situazione, il signor K chiede una cifra di rilievo sostenendo che occorreva riparare il tetto di quel sottopassaggio. Non appena venne iniziato l'intervento, si capì che l'intenzione era di attribuire una diversa destinazione a quel luogo. Lo ridusse di dimensioni, lo abbellì e lo usò come un ampliamento, a suo uso esclusivo, tanto che i mezzi agricoli non potevano più passare.
Una signora gestiva una piccola attività commerciale ed era tutta tesa ad ampliarne la dimensione, attraverso i figli e con l'aiuto del proprio compagno con cui conviveva dopo la separazione. Aveva alzato il livello della propria percezione sociale non solo attraverso simboli di oggetti decorativi come abiti di *griffe*, auto in leasing, ma anche avendo comperato le lauree triennali per i due figli e anche per sé. La famiglia d'un tratto era diventata piena di dottori. Avevano anche imparato le «belle maniere» ma questo stile spariva e assumeva proprio la personalità del «delinquente normale»: mettendo in atto pratiche di corruzione e di imbroglio ed era giunta a non pagare i dipendenti, minacciando di licenziarli se avessero continuato nelle loro giuste proteste. La strategia di non pagare il dovuto a chi abbia prestato opera o venduto oggetti personali è diventata regola. A esprimerla in maniera semplice è che, se un tempo dominava il principio di pagare i creditori, adesso lo si era semplificato in «acquista e non pagare».
Un altro «signore» possedeva un casolare di campagna, a cui si accedeva attraverso una strada a sterro che, però, non rispondeva più alle richieste di una bellissima auto che ora usava. La strada era in comune con un agricoltore di poche parole, di quelli che portano ancora il cappello durante i pranzi, il quale si serviva di un vecchio trattore e un motorino. Di fronte alla richiesta di dividere le spese, lo mandò quindi «a quel paese», in malo modo. Il signore fece rifare quella strada alla ditta di una città vicina, che visitò con la nuova macchina, come garanzia evidente di totale affidamento. Terminarono i lavori sotto la continua presenza del committente, che aveva insistenti richieste. Al momento di pagare attivò la tecnica, che è propria del delinquente normale, di porre una serie di raggiri e di proteste: una volta perché il manto stradale perdeva di compattezza, un'altra perché la ditta non riusciva più a

si serve di Internet, per incontrare le vittime. Non «entra» nel computer di altri, ottenendo i dati per duplicare carte di credito e mettere in atto veri e propri furti facendo acquisti.

Ebbene questa modalità non è utilizzata dal «delinquente normale», poiché non permette quel contatto diretto che solo dà il piacere di sopraffare e di dimostrare (nel senso proprio di rendere visibile) l'abilità di riuscire sempre a trarre un vantaggio. Internet rende anonima ogni operazione e l'azione si svolge tutta di fronte a un'altra «macchinetta», sia pure della capacità di un computer tascabile. È più adatta al ladro abituale, che agisce di nascosto magari mascherandosi per non essere individuato. Il delinquente normale ha bisogno dell'altro per avere la soddisfazione della sopraffazione.

Da qui l'importanza degli «oggetti», intesi in senso materiale, che si possono distinguere in oggetti d'uso o oggetti-simboli. Il denaro appartiene agli oggetti simbo-

mettersi in comunicazione con quel signore, che non ne voleva più sentir parlare. Era, anzi, seccato per l'insistenza. I tentativi di andare a incontrarlo personalmente, percorrendo duecento chilometri tra andata e ritorno, fecero sì che chi aveva fatto i lavori arrivò a pensare che si era trattato di una «disgrazia» e non si fece più vedere.

Lo credevano tutti un medico straniero. Di fatto, aveva lavorato a lungo in una clinica privata, ma alcuni avevano potuto scoprire che si trattava di un infermiere. Pur non esercitando in privato la professione, viveva come se la svolgesse, ma evitava di stabilire relazioni che facilmente avrebbero potuto «svelare» l'indebita appropriazione di una professione a cui non apparteneva. Non vi è dubbio che il medico suscita ancora rispetto e anche questo infermiere del Nord Europa ne godeva, anche se non era di molto aiuto perché sosteneva di appartenere a una specializzazione sempre diversa, limitandosi a suggerimenti generali (propri dell'attività di infermiere che aveva effettivamente svolto almeno fino a quando era stato licenziato). E da allora, non trovò più lavoro. Ma per mantenere la professione usurpata cambiò città, forse Paese.

lici poiché sono trasformabili in «cose», e i delinquenti sono fortemente motivati a ottenerlo. Ma persino le idee possono perdere la loro astrattezza e farsi materia, per vantaggi.

Un esempio che ritorna alla mia memoria, è quello di un signore che si può definire appartenere a una classe economica elevata: un segno che lo testimonia è una collezione d'arte contemporanea che nella famiglia è in continua crescita. Il che comporta continue acquisizioni. Una condizione in cui appare difficile pensare a un delinquente normale, tuttavia egli ne è uno straordinario rappresentante.

È titolare di una cattedra universitaria e dirige i laboratori di ricerca scientifica nel campo della biologia. Difficilmente si può attribuirgli però una dimensione di scienziato, dal momento che non ha eseguito esperimenti e mai poteva giungere a qualche scoperta che, sempre, deve esserci, come dimostrano i più alti esempi insigniti di premi speciali, fino al Nobel.

Si potrebbe sintetizzare che la sua carriera è quella della personalità di un delinquente normale, che ha ridotto a «oggetto» le idee scientifiche del campo in cui operava. A tale scopo ha girato tutto il mondo della scienza e con le abilità più raffinate, si volgeva a conoscere i segreti dei laboratori di eccellenza. Ritornava poi in quelli da lui diretti, usando le idee di cui si era furbescamente appropriato.

Mostrava di saper elaborare idee e perseguire ricerche che risultavano non solo all'avanguardia ma di uno straordinario acume, nel campo della biologia applicata alla medicina. In realtà non scopriva nulla, poiché non era interessato a verificare delle ipotesi, ma unicamente a mostrarle, e a sorprendere.

La prima straordinaria capacità l'aveva espressa nel saper entrare in tutti i laboratori, per parlare con i diversi responsabili, riuscendo a carpire quelle idee che negli scienziati rimangono per lo più segrete fino a quando non siano dimostrate. Scientificamente esiste un'unica modalità di raccontarle: pubblicarle su riviste scientifiche di prestigio.

Anche le idee, dunque, possono diventare l'obiettivo di un comportamento delinquenziale, capace di gratificare fino a essere ritenuto il loro padre. Si racconta anche che, giovane assistente, questo signore fosse riuscito a entrare in un laboratorio all'estero ma, non avendo alcuna capacità operativa, avesse assunto, per il periodo, un tecnico che gli permetteva così di eseguire esperimenti e di sostenere, con i risultati ottenuti, la capacità del vero scienziato.

L'agonia di una civiltà

Abbiamo descritto una personalità da cui dipende un comportamento di grande diffusione storica, proprio in quanto appartiene al tempo presente, a una società quindi fortemente modificata e più complessa.

I comportamenti di sopraffazione si possono trovare lungo la storia di una intera civiltà, ma ciò che colpisce è proprio il rilievo che quel comportamento si può ora definire «normale». In passato, poteva essere giudicato in senso morale o addirittura civile, e dunque legiferato. Basterebbe considerare che nella strategia per le appropriazioni indebite si cercano sempre le persone più deboli o, comunque quelle che in buona fede vedono il delinquente come appare, e non come egli è.

Tale atteggiamento nel mondo giovanile richiama il

bullismo, che colpisce i più deboli. Rimanda dunque alla diffusione di una tendenza a sopraffare i deboli, ma non così diffusa da essere considerata «normale», poiché il bullismo è severamente punito.

Nella espressione «normale» si può intravedere addirittura che si tratti di un comportamento adattativo, fondamento del principio darwiniano di «lotta» per l'esistenza. Una modalità, dunque, per rispondere all'imperativo della sopravvivenza.

La numerosità impedisce di usare il termine «patologico» e addirittura si può arrivare a definire come «incapace» chi non applica questa strategia per superare le difficoltà che si presentano come ostacoli a vivere.

Proprio la gratificazione che consegue all'azione rinsalda la funzione vitale del comportamento delinquenziale, poiché la gratificazione aumenta la stima di sé, che si riflette persino nel benessere somatico.

Questo comportamento apre poi il grande tema della crisi della morale: l'antico *bonum est diffusivum*. Una vera metamorfosi dei significati e dell'accettazione di azioni, precedentemente proibite.

Si sottolinea, in tal modo, che le leggi e l'etica possono facilmente modificarsi, proprio per variazioni legislative ed etiche manipolabili o dimenticate.

In tal modo scompare una civiltà, non certo l'uomo che, per tempi lunghissimi, ha vissuto senza.[38]

[38] L'*Homo sapiens* viene collocato circa 150.000 anni fa. Un risultato tardo se si considera che l'*Homo abilis* si colloca a circa 2 milioni di anni fa, nel momento in cui si crea un nuovo ramo dagli Australopitechi. Il concetto di civiltà a cui apparteniamo risale a 6-7.000 anni fa, partendo dall'antico Egitto, continuando nella Grecia antica, la Roma dell'Impero e il Cristianesimo. Oggi si usa anche il termine *Homo sapiens sapiens*. Gli antropologi discutono se sia giustificato questo se-

La nozione di «delinquente normale» acquista, forse, il suo preciso significato proprio se lo valutiamo in termini di civiltà e nella rapidità di una regressione che può verificarsi. Se ciò che è stato appreso, fondamento della civiltà, viene perduto, significherà dirigersi verso la «barbarie». Una condizione in cui la vita della specie umana continuerà e, seguendo non le leggi che guidano i comportamenti sociali, non i principi che dovrebbero rendere l'uomo un «animale umano», ma tutto sarà regolato dal codice genetico, secondo criteri propri delle altre specie viventi.

condo *sapiens*, poiché non risulta dalle osservazioni del cranio ma lo è se si considera che circa 45.000 anni fa con il Paleolitico superiore si sono evidenziati i grandi affreschi che sono il segno della creatività e della immaginazione umana.

Il metaverso e il rischio dissociativo

Immaginazione e virtualità

Nella civiltà occidentale, a partire proprio dalla Grecia antica, ha dominato il concetto di «realtà» che i presocratici avevano legato alla natura, a tutto ciò che l'uomo percepiva e che si caratterizzava per una fisicità.

Nel tentativo di definirla, i filosofi greci hanno distinto una *metafisica* come qualcosa che non vi appartiene, che si pone quindi oltre la materialità (la realtà). In questo ambito si sono immaginate delle esistenze che però mancavano delle caratteristiche che l'uomo rilevava attraverso la sensorialità.

Platone immagina addirittura un luogo delle idee: l'*iperuranio,* che manca di ogni caratteristica della realtà. Si costruisce persino un mondo, l'Olimpo, in cui vivono gli dèi, che sono tali perché mancano della costituzione fisica, materiale, propria dell'uomo e della natura.

A poco a poco si contrappone alla realtà l'immaginazione, nel senso che la prima ha un aspetto, una forma, una costituzione che risponde alle caratteristiche della materia, mentre la seconda serve a costituire i mondi della fantasia. E si arriva a distinguere un mondo *fisico* e un mondo *immaginato* che non può essere posto sullo stesso piano della fisicità, ma addirittura ne rappresenta l'antinomia.

Realtà e immaginario hanno portato a un dualismo fondamentale nel pensiero dell'Occidente, che ha dominato a lungo fino alla fine del secondo millennio, quando in seguito allo sviluppo della tecnologia nasce il computer digitale. Una macchina che compie funzioni che sono proprie dell'immaginazione, di *ciò che non c'è* e che forse *potrebbe essere,* ma che comunque manca delle caratteristiche proprie del mondo della natura, a cui l'uomo stesso appartiene.

Il computer digitale si mostra capace di svolgere funzioni in maniera più precisa e più rapida, un *ordinatore* che non va incontro alla stanchezza, non ha bisogno di un tempo che il cervello richiede per poter svolgere le identiche operazioni.

La nascita del computer riporta agli anni Quaranta del Novecento, dunque a un periodo in cui era iniziata la Seconda guerra mondiale. Viene subito in mente Alan Turing che inventa una macchina capace di svelare l'*enigma*: nome dato al sistema che la Germania usava nell'inviare ordini, cambiando continuamente il linguaggio usato e rendendo così impossibile interpretarlo e coglierne il significato da parte del nemico, in particolare Inghilterra e Stati Uniti.

Schematicamente è nel 1943 che si fa nascere il computer digitale che svolge operazioni con maggiore precisione e velocità rispetto ai computer meccanici prima, elettrici successivamente.

Parte così un capitolo della storia, che è stato improntato da questa nuova tecnologia. È nel 1969 che viene generata, dal computer digitale, la rete informatica *Internet*, il cui nome esprime appunto la capacità di collegare sistemi tra loro diversi e farli comunicare. Proprio nel settembre di quell'anno, avviene un collegamento dei sistemi informatici dei computer digitali da parte di quattro diverse università americane.

Nel 1991 nasce il *www*: un sistema che permette di collegare non solo quattro punti, ma addirittura un numero enorme di luoghi, dislocati in tutto il mondo. Sta per *world wide web,* una ragnatela che lo connette e ne fa una unità, pur attraverso la diversità e le contrapposizioni. *Web* ha significato di luogo, di sito, in cui è possibile entrare, per conoscere tutto ciò che contiene, potremmo definirlo il *nodo* di una grande rete.

Fino a questo momento ci troviamo di fronte a una tecnologia che rende possibile collegare realtà differenti, permettendo una operatività non più distinguibile in modo separato, poiché i computer digitali, come contenitori di dati, possono essere collegati tra di loro, scambiando informazioni e rendendo dunque comune ciò che, fino a quel momento, era particolare, proprio cioè di un dato luogo.

Un salto qualitativo, questa volta generato da Internet, è la *virtualità* che va interpretata come la rappresentazione di ciò che non è fisicamente definibile, anche se appare come *immagine della realtà.*

Lo specchio permette di cogliere questa distinzione, poiché è rappresentato un oggetto, una persona, che tuttavia si limita a una dimensione piatta e senza una consistenza. L'immagine richiama la realtà, ma è totalmente priva delle sue caratteristiche, delle sue proprietà. In tal senso si può dire che è una rappresentazione della realtà, che tuttavia non esiste. Un altro esempio può esser dato dall'ombra che un uomo proietta sulla superficie, come effetto della luce che lo colpisce. È una rappresentazione *sine materia*.

La virtualità può staccarsi da qualcosa di reale, di concreto, e dunque rappresentare ciò che semplicemente non c'è.

In tale dimensione, il richiamo va subito all'immaginazione che è una funzione psichica, nasce dunque dall'attività di un organo (il cervello), e può fornire connotazioni di ciò che non esiste, ma purtuttavia è un prodotto della nostra mente. Si potrebbe sostenere che l'immaginazione risente dell'organo da cui esce e ha pertanto dei limiti fino a poter dire che è coerente con la struttura cerebrale e ne dipende. E si può concludere che ciò che viene immaginato è parte di quella struttura, appartiene dunque solo all'uomo come specie, e a quel particolare uomo che la esprime.

L'esempio è il sogno che, pur facendo parte dell'immaginario, usa non solo forme espressive della mente umana ma, seguendo l'interpretazione dei sogni di Sigmund Freud, rappresenta un linguaggio proprio di quel soggetto, tale da poter essere decodificato legandolo alla storia del sognatore.

La virtualità, che è un prodotto di Internet, si caratterizza invece per mancare di *isomorfismo*: dalle interazioni dei dati che Internet collega si possono costituire elementi che sono frutto di quell'insieme, ma mancano i riferimenti specificamente legati all'uomo inteso singolarmente, tanto che egli la può avvertire come una rappresentazione estranea, totalmente altra, aliena alla propria storia, ai propri bisogni, in cui si riconosce.

In senso generale, è possibile affermare che comunque ciò che esce da una macchina, da una rete di *Infini-*

ty web, è pur sempre legato a colui che quella macchina ha progettato e nella quale si può riconoscere.[39]

La virtualità nasce dall'uomo, genera immagini che però non lo rappresentano ed è solo possibile riconoscerle come «altro», come qualche cosa di totalmente nuovo. L'immaginazione è invece coerente, *isomorfa* con la struttura e la percezione proprie dell'uomo.

Se l'immaginario lo si avverte familiare anche quando appare strano, il virtuale manca dell'isomorfismo umano, cioè di quell'appartenenza che suscita sensazioni di riconoscimento. Stimola la curiosità, l'attrazione per ciò che non ci appartiene. Che la curiosità possa portare a un interesse, lo dimostra il grande uso che oggi si fa dei mezzi virtuali e basterebbe indicare i giochi di ruolo in cui, davanti a uno schermo, possiamo intrattenerci e osservare storie, sequenze di comportamenti, che non appartengono minimamente ai bisogni dell'uomo. I videogiochi permettono addirittura di mettersi in un apparente contatto con ciò che non c'è, lottare per superare delle prove contro una figura, che Internet muove.

La virtualità mantiene la separazione tra chi si pone di fronte a un video e guarda e chi, come nei videogiochi, poteva interagire. Distingue sempre chi agisce rispetto a ciò che è agito.

Che la virtualità abbia un fascino e un particolare potere di attrazione è dimostrato in particolare dai casi di dipendenza, vissuta da quei soggetti che, mantenendo

[39] È utile ricordare che, nel grande periodo dei viaggi, si è sperimentata la incompatibilità di comportamenti con gli uomini dei Nuovi mondi, che non sembravano nemmeno appartenere alla stessa specie. Cristoforo Colombo, nei diari di viaggio, parla degli incontri con esseri viventi, che non avevano nulla in comune con l'uomo e ne sottolinea l'importanza del riconoscimento.

un contatto a lungo, finiscono per sentire un tale bisogno di esposizione al virtuale, che arrivano a sostituire o rifiutare il mondo della realtà.

A questo punto, sempre seguendo le note storiche, si arriva al 1992, la data in cui si fa nascere il *metaverso*.

Lo si trova nel libro *Snow Crash* di Neal Stephenson, che lo fa derivare dall'insieme di *meta* (nel significato proprio di metafisico) e *verso*, contrazione letterale di universo. Si tratta – come egli dice – di «*una immensa sfera... dove ogni persona può realizzare ciò che desidera*».

La radice *meta* si riferisce alla dimensione dell'irreale e *verso* addirittura a un mondo, un universo della virtualità in cui può collocarsi una persona e anzi tutti coloro che vogliono realizzare ciò che magari appare impossibile nel pianeta Terra in cui è situato l'uomo.

Il metaverso

Questo termine è diventato subito un vero progetto che, al di là dell'uso che ne fa l'autore del romanzo, si pone in una sequenza che ora appare persino conseguente, attesa. E, sia pure con un significato particolare, si può usare la parola «logica».

È indubbio che la virtualità ha assunto un'importanza rilevante nell'esistenza di ciascuno di noi e che Internet, come luogo o non-luogo della virtualità (precisazione che tiene conto che la virtualità non esiste e che la possiamo chiamare *l'insieme di ciò che non c'è*), occupa un tempo significativo nella vita di ciascun uomo. Negli adolescenti si giunge a 4-5 ore al giorno di esposizione nell'universo virtuale, nelle altre fasce di età, il tempo è più variabile. Ormai giriamo dentro la realtà concreta, ma ci portiamo dietro uno strumento (lo smartphone) che fornisce – basta appunto cliccare – virtualità.

Si giunge ad avvertirne il bisogno, e addirittura l'opportunità di ritirarsi, sedendosi su una poltrona o su un divano fatti di realtà concreta, per osservare il mondo della virtualità.

Il metaverso segna un passaggio enorme poiché porta dall'essere osservatori del mondo virtuale al farne parte, a cancellare cioè la distinzione tra osservatore e osservato, ponendo l'osservatore non più come un voyeur, ma egli stesso trasformato in virtualità.

Occorre tener presente che oggi si è raggiunta una certa costruzione di metaverso, ma vi è un progetto (che apparterrà al futuro) in cui la modalità di identificarsi nella virtualità sarà più profonda, poiché permetterà di essere virtuali in maniera più completa, cancellando l'universo della realtà quotidiana (o concreta). Non si tratterà di entrare in un mondo fatto di oggetti, ma di trovarvi «dentro» altre persone – potremmo dire altri Ulisse – che hanno superato le Colonne d'Ercole (della realtà).

In un recente volume intitolato *Metaverso: l'universo umano in formato digitale*, il metaverso viene definito come: «un mondo ed uno spazio digitale nel quale tutti noi possiamo incontrarci e interagire in tempo reale, dove ipoteticamente tutto può essere reso possibile e realizzato al fine di migliorare la qualità della vita e delle relazioni interpersonali, nel tentativo così di soddisfare nuove richieste e bisogni rispetto al passato».[40]

È chiara la dimensione intersoggettiva, addirittura si incontrano altre persone con cui è possibile interagire,

[40] Emma Zambelli, Tommaso Speranza, Franco Cusimano, Alpes, Roma 2023, p. V.

muoversi, vivere, in quanto ognuno crea un proprio *avatar*, e dunque un ego, che ha una rappresentazione e si muove, per realizzare ciò che ciascuno desidera compiere in quell'universo.

Se nella dimensione fisica esistono degli impedimenti, dei limiti legati alla realtà concreta dell'ambiente, ma anche a quella della singola persona umana che è fatta di corpo e di bisogni che escono dalla propria mente, nel metaverso tutto ciò non c'è, in quanto si è parte della virtualità.

Potremmo dire di aver calato la nostra fisicità dentro l'*avatar*, un'immagine che ci rappresenta, ma non ha i limiti propri del corpo.

A questo proposito è curioso rilevare che originalmente il termine *avatar* riporta alla cultura indù e indica una divinità che si cala dentro un corpo (una persona umana) modificandolo. Nell'uso attuale, l'*avatar* sembra usato in contrapposizione al significato originale, poiché è l'uomo, l'umano, che viene calato dentro un *avatar*: in una rappresentazione che prima di tutto ha una forma che ciascuno può confezionarsi, finendo sempre più per raggiungere una sorta di identità.

Qui, dunque, il livello umano dell'esistenza si annulla in quanto si proietta su ciò che non c'è, nel mondo che non esiste, e l'uomo diventa protagonista di una esistenza, in un luogo dove altre persone sono rappresentate dal loro *avatar*. E in questo universo si può vivere non solo diversamente, ma provando delle gratificazioni, mentre la vita concreta può essersi mostrata come generatrice esclusiva o prevalente di frustrazioni.

Da queste osservazioni possiamo dire che non può esistere il metaverso senza l'*avatar*, che diventa in qualche modo un *doppio*, costituito da *io* e *avatar*.[41]

Fino a questo momento dello sviluppo del metaverso, è richiesto indossare una maschera che permetta la visione in 3D (un tipo diffuso porta il nome di *oculus*), occorre inoltre possedere un *controller* che è lo strumento per svolgere azioni e dunque per attivare l'*avatar*.

Solo in questo modo, infatti, ci si sente nel metaverso e ci si può intrattenere con un altro *avatar*; è il controller che permette di sentire, di toccare, di muoversi.

La tappa su cui oggi la tecnologia si è fortemente impegnata è far sì che il controller sia il più ricco possibile, che i guanti abbiano dei sensori e permettano quindi sensazioni che corrispondano esattamente a quanto avviene tra la cute delle dita e un corpo umano oppure un oggetto che, proprio in base al tatto, fa sì che lo si conosca meglio.

Molti ricercatori sono impegnati a capire la fisiologia percettiva e sensoriale, proprio per poterla spostare sull'*avatar* in modo che, toccando un corpo si possa, rispetto all'eros, avere le sensazioni tipiche del piacere.

Serve aggiungere che con il visore, con il controller, occorre poter entrare in uno degli universi costruiti e, nello stato attuale, vi sono delle piattaforme che aspettano però di potersi arricchire, di avere una varietà e una dimensione che autorizzino sempre più a parlare di universo. Le piattaforme più visitate sono *Decentraland*, *Sandbox*, *Roblox*, *Spatial*... piattaforme in tre dimensioni, che permettono di muoversi, di vivere, di avere espres-

[41] Per parlare di doppio, in senso psicologico, occorre che qualche cosa di comune esista, mentre nell'*avatar* possiamo diventare ciò che vogliamo, costruirci un profilo completamente diverso.

sioni mimiche, naturalmente nella proiezione sull'*avatar*. Così si va in giro nel metaverso, interagendo. Si possono trovare addirittura degli eventi per ascoltare musica, per assistere a spettacoli. Occorre naturalmente pagare e, per questo, ci sono delle valute specifiche riconosciute dal singolo universo.

Bisogna considerare che esistono degli strumenti che permettono di parlare di *uomo aumentato*: apparecchi acustici per gli ultrasuoni, visivi per gli ultravioletti, dotandosi di una sensorialità adatta alla realtà virtuale che oggi viene prodotta.

Ed è curioso mettere insieme il termine «produzioni» a ciò che non c'è, ma che comunque esiste per l'*avatar*. Importante è far partecipare l'*avatar* a quel mondo, e lo scopo anche del futuro è di promuovere il massimo livello di personalizzazione degli *avatar*, per vivere attraverso di loro quel mondo.

Agli strumenti della *realtà virtuale aumentata*, bisogna aggiungere *l'intelligenza artificiale*, che è ormai un prodotto della rete e che riesce a modificarsi e addirittura ad apprendere.

È dall'insieme di queste funzioni, ognuna delle quali ha un proprio compito e applicazioni diverse, che emerge il *Genesi* dei metaversi.

Ed è comprensibile che ormai l'attenzione si sia rivolta non più all'uomo nell'universo abituale, ma all'*avatar*, in un non-luogo che deve diventare particolarmente attraente, permettendo di fare cose che si desidera fare e non sono possibili nel mondo della realtà. L'attenzione si sposta quindi a rendere l'*avatar* sempre più una rappresentazione della persona umana.

Dal punto di vista psicologico significa vivere in un mondo gratificante, avere relazioni che magari erano proibite nel mondo 1, ed è chiaro che qui entra anche il successo, imperativo particolarmente rilevante oggi tra gli uomini, e di conseguenza tra gli *avatar*.

A indicare che agire nel metaverso corrisponde a compiere operazioni analoghe al comportamento nella realtà fisica e naturale, contribuisce il *denaro virtuale*: si possono compiere vere e proprie operazioni, acquistare un biglietto per seguire un evento programmato, andare a prendere un caffè e pagarlo, ma ancor più significativo è che si possano fare operazioni immobiliari come acquisire un'isola in cui fissare la residenza del proprio *avatar*, con la possibilità di invitare amici *avatar*, e gestire quello spazio secondo caratteristiche che richiamano uno stile di vita elevato e originale.

Guardando all'uso del denaro in corso nel metaverso, viene subito da osservare che almeno un legame esiste tra gli universi della galassia che non c'è e il pianeta in cui è insediata la specie umana. Il denaro contempla infatti la possibilità di cambiare la moneta reale con quella virtuale, uno scambio possibile nei due versi. Un dato che può aprire la questione se il grande impegno per una tecnologia che permetta la vita degli *avatar*, in modo tale che la proiezione sia la più vasta possibile, capace di giungere alle soddisfazioni di desideri che difficilmente sarebbero realizzati nel mondo della concretezza, non nasconda uno scopo economico semplice e banale, che non ha nulla della felicità promessa. Viene invece da pensare che si tratti di operazioni che vedono nel mondo della virtualità la possibilità di grandi profitti economici. Basterebbe osservare che i grandi investitori in questo settore della tecnologia del metaverso sono i grandi magnati, che già si sono straordinariamente arricchiti vendendo virtualità.

Ma questa ipotesi non è per noi di grande interesse, dal momento che lo psichiatra si occupa di benessere esistenziale, di equilibrio psichico. Rimanendo coerenti a questo interesse specifico e tenendo conto che il metaverso, già nella evoluzione attuale raggiunta, si propone in moltissimi campi dell'attività umana, sia privata sia sociale, si impone di dover affrontare il tema della sua azione psicologica e sociale sul singolo uomo e sull'intera società. E persino sull'ambiente, che passa da una dimensione fisica regolata dalle leggi, da strutture, a partire da una anatomia dell'uomo e della donna nelle varie età, a una nuova entità, l'*avatar*, che è una proiezione ovviamente mentale della persona umana.

Nel metaverso – come già indicava Neal Stephenson – *si può fare ciò che si vuole*, perché mancano i limiti o, quantomeno quelli dell'esperienza nell'universo fisico. Si tratta di due mondi contrapposti: in uno occorre, come indicava Charles Darwin, una vera e propria lotta per potersi adattare e conquistare un'area comportamentale da piccolo protagonista allo scopo di raggiungere gli obiettivi della sopravvivenza, mentre nell'altro privo di regole e legato esclusivamente ai desideri del singolo, si svolge al di fuori delle relazioni umane e dei bisogni della vita in comune.

È pertanto evidente che vivere nel mondo 1 o nel mondo 2 apre la prospettiva di una piccola storia esistenziale completamente diversa, fino a distruggere la dimensione dell'umano e dell'umanesimo.

Accentriamo ora l'attenzione sul singolo uomo che con un io strutturato anatomicamente, si proietta in un *ava-*

tar, perdendo ogni limite della propria realtà fisica e diventando nel metaverso un qualcosa di completamente diverso, su cui si identifica in una percezione del tempo che passa attraverso esperienze gratificanti, realizzando ciò che sarebbe impossibile nell'altra vita.

Il mondo 2 tende a diventare il vero mondo, facilmente raggiungibile se si considera che per potervi entrare è necessario semplicemente avere un *avatar* che è «altro» da sé, dalla propria dimensione, senza avvertire alcun bisogno di ritornarvi, facendo sì che quella in cui si identifica nell'*avatar*, si presenti come ideale.

È dunque facile mettere a confronto due situazioni esistenziali e intravedere l'attrazione, che il metaverso e gli strumenti (la tecnologia che ha permesso di creare questi mondi) esercitano, tale da svalutare totalmente il mondo 1, rendendolo privo di interesse.

Nel metaverso si potranno dunque soddisfare i grandi desideri, ma anche quelli che occupano la quotidianità che talora si riduce alla solitudine, al timore che nessuno possa essere interessato alla nostra esistenza.

Nel metaverso si trovano luoghi di intrattenimento, spazi per poter giocare, ambiti in cui si può entrare e dedicarsi all'arte digitale, al disegno, si potranno seguire corsi di formazione, rispondere a curiosità.

Sembra un paradosso, ma si potrà bere, sedersi a tavola, mangiare. Anche se è chiaro che un *avatar* non ha intestino, non possiede le papille gustative, nemmeno la possibilità di masticare, ma anche in questo caso ci saranno delle percezioni che attraverso lo sviluppo della tecnologia daranno la sensazione del gusto. Pertanto, si potranno anche esprimere preferenze e il gradimento di un cibo che, invece, continuerà a essere necessario per la dimensione reale, richiamato dalla fame.

L'*avatar* non proverà dolore al ventre, non potrà soffrire di ipertensione o di mal di fegato. Ciò comporterà una vera e propria modificazione della personalità, poiché diviene possibile cancellare gli elementi di timore, non si avvertiranno i limiti, non quello della morte, perché tutto troverà soddisfazione.[42] Il pensiero non avrà molta importanza poiché tutto si svolge nell'azione e a poco a poco verrà semplificato, forse cancellato. Si invertirà così la storia antropologica che ha visto il passaggio dalla sensorialità delle specie animali al pensiero. Nel metaverso, la direzione dal pensiero andrà alla sensorialità e alle percezioni.

Se si rimane alla dimensione attuale del metaverso, ci si trova però in uno stadio in cui si ha l'esperienza dei due mondi e si attiverà una sorta di passaggio da quando ci si trova nel mondo 1 a quando si entra negli universi del mondo altro. Questa duplicità di mondi presuppone due tipi di adattamento all'uno e all'altro, con salti rapidi e continui. Necessariamente, quando si ritorna nel mondo reale, sgradito perché è quello delle frustrazioni, si finisce per tendere con maggior forza a ritornare nel metaverso.

Come suggerisce Cosimo Accoto, filosofo digitale di Boston, si sono costruiti i *mondi simulati del come se* e la virtualità diventa la modalità nuova di vivere la Terra, un nuovo mondo senza mai sentirci soli, magari perché il proprio corpo è, come sulla Terra, percepito in modo sgradevole.

Il metaverso, pur rappresentando una sorta di evolu-

[42] Sembrerà di essere ritornati alla Gerusalemme perduta o ai miti dell'*età dell'oro*.

zione del virtuale, se ne distacca completamente e pertanto scompaiono i vissuti che si avevano nell'osservarlo.

Non si tiene conto della biologia e del principio che la conoscenza dipende dalla struttura del cervello. Già l'*uomo aumentato* percepisce il mondo diversamente ed elabora da queste sensazioni un pensiero che ovviamente ne è condizionato. Se il virtuale, pur non essendo – lo ripetiamo – un'immaginazione isomorfa, è in grado di condurre a produzioni che sono in qualche modo adeguate, il metaverso, che si propone come *mondo altro*, rende inutile tutto il nostro apparato, la nostra struttura biologica.

L'uomo aumentato, la virtualità, è pur sempre compresa entro le capacità e le proprietà della specie di cui siamo parte. La virtualità si aggancia, si assembla al mondo in cui ci riconosciamo, e ciò non è possibile per il metaverso che diventa, sia pure progressivamente, la costruzione di un mondo che rende impossibile la vita in quello umano.

Ciò non è ancora accaduto, ma è impossibile non ipotizzarlo prendendo in considerazione i dati del *Metaverse Marketing Lab* del Politecnico di Milano, da cui risulta che le piattaforme del metaverso nel 2022 sono state visitate da oltre 350 milioni di individui dai 9 ai 50 anni. Solo su Roblox, vi sono stati 61,5 milioni di giovani al giorno di età compresa tra i 9 e i 15 anni con una crescita di 6,5 milioni sull'anno precedente. L'ottanta per cento ha iniziato a comprare oggetti digitali, pensati per il proprio *avatar* e sono stati spesi 52 miliardi di dollari in criptovaluta.[43]

È facile prevedere un tempo in cui ci saranno i *nati*

[43] Dati riportati dal corriere.it, il 13 febbraio 2023.

in metaverso e forse si scoprirà che la teoria di Darwin dell'adattamento non funziona negli universi virtuali, poiché l'uomo non ha più le caratteristiche per viverli, essendo derivato da un'antropologia diversa.

Un'altra possibilità è che si giunga a generazioni che vivono prevalentemente il metaverso, attuando comportamenti che non sono più idonei per stare nel mondo del concreto e dunque, con la impossibilità di ritornare alle caratteristiche che appartengono all'umanità.[44]

Gli *avatar* digitali consumeranno esperienze nel mondo virtuale tali da organizzare la personalità, in modo completamente nuovo rispetto alla percezione di sé: l'*avatar* come immagine e sostituzione dell'Io lo si può costruire secondo criteri che si distaccano completamente dalla realtà vissuta nel mondo concreto.

Già nella fase attuale dell'alternanza, si sperimenta la *dislocazione* che consiste nel percepire il corpo da una parte e la mente da un'altra.

Il tema che il metaverso richiama in modo particolare riguarda l'identità.

Identità

È impossibile parlare dell'uomo senza descrivere il processo d'identità che porta alla percezione di un essere distinto dagli altri.

Si ritiene che, alla nascita, il bambino sia guidato solo da istinti, che lo spingono a cercare cibo e protezione.

[44] Dobbiamo dar ragione a Nicholas Carr che nel suo libro *Internet ci rende stupidi?* sostiene: «Che ci piaccia o no, la rete ci sta riprogrammando a sua immagine e somiglianza, arrivando a plasmare la nostra stessa attività cerebrale» (Raffaello Cortina, Milano 2011).

Ricorda la simbiosi che il feto aveva nell'utero della madre: durante l'allattamento non vi è un'identità distinta, come se ancora il corpo del bambino facesse parte di quello della madre, con la sola variazione dell'alimentazione che non avviene più attraverso la circolazione ematica, ma succhiando il latte dal suo seno.

A questa fase segue il processo di *individuazione-separazione*, che si compie abitualmente entro i tre anni di età e si caratterizza perché il bambino acquista la percezione di essere distinto dalle figure parentali, in particolare dalla madre. Generalmente, si è sviluppato anche il meccanismo del linguaggio ed è frequente l'uso del pronome «io»: un'acquisizione che corrisponde alla percezione contemporanea dell'altro da sé.

L'io è il simbolo verbale dell'identità, la cui radice *idem* significa sé stesso, medesima cosa fondata su alcune caratteristiche inconfondibili, proprie. Il termine greco *tautòtes* è usato in filosofia per indicare l'uguaglianza di un oggetto con sé stesso ed entra in una delle più note espressioni dell'antichità, il *conosci te stesso* (*gnothi sautón*) di Socrate, scritta sul tempio dedicato ad Apollo nella città di Delfi. Tradotto nella lingua latina diventa *nosce te ipsum*.

Il processo della identificazione si lega proprio all'altro da sé, da cui è possibile distaccarsi e percepirsi come diverso. L'identità è dunque la percezione di essere inconfondibile e pertanto anche distinto dall'altro.

Sigmund Freud inaugura la psicologia dell'io sostenendo che, a partire dalle caratteristiche fisiche fino a quelle psichiche e quindi anche del comportamento, ogni espressione trova radice dentro quell'individuo, che è pertanto un irripetibile, non solo strutturalmente, come fosse una pietra o una statua, ma anche dinamicamente, poiché all'interno di quel soggetto vi sono tutte le funzioni che portano alle manifestazioni del pensiero, della affettività e del comportamento.

Sant'Agostino esprime il desiderio di un mondo altro, quello alla presenza di Dio, con le parole: «Il mio cuore è inquieto finché non riposerà in te». Un altro grande santo, sant'Anselmo, avvertendo in continuità l'insoddisfazione, l'imperfezione, e desiderando raggiungere l'io ideale che però, non appena lo si è a fatica conquistato, diventa attuale rispetto a una successiva idealità, guarda a questa continua ricerca della perfezione come alla dimostrazione dell'esistenza di un perfetto, che è Dio.

Del resto il desiderio rappresenta una grande forza esistenziale, poiché spinge ad agire per poter raggiungere ciò che non si ha e che si desidera avere, ciò che non si è e che si vorrebbe incarnare.

Il desiderio è lo spazio tra l'io attuale e l'io ideale, per il raggiungimento di qualità che possono appartenere all'ambito puramente personale, ma anche a una idealità dell'identità di ruolo, che abbiamo definito appartenere alla vita sociale.

È talmente forte il principio dell'individualità che un essere umano rimane lo stesso, sia pure in una metamorfosi continua delle proprie caratteristiche fisiche: diversissime nel tempo, basti avvicinare la figura di un bambino e quella dello stesso soggetto diventato vecchio. Una variazione somatica che però ha anche una correlazione psichica. Pur tra tanta diversità, c'è l'identità.

Alla psicologia dell'io si lega anche la psicopatologia, e una delle anomalie è proprio la perdita della identità, la condizione per cui una persona non riesce più a riconoscere sé stessa e quindi si ritiene uno sconosciuto.

Ciò può capitare per disturbi della memoria: se si smarrisce il ricordo del passato, si finisce per perdere anche la consapevolezza di quegli elementi che permettono di riconoscersi nel tempo presente.

La storia dello *smemorato* di Collegno riporta a un uomo che, in età adulta, non sa rispondere alla domanda *chi sei* e di conseguenza non ha un nome, non riconosce ciò che apparteneva al suo passato.

Può dipendere dalla degenerazione di alcune aree cerebrali, come nella malattia di Alzheimer, in cui non si riconosce l'altro e senza questo riferimento, sparisce anche la possibilità di riconoscersi come essere singolo, differente.

L'identità sorge esattamente nel momento in cui si identifica l'altro come diverso da sé, e quindi la condizione di un malato di Alzheimer è di non sapere chi egli sia: una patologia della identità.

Ma esistono anche condizioni meno gravi, che pur tuttavia permettono di osservare in un individuo l'alternarsi di due identità: è questo il caso del *doppio* per cui, in alcune occasioni, si percepisce una identità totalmente diversa dalla percezione di sé che si ottiene in circostanze differenti.

Questa condizione rende impossibile la vita sociale che è fatta da un insieme di soggetti, ognuno dei quali ha una propria identità e si esprime attraverso relazioni sociali, che implicano rapporti tra due o più soggetti differenti.

L'identità si arricchisce di espressioni nel comportamento, tanto è vero che se ne distinguono abitualmente tre aspetti: l'identità *personale*, l'identità di *genere* che separa il maschio dalla femmina, e una identità *sociale* che si lega al ruolo nella e per la comunità.

Il caso di una *doppia identità* riporta anche alla letteratura, a Robert Louis Stevenson nel romanzo *Lo strano caso del dottor Jekyll e del signor Hyde*: il dottor Jekyll è uno scienziato di grande capacità, l'altro, mister Hyde, ha invece comportamenti violenti e delinquenziali. E il dottor Jekyll non può riconoscersi quando agisce come mister Hyde. Due identità che convivono entro la stessa persona. Un caso che non riporta soltanto alla fiction del romanzo, ma a fatti di cronaca in cui un unico soggetto si comporta in maniere così diverse, da sembrare incompatibili tra di loro. Richiama l'attore che, recitando re Lear, si allontana totalmente dalla propria condizione esistenziale ed entra nella figura descritta da Shakespeare, anche se riprende completa consapevolezza quando si chiude il sipario.

Un'altra patologia è quella della *personalità multipla*, in cui addirittura si susseguono delle identità diverse sul piano comportamentale, anche se la dimensione anatomica è unica. Anche in questo caso, si perde il ricordo delle personalità che invece si sono espresse in precedenza e possono ritornare successivamente con caratteristiche singole, ma diverse da tutte quelle che il disturbo di personalità multiplo aveva presentato.

Che l'identità sia non solo una caratteristica individuale, ma abbia una funzione sociale straordinaria, lo dimostra la carta d'identità che serve ad attestare di trovarsi di fronte effettivamente alla persona che ci si aspetta e che esercita delle funzioni proprie.

È possibile provare l'identità attraverso caratteristiche somatiche: un esempio è dato dall'impronta digitale, fondata sulle linee cutanee del pollice. Quel disegno è legato a una struttura genetica che è la garanzia biologica della singolarità e di conseguenza della propria identità.

La figura del doppio può assumere anche una funzione psicologicamente positiva, l'esempio viene ancora da Freud, il quale distingue un *io attuale* da un *io ideale*. Significa che è possibile percepire la propria condizione e la propria identità in una dimensione ideale che si vorrebbe raggiungere e in questo caso l'*io attuale* rincorre l'*io ideale*, attraverso un progetto che porterebbe a delle modificazioni, ritenute come un arricchimento, un miglioramento del proprio io attuale.

All'io si lega dunque anche un livello di accettazione di sé che spinge a raggiungere un io ideale e quindi a modificarsi mentre, se questa metamorfosi non si riesce a ottenere, rimane un senso di fallimento, una difficoltà a adattarsi all'ambiente in cui si vive, nel senso di esserne protagonisti.

La frustrazione cronica può portare a ritenere di essere inadeguati al mondo in cui ci si trova, inteso in senso geografico, ma soprattutto nella dimensione sociale. Se è difficile modificare la propria individualità, si può immaginare che si debba allora cambiare ambiente, vivere dunque in un *mondo altro* capace di dare maggior significato alle proprie caratteristiche e vivere in una condizione di aumentata gratificazione.

Questo meccanismo è talmente forte che, nelle interpretazioni escatologiche, si è immaginato un mondo altro dopo la morte, e addirittura la possibilità di proiettarsi in quel mondo che avrà caratteristiche diverse: quella di essere eterno, di dare una stabilità alla gioia, di rendere addirittura possibile la relazione con Dio.

Ecco il caso di un progetto per un mondo altro, in cui non ci saranno le difficoltà di quello terreno, né la sofferenza, né i limiti che impediscono la realizzazione dei desideri, fino al punto da aspirare che si chiuda l'avventura sulla Terra per poter vivere nella *città del cielo*.

Il possessivo *mio* è intimamente legato all'io. Una dimensione che ha assunto nella società del tempo presente un peso enorme, tanto da poter intravedere casi in cui l'io è sostituito dal mio. Si proietta allora la propria identità sulle cose, che devono essere possedute mentre la loro mancanza toglierebbe anche l'individualità. Secondo questa visione, il denaro finisce per essere ciò che individualizza. E in questo caso, l'io è incluso nel mio.

Per dare ulteriormente corpo alla identità e alla sua patologia, occorre accennare anche alla identità come combinazione di corpo, di psiche, di ambiente sociale.

Si tratta di tre elementi che si integrano nella costituzione di una identità stabile, ma non si tratta solo di una considerazione teorica e lo si deduce dai disturbi che vedono la dimensione psichica non corrispondere a quella somatica, come nei transgender.

E ben più frequenti sono i casi in cui la dimensione psichica non si adatta a quella sociale: i disadattati.

Ritorna il desiderio come capacità che l'uomo ha di *pensarsi nel futuro, diverso da come egli è oggi*. Il desiderio ha bisogno di sostanziarsi in un progetto, di prevedere nel tempo la possibilità di realizzarlo. Ma occorre distinguere i desideri *possibili* da quelli *impossibili*. L'esempio di questi ultimi è il desiderio di volare, quando le caratteristiche somatiche non lo rendono possibile.

Dall'insieme di queste considerazioni sull'identità è possibile sottolineare che è parte dell'uomo immaginare dei cambiamenti e perseguirli. Questo va di pari passo con l'esistenza, che ha un percorso che viene abitualmente suddiviso in fasi, sia pure legate alla cultura e alla tradizione, ma compatibili con i cambiamenti che si sperimentano nella crescita prima, e nelle variabili che si legano all'età adulta e alla vecchiaia poi. Una continua modificazione, pur nella percezione di un io che non cambia, ma che permette la possibilità di raggiungere dimensioni non presenti nell'attualità.

La frustrazione è certamente un motore per il cambiamento, poiché consiste nel viversi in maniera insoddisfatta, nell'avvertire che la propria presenza assieme agli altri non ha la dimensione che si vorrebbe e che magari si osserva per altri. Il contesto sociale rappresenta una condizione di frequente conflittualità tra *come si è* e *come si vorrebbe essere*, e la frustrazione attiva il desiderio e una immaginazione in cui ci si percepisce diversamente da come si è e ci si immagina in posizioni gratificanti.

È ampiamente dimostrato che l'ambiente può in certi casi avere un potere straordinario, fino a immaginare che uno stesso individuo che viva in un luogo oppure in un altro, che si leghi a una persona o a una per molti versi diversa, possa esprimersi in maniera positiva o invece negativa. E questa constatazione giustifica progetti e persino sogni di una metamorfosi, che si differenzi proprio per il livello di gratificazioni.

Ed è pertanto prevedibile che i piani di cambiamento possano essere centrati sull'io oppure sulla ricerca di mondi differenti, in cui la stessa condizione di personalità arrivi a esprimere maggiori possibilità di affermazione. Assume una grande importanza il legame che ciascuno ha con il proprio ambiente, inteso geograficamente oppure socialmente.

Il rischio dissociativo

È possibile schematicamente raccontare come avvenga il processo di integrazione *io e mondo*, che porta a una gratificazione e quindi a una positiva relazione tra una identità (una personalità) e l'ambiente (il sociale), in cui ci si trova a vivere. Allo stesso tempo, si può rilevare in quali condizioni tale integrazione non avvenga e ciò porta alla patologia, di cui uno dei campi più significativi e di particolare gravità è proprio il *disturbo dissociativo*. La progressione di intensità del disturbo delinea uno *spettro*, con tappe di gradualità diversa che arrivano alla divisione dell'io e alla divisione tra io e mondo, che caratterizza la *schizofrenia*. Un termine che indica nella radice *schizòs* il distacco dell'io dall'ambiente in cui si trova a vivere.[45]

L'esistenza non racconta le vicende dell'io ma sempre l'io-nel-mondo, si potrebbe dire che si tratta di due personaggi che devono in qualche modo realizzare una simmetria per poter ottenere ciò che deriva dall'ambiente per vivere e, nello stesso tempo, per contribuire a imprimere nell'ambiente naturale, ma soprattutto all'insieme sociale, qualcosa di personale che sia significativo per la comunità. Non vi è dubbio che tale incontro prevede delle difficoltà, dei conflitti, dal momento che si tratta di un mondo che non è stato generato per un solo individuo, ma è comune a molti, quindi a identità diverse. L'*ambiente* è il luogo, in cui individui diversi devono trovare la possibilità di esistere.

Schematicamente possiamo distinguere il caso in cui un soggetto, pur tentando con molto impegno e con modalità diverse di legarsi, di stabilire cioè una relazione, che è sempre un dare e un ricevere, avverte continuamente una condizione di frustrazione, fino a percepire che quel mondo non è, o non sembra essere fatto, per la

[45] È un termine che entra nella psichiatria nel 1911 a opera di Eugen Bleuler, mentre precedentemente la stessa patologia veniva definita *demenza precoce*.

propria individualità. Se questa è la condizione, è chiaro che gli sforzi di adattamento falliscono e si mettono in moto dei meccanismi difensivi.

Il primo meccanismo di difesa è di ritenere che il proprio io sia carente, inadeguato, si avverte il peso di un io incapace e si sente persino la colpa di non riuscire a adattarsi da piccolo (o grande) protagonista alle condizioni che quell'ambiente presenta. Si tende a isolarsi, a sottrarsi al mondo. Diminuisce la forza vitale, come si fosse sotto un peso, una cappa che continuamente mette di fronte i propri limiti, l'inadeguatezza.

Questa autoesclusione dal mondo segna il processo che porta al quadro della *depressione clinica*, un disturbo della mente molto diffuso nella popolazione, che sottolinea come sia relativamente frequente non sapersi adattare all'ambiente.

Il risultato della percezione depressiva è quella di un *io debole*, persino inutile e negativo, ritenuto responsabile della incapacità di inserirsi in un mondo dove agire. Vi è allora il desiderio di scomparire, arrivando fino a un gesto estremo che è quello dell'auto-soppressione, del suicidio.

Il secondo meccanismo, per contrapposizione, attribuisce all'ambiente la responsabilità della propria frustrazione per il mancato inserimento nel mondo, che si esprime nell'essere evitati dagli altri. In questo caso però il soggetto non riconosce le proprie caratteristiche di incapacità, al contrario si attribuisce una forza addirittura onnipotente da ritenersi di poterlo e doverlo dominare. L'accusa va al mondo che non ha la sensibilità e forse la capacità di riconoscere la grandezza del proprio Io. Come a dire: poiché tu non riesci a permettere che esprima la mia individualità, mostro tutta la mia forza, la mia superiorità rispetto alla condizione degli altri esseri viventi. Si attiva non la fuga, ma un comportamento di onnipotenza in cui non si cerca più la relazione con l'altro, ma ci si impone all'altro che diventa un proprio succube.

È questa la *maniacalità*, dove è presente un *vero delirio di onnipotenza*, per cui si compiono operazioni assolutamente assurde per il contesto abituale, con atteggiamenti che sono contro la società, come dovesse rispondere esclusivamente al proprio volere.

Il terzo meccanismo di fronte alla stessa difficoltà di entrare in sintonia con il mondo promuove il distacco dal mondo e non è più vissuto nelle proprie caratteristiche e non è nemmeno considerato il luogo per vivere. Ci si chiude in sé stessi, in modo che *lo stesso io diviene il mondo* entro cui quell'io necessariamente si sente adeguato. Si continua a vivere indaffarati, però, dentro sé stessi. Un io chiuso in un solipsismo che porta a parlare con sé stesso, usando un linguaggio che non è più quello comune, ma è ridotto a suoni (talora neologismi) a cui spesso è difficile poter attribuire un significato. È questo il mondo che si definisce *schizofrenico*.

Dall'esterno si vedono espressioni mimiche, il sorriso, la tendenza a compiere operazioni che però non hanno alcun significato sociale, una sorta di vita che non tiene conto della società e quindi non è nemmeno tesa a difendere delle relazioni, a stabilirle, perché tutto è «chiuso» dentro il proprio Io. Non è possibile la comunicazione, né svolgere funzioni socialmente utili, la vita si consuma dentro la propria dimensione di separazione dal mondo.[46]

[46] Lo schema sulla genesi della patologia di mente è stato storicamente di distinguere le forme che alterano la dimensione dell'io (*psicosi*) da

Vi è un ulteriore meccanismo difensivo, inteso proprio come difesa dell'io, che cerca di rispondere alla difficoltà-impossibilità di un adeguamento nel mondo, ed è quello della *ossessività*. Vista come un comportamento minimo, un vero minimalismo delle azioni, che esprime il bisogno di stare dentro l'ambiente sia naturale sia sociale, usando però ogni attenzione per evitare gli scontri, le condizioni di frustrazione. Si evitano le novità che, proprio perché mai sperimentate, possono contenere il pericolo. La sicurezza sta nel *ripetere* ciò che già si è compiuto, sulla considerazione che se si è sopravvissuti a quella esperienza, ripetendola, è altamente probabile che non succeda nulla. Porta dunque a ridurre i comportamenti in un ambito ben definito, soprattutto agendo nel ripetere ciò che è già accaduto.

In questo caso l'io è impoverito, impietrito, incapace di flessibilità e di adattamento, poiché il senso di questa parola è proprio di sapersi modificare onde poter svolgere un'azione all'interno dell'ambito in cui ci si trova o con le persone con cui si devono mantenere rapporti.

Ho richiamato questo schema poiché credo renda possibile vedere la dinamica dell'io di fronte all'ambiente, ed evidenziare i meccanismi che fanno parte delle difese psicologiche, per permettere anche in estremo di mantenere una presenza, definita «malata» poiché manca delle spinte che sono proprie della vita che si osserva nella maggior parte delle persone. Descrivono categorie psichiatriche presenti ovunque, che fanno cioè parte della condizione umana.

quelle, in cui l'io è ancora ben identificato (*nevrosi*), anche se con limiti comportamentali dovuti all'ansia, all'angoscia, a crisi di panico.

In questa cornice è ora possibile fare una *lettura del metaverso*, inteso appunto come *ambiente*, in cui un io si proietta su un *avatar* e diventa in qualche modo un io ideale in un mondo altro capace di dare gratificazioni, negate nel *mondo ordinario e reale* in cui si trovava a vivere.

L'attrazione per questi nuovi universi si fonda «sul bisogno di avere una identità o molteplici identità, a seconda dei luoghi e dei contesti. Un sé virtuale che corrisponde a una versione idealizzata di sé stesso, in una versione decisamente migliore. Il fulcro di questo processo, quindi, non è l'aspetto quasi ludico del cambiare a piacimento la propria auto-rappresentazione, ma il modo in cui la manipolazione dell'aspetto personale altera i processi cognitivi e sociali, in cui un falso sé, concepito come un adattamento compiacente alle richieste dell'ambiente, sembra avere il suo posto in contrapposizione al vero sé, che è poi la sede più autentica della persona».[47]

«Possiamo ipotizzare che l'uso intensivo della realtà virtuale possa innescare sintomi associati al disturbo di depersonalizzazione, di derealizzazione... Nel caso della depersonalizzazione, gli individui sperimentano una irrealtà del sé corporeo e nel caso della derealizzazione, gli individui vivono il mondo esterno come irreale.» [48]

Inoltre, come scrive Charles Pépin ne *Il magico potere del fallimento*: «per diventare chi siamo ed esprimere il nostro potenziale, dobbiamo accettare l'esperienza

[47] *Metaverso: l'universo umano in formato digitale*, cit., p. 77.
[48] *Ibidem*, p. 68.

del rischio, non solo scegliere tra alternative familiari e confortevoli».[49]

L'impressione è che vi sia proprio la tendenza a evitare la fatica e domini «il bisogno di fare qualcosa, di riempire, di muoversi incessantemente, come se il riempimento incessante diventasse un narcotico per evitare la sensazione di vuoto e di silenzio, un abisso terrificante, un baratro, in cui si sprofonda senza poter risalire, un vuoto che urla di paura nel suo silenzio assordante come il famoso quadro di Munch. Non c'è nulla a volte di più rumoroso del silenzio che echeggia nel vuoto… macinando chilometri di corsa su un *tapis roulant*, ma in realtà, seppur il visore ci segnala i chilometri fatti, li abbiamo fatti correndo sul posto, senza un minimo avanzamento spaziale, un po' come il criceto nella ruota che corre».[50]

Metaverso e spettro dissociativo

Se ora prendiamo i dati del metaverso e li mettiamo insieme alle dinamiche psicologiche che caratterizzano la genesi del disturbo dissociativo, in particolare della schizofrenia che ne rappresenta la condizione più estrema, mi pare risulti in maniera persino evidente una correlazione. Il metaverso si presenta come una condizione che dinamicamente sembra duplicare esattamente le condizioni del processo psicopatologico della dissociazione. In maniera più decisa, sembra profilarsi l'ipotesi che il metaverso rappresenti una *condizione schizofrenogenica*, quasi si trattasse di un nuovo laboratorio esistenziale gigantesco per promuoverla.

[49] Garzanti, Milano 2017.
[50] *Metaverso: l'universo umano in formato digitale*, cit., p. 79.

Se i punti centrali del processo schizofrenico riguardano la rottura, la scissione dell'io, attraverso il meccanismo di negazione del mondo in cui l'io si trova a vivere, si ottiene con il metaverso l'attivazione di un vero e proprio meccanismo capace di promuovere il disturbo dissociativo.

Non è certo questa la prima occasione nella storia della psichiatria, per parlare di condizioni o elementi schizogenici.

Gregory Bateson, riferendosi al rapporto madre-bambino e descrivendo il comportamento di una madre che esprime verso il figlio comportamenti di accettazione e di protezione, alternati ad atteggiamenti di freddezza e di rifiuto empatico, ha ipotizzato che il permanere di questa situazione ambigua, che non è certo in grado di costituire una relazione di sicurezza, rappresenti soprattutto nelle prime fasi della vita un forte rischio di processo dissociativo.

E riporta, passando all'età successiva, alla condizione di un giovane che trovi ostacoli alla propria crescita, abbia in particolare difficoltà a esprimersi, a rapportarsi con gli altri membri della società: una percezione che conduce all'idea di essere inadeguato, di non essere amato, per cui i meccanismi di difesa e di distacco dal mondo orientano a una vera e propria chiusura.

Esempi di *fuga* in questo senso riportano anche al mondo virtuale, quando viene sostituito il rapporto io-mondo con io-virtualità.

In questo ambito si colloca la sindrome di Hikikomori, che viene riportata come una vera patologia da abuso di Internet, dove gli adolescenti si ritirano, rinunciando a frequentare la scuola o altre attività sociali come lo sport, soli in una stanza, davanti a un video su cui scorre un mondo parallelo a quello della realtà quotidiana. Non chiedono nulla, semplicemente tendono a gradire unicamente questo tipo di esistenza che porta progressivamente a chiudere con le relazioni interumane, quelle che possiamo definire della realtà sociale.

Ben più grave è l'azione nel metaverso: «Indossando guanti sensoriali e tute aptiche, indumenti high-tech in grado di trasferire al corpo di chi li indossa sensazioni naturali, come se vivesse realmente nell'ambiente riprodotto dal software di simulazione, la fisicità viene trasferita in questi spazi virtuali. Con il proprio *avatar*, chiunque può condividere luoghi ed esperienze virtuali con persone fisicamente lontane. In breve, nel metaverso si può vivere una vita parallela in cui, creando un *avatar* che rispecchia il proprio ideale, si può essere ciò che si vuole, fare ciò di cui si ha realmente bisogno e passare da un mondo virtuale all'altro, da una relazione virtuale all'altra, il tutto con un solo clic».[51]

Una descrizione che si adatta all'attualità, a un momento in cui il metaverso ha raggiunto gradi di esperienze che non sono totalizzanti, ma *a porta girevole*, in cui si entra e si rimane nel metaverso, poi si esce e si ritrova la vita della realtà concreta.

Non è però lontano il momento in cui si giungerà ad arricchire il metaverso, rendendolo sempre più un'alternativa paradossalmente concreta, portando a dimenticare, a tagliare con il mondo, e allora l'esposizione continua farà sì che si entri in un rapporto schizofrenico, in cui l'io semplicemente si espande e si arricchisce di una falsità, di una illusione. La metafora della torre per rap-

[51] *Metaverso: l'universo umano in formato digitale*, cit., p. 91.

presentare la chiusura dell'io schizofrenico, non è così lontana dal metaverso.

Già il mondo virtuale osservato su un video ha la capacità di attrarre per le sue caratteristiche piacevoli, per il pregio di potersi liberare da ogni sensazione spiacevole cliccando, dispone al metaverso come mondo in cui si può entrare (non osservare dall'esterno). Il suo consumo fasico, tra l'entrare e l'uscire, come accade prevalentemente ora, spinge inesorabilmente a un uso continuativo trasformandolo in un mondo alternativo e sostitutivo di quello concreto.

Per richiamare quanto già abbiamo riferito, riportiamo le parole di altri ricercatori che hanno messo in luce come l'attuale uso della virtualità porti a una sovraesposizione come risposta alla monotonia e talora alla banalità del quotidiano e delle persone che lo popolano: «I ragazzi si trovano a fare i conti con le loro vite normali, che a confronto di quelle presentate, assumono l'amaro sapore della banalità, con corpi imperfetti tanto da sembrare addirittura obsoleti e inadeguati secondo gli standard proposti, e quindi con un loro sé reale difficilmente accettabile rispetto a un sé ideale rappresentato e recitato, proprio perché più desiderabile e auspicato. Così, gradualmente l'attenzione si sposta sulla preferenza per la vita digitale e virtuale rispetto a quella reale, la quale invece consiste in esperienze che a volte comportano la frustrazione, il rifiuto, la non accettazione, il vivere continuamente in una condizione di precarietà o scomodità o dove ogni piccolo traguardo va raggiunto, percorso, vissuto, e molto spesso sudato. L'esperienza della crisi che può derivare da un momentaneo vissuto di fallimento non è più tollerabile, ma non tanto l'esperienza in sé quanto il dolore e l'angoscia che ne deriva».[52]

Ciò trova sostegno nel comportamento adolescenziale, ma la condizione di frustrazione e la fatica di vivere, è presente anche negli adulti. Paradossalmente si può arrivare anche alla vecchiaia che, chiusa in luoghi che sembrano dei magazzini, perché la persona che ormai ha perduto la capacità di produrre ed è quindi equiparata solo a un peso economico, potrebbe trovare nella virtualità prima, e nel metaverso poi, dei rifugi come durante la guerra, quando suonavano gli allarmi per il pericolo di essere colpiti dalla distruzione.

E allora il metaverso costruisce mondi falsi per poter in qualche modo fuggire da una realtà che sembra non essere più adatta ai bisogni dell'uomo, né ai desideri mentali che fanno riferimento a una *qualità* della vita e non più solo agli imperativi della sopravvivenza, e non può che apparire come una scorciatoia che allontana dall'interesse di cambiare il mondo reale, di far sì che possa dominare il rispetto di ciascuno verso l'altro, che si cerchi di superare le ingiustizie, le differenze tra classi sociali, tra individui, tra fasi dell'esistenza differenti.

I grandi investimenti per il metaverso sembrano voler ridurre la società all'impotenza, alla stupidità, davanti a universi in cui la propria realtà umana è diventata una figurina, un *avatar*, su cui ci si proietta e che, in qualche modo, diventa la farsa di una vita che invece è negata.

Il metaverso crescerà certo ancora grazie allo sviluppo dei programmi tecnologici per mostrarsi un «luogo» sempre più adeguato ai propri desideri e senza ostaco-

[52] *Ibidem*, p. 90.

li. Un progetto in mano a pochi personaggi per gestire questa costruzione che finirà per *de-umanizzare* l'uomo.

Ci si distaccherà dall'esistenza che è movimento, rimanendo immersi in universi fatti di *avatar* e di apparenza e giungendo a superare il fenomeno della porta girevole, il mondo della realtà non esisterà più, si renderà impossibile persino un confronto. Finirà per imporsi il metaverso, anzi i *metaversi*.

Si moltiplicheranno le piattaforme, gestite però sempre per illudere. Al posto delle droghe chimiche, troveranno posto quelle digitali gestite dal malaffare e dalla delinquenza. Ci saranno metaversi di diversa qualità, in modo che tutta la società possa finire all'interno di mondi che non sono più legati a un Big Bang, né dipendono da un *Genesi* divino, ma vengono prodotti da chi, essendosi arricchito di cose, di oggetti, aspira a dominare gli uomini.

Noam Chomsky ha pubblicato un libro dal titolo sconvolgente, poiché questi padroni sono definiti «I padroni dell'umanità». Come i dittatori che, nella falsità, fanno credere di guidare gli uomini, ridotti peggio dei robot che, almeno nei compiti per cui sono stati costruiti, si muovono autonomamente.

Avendo un passato che, prima di entrare nella clinica, mi ha visto impegnato nei laboratori di ricerca a studiare il cervello con passione e dedizione per cercare di capirne il funzionamento, devo ammettere che il metaverso mi sembra rappresentare un grande laboratorio, spaventosamente ampio, in cui i topi per gli esperimenti sono diventati gli uomini che, tolti dalla loro vita umana, certamente non fatta di facili raggiungimenti, vengono messi in gabbie sperimentali, con l'illusione che i desideri si possano realizzare, come fanno le fate attraverso una bacchetta magica.

Laboratori gestiti da paranoici che vogliono diventare i creatori dei mondi, degli universi, del metaverso.

E così sarà sempre più triste e drammatico osservare gli esseri umani, obbligati a stare nei mondi della felicità poiché qui si può scegliere, cliccando, apparentemente ottenendo ciò che si vuole, ma di fatto seguendo i percorsi che gli universi del metaverso permettono.

Vedo una continuità non solo con la dipendenza da virtuale, ma proprio con l'identità virtuale, per cui l'uomo perde la propria carne, il proprio corpo, per diventare una figurina, un *avatar*, che si riesce a muovere per poter avvertire quelle sensazioni e quelle percezioni che sono le caratteristiche dell'uomo, del mondo, della realtà.

Ho fatto riferimento ai rischi di disturbi dissociativi da social, richiamando la psicopatologia delle forme psichiatriche più gravi. Ho usato i termini con molta prudenza anche se con chiarezza poiché si conosce bene il processo schizofrenico, il come avviene e come si realizza questo distacco dal mondo, nella incapacità totale di comunicare con gli altri.

Anche la prudenza non può però negare che i meccanismi del metaverso si situino proprio nell'ambito della schizofrenia, che emerge da tre fattori e dalla loro combinazione.

Vi è un fattore *biologico* che è composto dalla genetica, dal DNA da cui dipende la struttura del corpo umano e dunque anche del cervello. Un codice che promuove una serie di operazioni in modo automatico e riporta agli istinti, ma anche a un cervello che è dotato di una *plasticità* che favorisce l'adattamento.

Al fattore genetico si deve aggiungere la *personalità*, che varia a seconda delle età, dipende anche dalle esperienze, che attribuiscono una memoria, i ricordi che finiscono per essere utili nella scelta di comportamenti.

Il terzo fattore dipende dal mondo in cui ci si trova a vivere, dall'*ambiente*.

Questo è l'insieme per affrontare il tema della causa, o delle concause, della schizofrenia. Un risultato, che non ha ancora considerato l'importanza del metaverso nella dimensione che oggi ha raggiunto e in quella che lo ha posto ormai come un'acquisizione che caratterizzerà il futuro prossimo. Il metaverso che, in maniera straordinaria, riesce ad agire su due dei fattori che abbiamo indicato: sulla personalità poiché promuove esperienze virtuali che incidono e modificano i desideri, e sull'ambiente, poiché conduce in universi che sono totalmente altro rispetto a quelli configurati dalla Terra, dai pianeti, dalle galassie, da quel mondo in gran parte ancora misterioso che certo non è una creazione dell'uomo.

Occorrerà dunque rivedere la causa della schizofrenia in questa nuova prospettiva. È però lontano dalla mia intenzione l'affermare che il metaverso sarà *la* causa della schizofrenia, ma affermo con decisione che è sicuramente *tra* i fattori che potrebbero generarla.

A questo punto sorge l'interrogativo se sia lecito, se sia morale creare il metaverso, se sia possibile che pochi uomini – arricchiti fino all'inverosimile proprio sulla virtualità – possano diventare dei demiurghi, capaci di attrarre nella falsità, nell'illusione, non solo alcuni uomini predisposti, ma potenzialmente tutti, poiché appartengono all'esistenza umana di ciascuno le frustrazioni, il dolore, il limite della morte.

Credo risulti chiaro che non intendo però demonizzare i computer digitali. Non è possibile farlo poiché esistono già delle applicazioni che rendono questa tecnologia utile all'esistenza umana nel mondo reale. Vi sono applicazioni persino nella scienza e quindi in quella grande spinta che l'uomo ha di conoscere e di conoscersi: sarebbe impossibile senza questi strumenti, occuparsi di temi che in passato appartenevano alla filosofia oppure alle fiction degli scrittori, alla letteratura romanzata e oggi, sono diventati di pertinenza scientifica.

Nessuno mai potrà demonizzare una tecnologia che permette di capire un po' di più l'uomo.

Parlando del metaverso, abbiamo fatto presente che è costituito anche dall'apporto di una disciplina che permette di parlare di *uomo aumentato*, poiché è possibile che i limiti sensoriali possano essere superati e così avvertire gli ultrasuoni, gli ultravioletti. All'uomo aumentato si deve aggiungere l'*uomo* che usa la virtualità per obiettivi che sono compatibili con l'umanità: permette di fare interventi chirurgici con maggiore precisione, rende possibile avere una cognizione che passa dal pensiero alla visione. È possibile addirittura disegnare strutture che caratterizzano un ponte, un grattacielo, provandone la stabilità nella dimensione virtuale, prima ancora di trasformarle in cemento armato. Vi è poi una virtualità capace di guidare gli esperimenti, di vedere in tre dimensioni una proteina, di configurare circuiti neuronali. Vi è poi l'*intelligenza artificiale* e occorre ammettere che è straordinario creare delle macchine che posseggono algoritmi così precisi, sequenzialità operative capaci di raggiungere obiettivi che l'intelligenza di carne fatica a compiere con la stessa velocità, elaborando una massa di dati, i *big data*, che richiederebbero per il procedere della mente umana tempi lunghissimi.

Io non mi sento di demonizzare né la tecnologia che permette di parlare di un uomo aumentato, né la tecnologia della virtualità, che permette di analizzare meglio attraverso delle simulazioni il mondo reale, per capirlo meglio e magari per impedire catastrofi che rendono difficile e drammatica l'esistenza. Non mi sento certo di negare la tecnologia dell'intelligenza artificiale.[53]

Ciò che mi pare di dover demonizzare è l'insieme di questi tre fattori: *realtà aumentata*, *realtà virtuale*, *intelligenza artificiale* per costruire un *monstrum*, un universo che non permette di migliorare la vita umana, ma semplicemente di fuggirla, arrivando quindi a negare persino il significato dell'essere umano. Di un vivente che ha iniziato la propria evoluzione staccandosi dagli Australopitechi circa due milioni e mezzo di anni fa, che attraverso tappe incredibili, ancora in gran parte misteriose, nonostante la teoria evoluzionistica di Darwin, è giunto all'uomo consapevole e capace di *creare*.

Un uomo fragile, con molti limiti, ma che possiede una grande dignità che va difesa e regolata in maniera equilibrata. E certo non va ridotta a una figurina, agli *avatar* del metaverso.

[53] Potrei limitarmi a mostrare come non si debba confondere l'intelligenza del cervello rispetto a quella dei computer digitali, ma in ogni caso è fuori di dubbio che questa loro funzione sia di grande utilità alla vita dell'uomo.

Genesi 1-11

Genesi 1-11 rappresenta una sintesi dell'antropologia umana. Il centro del racconto è la creazione dell'universo, delle specie viventi e dell'uomo, a cui segue la storia dell'umanità, intesa come relazione tra io e mondo che comprende le relazioni sociali. Quella tra uomo e donna porta al peccato e alla punizione di venir cacciati dal paradiso terrestre, come luogo della gioia perpetua e della pace, per vivere nella fatica e nel dolore.

La famiglia come cellula costituente della società genera figli che però apportano conflitti fino al primo omicidio, quello di Caino nei confronti del fratello Abele.

Il racconto storico si occupa poi del lavoro, del rapporto uomo-Dio, fino al riposo. Una vera e propria costruzione delle relazioni.

I racconti sulla nascita del mondo sono presenti in tutte le grandi civiltà, quello della Bibbia costituisce il riferimento principale per la civiltà dell'Occidente, a cui noi apparteniamo.

Guardando ai personaggi e agli eventi storici riportati, si può porre il suo inizio intorno al settimo millennio prima di Cristo.

Una collocazione che richiama altre civiltà presenti in Mesopotamia, una regione compresa tra i grandi fiumi del Tigri e dell'Eufrate, che l'hanno resa una terra particolarmente fertile, abitata da popolazioni (mesopotamiche appunto) come i Sumeri, gli Assiri, i Babilonesi.

La datazione riporta, anche in questo caso a una fase antropologica precisa, in cui vi è il passaggio dal nomadismo all'agricoltura, con un cambiamento radicale dello stile esistenziale. L'agricoltura richiede infatti, la *stabilitas loci* per la coltivazione intensiva delle risorse alimentari e per l'addomesticazione, come rapporto utile alla sopravvivenza di quelle specie animali che aiutano l'uomo nell'espletamento dell'attività agricola e diventano gradualmente anche fonte alimentare.

La Mesopotamia si pone nella cosiddetta Mezzaluna fertile, che confina con l'Egitto, questa volta legato al fiume Nilo.

Gli ebrei, nella fase di tribù nomadi, si stabiliscono proprio tra la Mesopotamia e la fascia che comprende Siria e Palestina.

Da questi brevissimi riferimenti, si comprende che la civiltà alla quale apparteniamo nasce nelle regioni del Vicino Oriente e trova le proprie origini in popolazioni che si stabiliscono nell'area più fertile per l'agricoltura.

È questa la cornice entro cui si sviluppano le visioni antropologiche.

Ne deriva che i riferimenti raccontati nella Bibbia si collocano in uno spazio ristretto dell'arco antropologico ricostruito dall'archeologia e dall'evoluzione, se si considera che la specie *Homo* è fatta iniziare da un ramo che si stacca circa due milioni e mezzo di anni fa dagli Australopitechi, con la prima tipologia di *Homo erectus*, e raggiunge la forma di *Homo sapiens* 150.000 anni fa.

Le vicende narrate nella Bibbia si pongono, secondo

il linguaggio degli archeologi, nel periodo Neolitico che viene fatto partire circa 8-9000 anni prima di Cristo.

La stesura del testo, il Libro, a propria volta, ha un'origine altrettanto complicata, tanto da doverne parlare al plurale: le Bibbie. Ed è altamente probabile che derivino da racconti orali, che venivano successivamente redatti, una volta acquisita la lingua e la scrittura.

Ne esistono, dunque, diverse versioni, scritte inoltre in lingue differenti: ebraico, aramaico, la *Koinè* greca, il latino. Versioni che, oggi, fanno riferimento alla molteplicità delle lingue parlate. Tra queste, la Bibbia in italiano, che si presenta in versioni che provengono direttamente dall'ebraico, oppure dal greco o dal latino.

La Bibbia è composta di molte parti (libri) a cui gli storici attribuiscono un'origine diversa nel tempo e che sono state aggregate a formare il Libro.[54]

Da queste premesse, chiunque voglia affrontare il tema della narrazione del popolo ebraico, deve precisare a quale Bibbia si riferisce. Un'affermazione che esprime l'origine del *biblista* come colui che dedica la propria vita agli studi dei testi, nel significato necessario per coglierne le varianti e le diverse interpretazioni.

La *Bibbia dei Settanta* è in lingua greca, nella traduzione da un testo ebraico, compiuta da 72 sapienti d'Egitto scelti da Tolomeo II, che regnò tra il 285 e il 246 a.C., come versione per la biblioteca di Alessandria. Sia-

[54] Molti racconti sul popolo ebraico sono stati considerati imprecisi, forse errati, e questa decisione è stata guidata dall'idea forte che la Bibbia sia non solo ispirata, ma «dettata» da Jahvè in ebraico. Non diversamente dai Vangeli canonici (veri) scritti dai quattro Evangelisti, Marco, Matteo, Luca e Giovanni, mentre esistono i Vangeli apocrifi che non sono ritenuti autentiche narrazioni di Cristo, come fondatore della religione cristiana.

mo nel III secolo a.C. L'opera era diretta agli ebrei di lingua greca.

La *Bibbia masoretica* è la Bibbia ebraica, che si forma circa 400 anni dopo quella dei Settanta. Venne composta da un gruppo di ebrei, i Masoreti, tra il I e il X secolo d.C. Ha come riferimento la Bibbia dei Settanta, ma contiene varianti. La lingua usata è l'ebraico e in parte l'aramaico. È la più usata dal popolo ebraico attuale. Ne fanno probabilmente parte i *Manoscritti di Qumran*, noti come *Manoscritti del Mar Morto*, ritrovati nel deserto della Giudea tra il 1947 e il 1956, datati tra il 150 a.C. e il 70 d.C. Si ritengono legati agli Esseni a cui, secondo alcune ipotesi, apparteneva anche Gesù di Nazareth.

La *Bibbia di Gerusalemme* è opera dell'École biblique et archéologique française tenuta dai Padri domenicani, pubblicata tra il 1948 e il 1953 in lingua francese.

La *Bibbia della Cei* (Conferenza episcopale italiana) è la traduzione dal francese della Bibbia di Gerusalemme, da cui nasce la versione usata in Italia, con gli ultimi aggiornamenti nel 2009.

La *Bibbia ebraica interlineare* rappresenta una composizione di confronto tra la forma ebraica e quella nelle versioni greca, latina e italiana. È così possibile per gli specialisti leggere ogni riga nelle quattro versioni. I riferimenti sono il testo della versione greca dei Settanta, nella traduzione di Alfred Rahlfs, il testo latino della Vulgata Clementina e quello italiano della Cei (pubblicata dalle Edizioni San Paolo nel 2006).

Risulta da questi riferimenti la complessità della «lettura» della Bibbia soprattutto quando si tratti di questioni particolari, per le quali non è sufficiente il racconto in termini generali, poiché il senso stesso di ciò che si narra, si lega intimamente al significato che una parola poteva avere alle origini o successivamente, e inoltre alla difficoltà che le lingue pongono nelle traduzioni.

Le parole rappresentano la traduzione di idee e le idee sorgono come funzioni del cervello umano che impegna il pensiero, rispetto a un sentire che riguarda invece l'affettività: sentimenti ed emozioni.

È esperienza comune avvertire di non essere riusciti, usando il linguaggio, a spiegare un concetto, un pensiero e talora anche un sentimento. Tali comuni esperienze fanno avvertire l'importanza delle parole, prima di tutto per raccontare, e successivamente per passare dalla parola a ciò che il testo intendeva originariamente trasmettere.[55]

Si ha talora l'impressione che un pensiero tradotto non corrisponda a quello dello scrittore e che addirittura nella traduzione abbia sfumature ancora più profonde, sfuggite persino a chi l'aveva espresso.

Sembrerà paradossale ma, pur con i limiti propri di chi manca delle competenze sia linguistiche sia esegetiche per calarsi nella cultura dei periodi in cui si pone la costituzione della Bibbia, l'aver letto *Genesi* 1-11, tenendo sotto gli occhi le differenti Bibbie citate, ha suscitato in me l'impressione di poter conoscere in modo più adeguato il contenuto del racconto biblico ebraico, da cui deriva quello cristiano, nella mia lingua.

E un altro paradosso è rendersi conto che l'invito alla massima prudenza corrisponde alla percezione di una più corretta comprensione. Il che equivale a dire che l'alto

[55] Per riportare un'esperienza personale nel seguire la traduzione di un mio libro sull'adolescenza nelle diverse lingue, mi è stato possibile constatare che in qualche Paese mancava nel vocabolario la parola «adolescenza».

rischio del fraintendimento è una condizione necessaria per una migliore comprensione.

Di tutti i temi trattati in *Genesi* 1-11, la nostra attenzione si soffermerà sulla «prima relazione uomo-donna», un tema di grande portata nel tempo presente, alla luce dell'acquisizione da parte della donna della propria dignità e dei propri diritti sociali, e per la violenza di cui è vittima fino al femminicidio che ha preso una dimensione di una frequenza e gravità inaccettabili. Il secondo argomento è quello del «riposo», dello Shabbat, che nella Bibbia è riportato al giorno del Signore, ma che oggi ha assunto una connotazione esistenziale fondamentale come compenso a un tempo di lavoro che si è fatto stressante e tale da incidere sul comportamento umano. Da una parte il lavoro frustrante e dall'altra il tempo libero come compenso sull'equilibrio psichico, prima ancora che come riconoscimento a Dio.

La prima relazione Uomo-Donna

Nella traduzione fatta dalla Conferenza episcopale italiana (Cei) della *Bibbia masoretica*, riferita alla creazione dell'uomo e della donna si legge: «Dio disse poi: "Facciamo un uomo a immagine nostra, a nostra somiglianza; domini sui pesci del mare, sui volatili del cielo, sugli animali domestici, su tutta la terra e su tutti i rettili che strisciano sulla terra". Dio creò l'uomo a Sua immagine, lo creò a immagine di Dio; creò maschio e femmina. Dio li benedisse e Dio stesso disse loro: "Prolificate e moltiplicatevi, riempite la terra e rendetevela soggetta; dominate sui pesci del mare, sui volatili del cielo, e su tutti gli animali che si muovono sulla terra".».[56]

Da questo passo si deduce che Dio creò l'uomo e la donna, non spiega «come» sia avvenuta la creazione, si rivolge a entrambi senza differenza alcuna. Li invita poi a dominare tutto ciò che c'è in cielo, in mare e aggiunge un'annotazione particolarmente interessante, li spinge a dominare gli animali domestici. E ciò si traduce nella corrispondenza con il periodo in cui già è nata l'agricoltura. Li invita a moltiplicarsi, a prolificare con un riferimento alla funzione che si lega all'uomo e alla donna insieme.

È probabile che questi riferimenti facciano parte di uno dei racconti orali che si riuniscono per creare il Libro.[57]

Se il *Genesi* si fosse fermato a questo primo racconto, non sorgerebbero i problemi che invece si creano nel passare dal capitolo 1 del *Genesi* al capitolo 2. E anche questa numerazione sta probabilmente a indicare due racconti diversi.

[56] *Genesi* 1, 26-28.

[57] Bibbia dal greco *biblos*, che ha come plurale *biblìa*.

Nel capitolo 2 del *Genesi* si legge: «E Dio fece terra e cielo. Non c'era ancora sulla terra nessun arbusto della campagna, né alcuna erba dei campi era ancora germogliata, poiché il Signore Dio non aveva fatto piovere sulla terra, né c'era l'uomo per coltivare il terreno, ma un vapore umido saliva dalla terra e bagnava tutta la superficie del suolo».

La scena è totalmente diversa dal capitolo 1, in cui Dio fece bestie selvatiche di varia specie, animali domestici di specie diversa. È a questo punto che Dio: «creò maschio e femmina».

Così continua il secondo capitolo: «Il Signore Dio formò l'uomo di polvere della terra, gli ispirò nelle narici il soffio vitale e l'uomo divenne essere vivente. Il Signore Dio piantò un giardino in Eden a Oriente e vi pose l'uomo che aveva formato. E qua, il Signore Dio fece germogliare dal terreno tutti gli alberi dall'aspetto piacevole e dal frutto buono a mangiarsi... il Signore Dio prese l'uomo e lo pose nel giardino di Eden, perché lo coltivasse e lo custodisse...[*E disse*] "Non è bene che l'uomo rimanga solo, farò per lui un aiuto che gli si confaccia..." Il Signore Dio fece cadere sonno sull'uomo che si addormentò, gli prese una delle costole e nel suo posto chiuse la carne. Con la costola che aveva preso dall'uomo, il Signore Dio costruì una donna e la presentò all'uomo. L'uomo disse: "Questa volta è osso delle mie ossa e carne della mia carne". Pertanto, si chiamerà iscià (donna), essendo stata tratta da ish (uomo). Perciò l'uomo abbandona padre e madre, si unisce con la moglie e diviene con lei come un essere solo. L'uomo e sua moglie erano nudi ambedue, ma non si vergognavano».

Da questo secondo racconto indubbiamente diventa chiara la tecnica della creazione della donna e risulta che, mentre l'uomo è stato generato dalla polvere della terra, la donna viene formata da una parte anatomica dell'uomo, da una delle costole.

A parte questa origine, i due generi uomo e donna si differenziano solo per alcune caratteristiche somatiche, particolarmente evidenti nella nudità, ma né l'uomo né la donna si vergognano delle diversità, che sono proprie degli organi sessuali primari e secondari dell'uomo e della donna.

Fino a questo punto è difficile intravedere un diverso significato che esca dalla creazione, si evidenzia soltanto che il marito si unisce alla moglie, formando di due esseri distinti una sola entità.

L'origine materiale, in un caso la polvere, nell'altro la costola dell'uomo, non suscita la rappresentazione di un diverso significato della donna rispetto all'uomo nell'intenzione del Creatore.

Colpisce, semmai, che a loro spetta la funzione di generare, essendo stati generati: una capacità che appartiene a Dio. E per espletarla serve la combinazione con un compito diverso, ma non sembra possibile intravedere differenze sostanziali.

L'espressione attuale del movimento femminista «non sono la costola di nessuno»[58] esprime invece il rifiuto di una provenienza secondaria o subalterna, ma non appare giustificata, a meno che non si sia legati a un preconcetto per cui, anche nel primo racconto del *Genesi* (1, 27), appare già asimmetrico il «creò maschio e femmina», che avrebbe dovuto essere *creò femmina e maschio*.

[58] Titolo di un libro, pubblicato da Gabrielli, a cura di Paola Cavallari nel 2020.

Il termine ebraico originale *zelah*, è tradotto in *costola* mentre, secondo alcuni esegeti, la parola è presente nel *Pentateuco* ben 48 volte con il significato di *metà*, certamente più favorevole a una interpretazione di valore simmetrico.

Andando a verificare la traduzione nella Bibbia sia in greco sia in latino, si rileva che il termine usato riporta propriamente a *costola*, senza che in queste lingue venga permessa la traduzione possibile per l'ebraico.

Per riferirci alla traduzione italiana e alla etimologia di costola, è riportato che deriva dal latino *costa*, a propria volta legato allo slavo *kosti*, nel preciso significato di osso.

È utile soffermarsi sulle caratteristiche della costola come un osso specifico, curvo che si connette alla colonna vertebrale, contribuendo a formare il torace che è il riferimento simbolico del coraggio. Una struttura che al proprio interno contiene il cuore in cui simbolicamente si identifica la vita, l'energia, l'amore. Il torace è formato da 12 paia di costole, da una parte ancorate alla colonna vertebrale, e le prime sette anteriormente allo sterno.[59]

[59] Si può aggiungere che il costato (il petto) è il simbolo della vita. Presso l'esercito romano, le frecce dovevano colpirlo con precisione, per causare la morte del nemico. Gesù è colpito dal soldato romano al costato, da cui fuoriesce sangue e acqua come segno della morte.
Una curiosità locale della città di Verona è data da una costola, probabilmente di un animale di grandi dimensioni, forse un dinosauro, esposta nella piazza principale della città, come vessillo di una contrapposizione antica vinta con la città vicina di Vicenza.
Jahvè inoltre addormenta il maschio, per prendere la costola e poterlo subito dopo risvegliare. Certo non gli sarebbe stato possibile farlo con metà cuore, intervento che avrebbe provocato la sua uccisione, come del resto con nessuna altra metà di organo.

Una caratteristica significativa è che una costola di destra si unisce a una di sinistra, formando un organo che risulta costituito da parti simmetriche, tra loro uguali.

È pertanto possibile che l'osso, indicato a costruire la donna, abbia implicito il senso di essere identico alla parte analoga nell'uomo. Un significato che manca per qualsiasi altro osso. Se prendiamo l'omero o il femore di destra ha certamente l'analogo a sinistra, ma non si collegano e agiscono invece in modo separato.

La costola rimanda quindi all'idea di una metà simmetrica.[60]

Una simmetria che si lega anche ai generi: il concepimento di una nuova vita deriva dall'unione dei geni maschili (negli spermatozoi) e femminili (nella cellula uovo).

Nella creazione, viene quindi sottolineato un ruolo identico e condiviso tra uomo e donna. Sia la costola sia il gene, il DNA, hanno la struttura di un *doppio*.

[60] Alcuni esegeti, come Bereshit Rabbah, aggiungono che il 24 (12 costole a destra e 12 a sinistra), riporta al genoma umano costituito da 22 coppie di cromosomi omologhi più le coppie XY e XX, di cromosomi sessuali che differenziano rispettivamente il maschile e il femminile.
Volendo continuare con il significato dei numeri, viene ricordato che 22 sono le lettere dell'alfabeto ebraico che Dio usa nella creazione, nel significato profondo della *parola che crea*. I libri che formano il Libro (la Bibbia) sono 22, a cui si aggiungono i 4 *Vangeli* e l'*Apocalisse*, giungendo a 27 che è il risultato di 3x3=9x3=27.
A indicare l'importanza del significato dei numeri nell'Antico Testamento, va ricordato che il *Libro dei Numeri*, così chiamato poiché inizia con la descrizione di un censimento, rappresenta il quarto libro della Torah ebraica (che comprende l'insieme degli insegnamenti e dei precetti, rivelati da Dio a Mosè).

Per continuare il racconto della creazione dell'uomo e della donna e il senso che Dio vi attribuisce, occorre passare al terzo capitolo del *Genesi*, versetto 6.

«La donna, vedendo che l'albero era buono da mangiare, piacevole a vedersi e desiderabile perché faceva acquistare intelligenza, prese del frutto e mangiò. Ne diede anche a suo marito che era con lei, ed egli pure ne mangiò. Gli occhi di ambedue si aprirono ed essi si accorsero che erano nudi, misero insieme delle foglie di fico, e se ne fecero cintura... Il Signore Dio chiamò l'uomo... "Hai forse mangiato dell'albero del quale ti avevo comandato di non mangiare?". L'uomo rispose: "La donna che hai posto insieme a me, fu essa a darmi dell'albero e io mangiai". Il signore Dio disse alla donna: "Perché hai fatto questo?" ed essa "Il serpente mi sedusse e io mangiai". Disse allora il Signore Dio al serpente: "Poiché facesti questo, sii maledetto tra tutti gli animali domestici e tutte le bestie selvatiche. Camminerai sul tuo ventre e mangerai polvere tutti i giorni della tua vita...". Alla donna disse: "Farò grandi le sofferenze tue e della tua gravidanza, partorirai i figli con doglie e avrai desiderio di tuo marito, egli dominerà su di te...". E all'uomo disse: "Poiché hai ascoltato la parola di tua moglie e hai mangiato dell'albero di cui ti avevo comandato di non mangiare, il suolo sarà maledetto per causa tua; usufruirai di esso con dolore per tutto il tempo della tua vita. Ti produrrà spine e pruni e mangerai l'erba dei campi. Mangerai pane con il sudore del tuo volto, finché tornerai alla terra dalla quale sei stato tratto, polvere sei e alla polvere ritornerai...". Il Signore Dio lo mandò via dal giardino di Eden affinché coltivasse la terra da cui era stato tratto.»

Dal testo della Bibbia ebraica, nella versione masotetica, risulta dunque che il Signore condanna sia la donna sia l'uomo, con una differenza che l'uomo, sia pure condannato, dominerà sulla donna.

E non vi è pertanto alcuna possibilità di interpretazione, se non che nelle funzioni di coppia vi è una netta distinzione, poiché la donna verrà dominata dall'uomo, anche se maledetto da Dio.

A indicare una percezione diversa di uomo e donna nella visione di Dio, risulta chiaramente anche nella Bibbia cristiana di Gerusalemme, con la particolarità che qui il Signore Iddio si rivolge prima all'uomo (mentre nella Bibbia ebraica la domanda era rivolta alla donna per prima).

In 3, 9 si legge: «Il Signore Dio chiamò l'uomo e gli disse: "Dove sei?". Rispose: "Ho udito il tuo passo nel giardino, ho avuto paura perché sono nudo e mi sono nascosto". Riprese il Signore: "Chi ti ha fatto sapere che eri nudo? Hai forse mangiato dell'albero di cui ti avevo comandato di non mangiare?". Rispose l'uomo: "La donna che tu mi hai posto accanto, mi ha dato dell'albero e io ne ho mangiato"».

Il Signore, a questo punto, si rivolge al serpente condannandolo, quindi alla donna disse: «Moltiplicherò i tuoi dolori e le tue gravidanze, con dolore partorirai figli. Verso tuo marito sarà il tuo istinto, ma egli ti dominerà».

Risulta che la donna sarà necessariamente portata all'uomo il quale, per volere di Dio, la dominerà.

In questa versione la donna non è nemmeno «interrogata» da Dio.

Rivoltosi all'uomo, lo condanna. «Poiché hai ascoltato la voce di tua moglie e hai mangiato dell'albero... maledetto sia il suolo per causa tua. Con dolore ne trarrai il cibo per tutti i giorni della tua vita... con il sudore del tuo volto mangerai il pane finché tornerai alla terra... polvere tu sei e polvere ritornerai.»

Il Signore Dio lo cacciò (l'uomo) dal giardino di Eden.

Non accenna alla cacciata della donna, poiché è implicito che la donna seguirà l'uomo che la dominerà.

Risulta chiaramente che, se vi è una ingiustizia relativa alla pari dignità tra uomo e donna, ciò non trova riferimento nella creazione, ma nella condanna che il Signore dispone.

Questo è il fondamento per una storia di dolore che riguarda entrambi, con l'enorme differenza che alla donna viene imposto il dominio fatale dell'uomo.

Indubbiamente, al di là dei movimenti che chiedono nel tempo presente dignità della donna e pari opportunità, emerge dal *Genesi* una visione che la pone nell'unione di sposa, in un ruolo qualitativo non solo diverso, ma inferiore. E che si tratti di una vera visione del mondo, se ne ha ampia verifica in altri punti della Bibbia ebraica. Basterebbe il riferimento all'*Ecclesiaste* o *Qohélet* attribuito a re Salomone, in cui la donna è definita *più terribile della morte* e viene sentenziato che *solo l'uomo timorato di Dio ne può scampare mentre l'uomo peccatore ne è avvinto, abbindolato.*

Sarebbe riduttivo ritenere che si tratti solo di una visione storica, legata dunque a condizioni esistenziali del tutto particolari. Se si vuole attribuire alla Bibbia la parola esplicita di Dio, la «verità» quindi, non si può che guardare a questa visione, come a una posizione fatalistica e vedere i segni di una minore qualità della donna, «dentro» non solo una storia continua, ma nella biologia.

Se, con questa ipotesi interpretativa, passiamo alla Bibbia cristiana che contiene i quattro Vangeli canonici e il libro di Giovanni sull'Apocalisse, che riportano alle parole, ma anche al comportamento di Gesù di Nazareth, rileviamo una visione radicalmente mutata.

Basterebbe ricordare la pericope sull'adultera che sta per essere lapidata, oppure l'incontro di Gesù con la samaritana al pozzo quando le chiede dell'acqua, che è il simbolo della vita. E ancora riferirsi all'amicizia di Gesù con Maria di Magdala o con Maria, sorella di Lazzaro.

Occorre rilevare che anche nella Bibbia ebraica vi sono almeno due esempi di donne che svolgono una funzione salvifica per il popolo scelto da Dio. La prima è Giuditta che, nel periodo in cui gli ebrei sono assediati dagli Assiri, con la sua bellezza conquista Oloferne, il generale assiro che la invita nella sua tenda, dove la donna userà la sua spada per tagliargli la testa.

La seconda è Ester che riesce con la propria bellezza ad attrarre il re nemico, Assuero: nella festa per il terzo anno del suo regno, ubriaco, chiede alla regina Vasti di mostrare la propria bellezza davanti a lui e ai suoi ospiti. Lei si rifiuta, il re la bandisce e cerca una nuova regina. Così vengono riunite le più belle donne nell'harem, di cui fa parte anche Ester. Il re la sceglie ignorando le sue origini ebraiche, se ne innamora e la pone sul trono. Quando il re è portato a combattere gli ebrei, Ester usando la propria bellezza, chiede al re di revocare l'ordine emanato di sterminarli.

Per il Cristianesimo, la visione della donna e dell'uomo presenta una evoluzione, che non permette tuttavia di sostenere una netta parità.

Se si guardano gli *Atti degli apostoli*, in particolare le

Lettere di Paolo, si trovano ancora segnali di una dottrina che invita le donne a una sottomissione verso l'uomo.

Nella *Prima Lettera ai Corinti* (11,7) si legge: «L'uomo non deve coprirsi il capo poiché egli è l'immagine e gloria di Dio, la donna invece è gloria dell'uomo. E infatti non l'uomo deriva dalla donna, ma la donna dall'uomo, né l'uomo fu creato per la donna ma la donna per l'uomo. Per questo la donna deve portare sul capo un segno della sua dipendenza».

Riferendosi alle comunità locali (14,34), aggiunge: «Come in tutte le comunità dei fedeli, le donne nelle assemblee tacciano perché non è loro permesso parlare. Stiano invece sottomesse come dice anche la legge. Se vogliono imparare qualche cosa interroghino a casa i mariti, perché è sconveniente per una donna parlare in assemblea».

Nella *Lettera agli Efesini* (5,22), Paolo scrive ancora: «Le mogli siano sottomesse ai mariti come al Signore: il marito infatti è capo della moglie come anche Cristo è capo della Chiesa... anche le mogli siano soggette ai loro mariti in tutto».

Nella *Prima a Timoteo* (2,12): «Non concedo a nessuna donna di insegnare né di dettare leggi all'uomo, piuttosto se ne stia in atteggiamento tranquillo perché prima è stato formato Adamo e poi Eva, e non fu Adamo a essere ingannato ma fu la donna che, ingannata, si rese colpevole di trasgressione. Essa potrà essere salvata, partorendo figli a condizione di perseverare nella fede, nella carità, e nella santificazione con modestia».

È curioso ma anche molto eloquente che, in queste prese di posizioni decise, Paolo non faccia mai riferimento alla *costola* come segno di differenza tra uomo e donna, ma si ispiri a una visione del peccato in cui l'uomo, pur peccatore, pur maledetto, è destinato a dominare la donna.

Paolo, il *costruttore dell'Ecclesia*, fa osservazioni riferite al ruolo che la donna deve svolgere, sempre all'interno del rapporto matrimoniale. E non tocca affatto il *Genesi*, inteso come la «tecnica» utilizzata dal Signore nella creazione dell'uomo e della donna.

Prima di dare una interpretazione del testo sulla base delle conoscenze attuali derivate dalla scienza, mi sembra utile una pausa per richiamare la mitologia che caratterizza tutte le civiltà, e dove si trovano puntualmente racconti *sull'origine della donna*.

Nel *mito di Minerva* (*Athena* nella versione greca originale), il suo concepimento è legato a uno dei tanti amori di Zeus: questa volta con Meti, figlia di Oceano e di Teti. La sua gestazione avviene nella testa di Zeus poiché da qui esce, vestita di corazza, con l'elmo e munita di scudo e lancia.

Viene considerata la figlia preferita da Zeus, poiché era saggia, intelligente ma allo stesso tempo aveva virtù eroiche. Una guerriera delle guerre giuste.[61]

È simbolizzata dalla civetta e dall'ulivo, a Roma è parte della triade capitolina formata da Giove, Giunone e appunto Minerva.

È curioso il dato di un concepimento che avviene tra un dio e una ninfa e nasca una dea che non esce dall'utero femminile, ma da un cervello maschile.

Ancora più interessante è forse il *mito di Pandora* poiché è la prima donna mortale nella grande costruzione

[61] I romani la chiamavano anche Mens: da una parte le arti guerriere, dall'altra le funzioni della mente, espresse nella sapienza e nelle arti.

della mitologia greca: è bellissima, ma considerata portatrice di sciagure per tutti gli uomini.

L'origine sembra legarsi a Prometeo, il Titano che aveva rubato a Zeus il fuoco, come simbolo della vita per donarlo agli uomini. Per vendicarsi di questo episodio, oltre alla pena inflitta a Prometeo esposto in catene sulla montagna con l'aquila che gli rodeva senza sosta il fegato, Zeus vuole colpire anche tutti gli uomini che, fino a quel momento, vivevano felici e come segno della loro fortuna erano accolti persino alla mensa degli dèi. Diventati ora invisi, Zeus pensò di punirli creando la prima donna mortale, Pandora. Usa una sottile tecnica poiché era stata resa bellissima da Afrodite e Apollo le aveva insegnato la musica, dotandola così di capacità che potevano portare alla perdizione l'uomo.

A Ermes spettò il compito di far sì che la creatura di Zeus, rifinita dall'apporto di altri dèi, venisse portata in mezzo agli uomini.

Il Titano Epimeteo, fratello di Prometeo, se ne innamorò subito e la sposò. Il dono nuziale era misterioso: un vaso che nessuno avrebbe dovuto aprire. Ma, tra tutte le doti, Pandora aveva anche la curiosità e decise di scoperchiarlo: ne uscirono così, diffondendosi nel mondo, tutti i *mali*, come si trattasse di spiriti maligni. Il vaso conteneva le malattie, l'odio, l'invidia, la pazzia, la violenza e la vecchiaia: con queste disgrazie il mondo mutò e, a rappresentarlo, rimase la desolazione.

Pur avendo Pandora subito richiuso il vaso, si realizzò la punizione di Zeus che trasformò la vita degli uomini in sofferenza. E richiudendolo, ne impedì l'uscita dell'ultimo spirito: la speranza, *elpìs*. La speranza, che ha il compito di rendere meno ardua l'esistenza e l'accettazione dei mali che comporta.

In questa visione, il rimanere chiusa dentro il vaso di Pandora sembra avere il senso di non liberare proprio una virtù che lenisce il dolore.

Anche in questo mito, a creare la donna, è Zeus, un dio.

Presso i Sumeri, la civiltà più antica della Mezzaluna fertile mesopotamica, è nato il mito di *Lilith*.

Qui la donna è creata direttamente dagli dèi, ma nasce furiosa tanto che l'uomo la ripudia e lei fugge nei boschi e vive solitaria.

Riporta all'origine della *Eva ebraica*. In un racconto apocrifo e molto antico, mentre la Bibbia ebraica parla di «polvere», Eva viene plasmata come Adamo dal «fango» ma, poiché non era pulito, nacque un essere imperfetto, ribelle e indipendente. Entrambi sono creati in forma autonoma. Adamo la ripudia, Eva allora si allontana dall'Eden e si nasconde nei boschi; qui partorisce «diavolo», con lo scopo di sconvolgere la vita degli esseri umani.

Solo in una fase successiva la cattiveria della donna diminuisce, si mitiga l'antagonismo ed Eva diventa parte dell'uomo, considerato tradizionalmente buono.

Tra i Dogon, che costituiscono un'etnia nello Stato subsahariano del Mali, una parte della popolazione non è stata influenzata dalle invasioni islamiche del XII e XIII secolo, perché situata sul Bandiagara, un altipiano nel deserto e qui si è mantenuta una mitologia sulla creazione del mondo che è l'espressione di una visione antropologica tra le più lontane dall'Occidente: appartiene infatti, a quella cultura africana che credeva nella religione *animista*.

Marcel Griaule l'ha ricostruita nelle sue radici, nel libro *Dio d'acqua* del 1948.

Da un caos primordiale si diffuse la vita degli esseri viventi. A creare la prima donna dal nome *Adama*, è stato Amma. Una volta creata, il Dio le dà un marito chiamato Sana e insieme hanno partorito un maschio e una femmina. Dai figli attraverso un rapporto incestuoso nasce una nuova vita.

È interessante constatare come, in questa mitologia, venga prima creata la donna e solo successivamente l'uomo e un ruolo importante spetti al serpente che qui però è «buono».

Ritornando al testo della Bibbia ebraica e alla costola di Adamo, vogliamo però operare una vera rivoluzione metodologica: invece di analizzare i documenti, di cercare quindi di entrare nella mentalità primordiale e più specificamente nella cultura ebraica espressa, tentiamo di riportare il *Genesi* alla luce del tempo presente e della ricerca scientifica.

È noto che oggi la scienza, fondata sui principi della logica razionale, non ambisce più alla «verità» intesa come conoscenza assoluta. Sia dagli studi della fisica delle particelle, sia dalla filosofia della scienza, è emerso il *principio di indeterminatezza*, che pone in qualsiasi conoscenza un'aporia, per cui si rende sempre necessaria un'ulteriore ricerca, in quanto ogni conclusione ha «implicito» un dubbio, che è diverso da quello già risolto, ma si presenta proprio partendo dalla conclusione raggiunta.

I personaggi che più hanno contribuito a questa percezione della scienza sono per la fisica delle particelle Werner Karl Heisenberg e Kurt Gödel, e per la filosofia della scienza Karl Popper.

Tale intrinseca limitazione non esclude certo che la scienza sia una delle vie principali per una conoscenza dell'*up to date*, il che significa che, in un momento preciso, la conoscenza di un determinato problema è precisamente definibile, ma si ipotizza che quella raggiunta possa in futuro risultare errata, nel senso di incompleta.

Dopo tale premessa generale, va accennata la visione oggi sostenuta sul grande tema dell'*origine dell'universo*.

Per raccontare, quindi, il *Genesi* in modo certamente diverso da come è scritto nelle Bibbie, occorre partire dal Big Bang: così si definisce un evento che ha una precisa collocazione nel tempo, 13,8 miliardi di anni fa. Un dato che si caratterizza per l'origine della materia che si produce da una trasformazione di energia.

Il punto zero (il Big Bang) non solo non esclude, ma ha come implicito che prima esistesse qualcosa, una condizione, la cui trasformazione ha generato la materia subatomica. L'universo parte cioè con la formazione di particelle che sono l'effetto di una modificazione di status precedente al Big Bang.

Solo per semplificare questo passaggio, si può immaginare che una temperatura di milioni di gradi si abbassi facendo trasformare un'energia calorica in materia. Un'ipotesi che si può racchiudere nella formula matematica di Einstein $E=mc^2$.

Mi sembra persino evidente che prima del Big Bang vi sia dunque qualche cosa entro cui si pone Jahvè.

È interessante rilevare che i fisici si sono divertiti a parlare di *particelle di Dio* per il bosone di Higgs, e lo abbiano tirato in gioco nella famosa questione *se Dio gioca o non gioca a dadi*, nell'esempio di Einstein.

Noi, però, proprio per l'atteggiamento scientifico, dobbiamo dedicarci a ciò che accade, non prima, ma dopo il Big Bang.

Si può tentare di descrivere delle epoche: quella delle particelle subatomiche che oggi si conoscono, grazie alle collisioni promosse e seguite nel ciclotrone.[62] Le particelle hanno diversa conformazione e, di conseguenza, funzioni specifiche. In questa prima epoca si sono costituite alcune particelle resistenti che, combinandosi, hanno dato origine alle molecole con cui inizia la seconda epoca che si caratterizza per la formazione (genesi) fisico-chimica degli RNA e dei DNA (rispettivamente acido ribonucleico e acido desossiribonucleico).

Si tratta del materiale genetico, termine che ha la stessa radice di *Genesi*, ma nell'ambito di un racconto scientifico, con un linguaggio meno immaginifico e espresso persino in formule matematiche.

È probabile che questa sia l'epoca che corrisponde al *Genesi* biblico: «Dio disse: "La terra produca germogli, erbe che facciano semi, alberi da frutto che diano frutti, ciascuno della propria specie contenenti il loro seme sulla terra". E così fu. La terra produsse germogli, erbe che fanno seme secondo la loro specie, alberi da frutto contenente ciascuno il seme della propria specie. Dio vide che era cosa buona. Così fu sera e fu mattina, un terzo giorno».[63]

L'inizio della vita ha persino una data, viene collocata a 3,9 miliardi di anni fa, dunque 10 miliardi dopo il punto zero del Big Bang.

L'ambiente in cui avvenne è dentro i mari, gli oceani. Sembra che, solo successivamente, le forme viventi vegetali e animali si siano insediate sull'asciutto. Nascono

[62] Il cui esempio più importante oggi è quello del Cern (*Conseil européen pour la recherche nucléaire*) di Ginevra.

[63] *Genesi* 1,11.

così gli animali e quello che Darwin chiama *l'albero della vita* animale. È probabile che molte forme di vita non abbiano resistito e siano quindi scomparse subito (nate morte). È comunque certo che, in questa epoca, si attiva una vera *evoluzione*, con specie animali che si sono *adattate* alle variazioni ambientali e sono persistite, seguendo l'immagine dell'albero dal cui tronco si staccano dei rami e questi a propria volta si suddividono, generando nuove specie.

Si giunge all'epoca degli *ominidi*, che si fa risalire a due milioni e mezzo di anni fa, quando questo ramo si stacca dagli Australopitechi. Come già abbiamo ricordato, 150.000 anni fa si forma l'*Homo sapiens*. Progressivamente, attraverso mutazioni che vengono raccontate dall'archeologia, quindi dai resti fossili, si giunge alle età che si fanno iniziare con il Paleolitico superiore 35-40.000 anni fa, fino al Neolitico circa 8-9000 anni fa.

Il Paleolitico è il tempo a cui si attribuiscono i primi affreschi rupestri, a indicare che l'uomo, è diventato capace di immaginare. È a questo punto che *l'Homo sapiens* acquisisce un doppio *sapiens*.

Interessante è sottolineare che il primo dei *sei giorni* del *Genesi* biblico si situa, secondo le conoscenze attuali a 13,8 miliardi di anni per quanto riguarda l'universo che, nel linguaggio biblico, vede la sistemazione della terra rispetto alle *acque di sopra* e a *quelle di sotto*. Per quanto concerne la genesi dell'uomo, il *sesto giorno* accade 2,5 milioni di anni fa.

Se ne ricava l'indicazione che la narrazione biblica rispetta una sequenzialità sia pure di giorni, il che implica l'introduzione del tempo, in una evoluzione intesa come successione di eventi.

Come sostengono gli astrofisici cristiani, tra cui Ugo

Amaldi, è chiaro che Dio potrebbe, nel Big Bang, avere inserito un vero *programma evolutivo, un algoritmo universale.*

Dopo questa sintetica cornice, il problema della genesi dell'uomo e della donna può essere riportato «*all'interno dell'evoluzione*» delle specie in generale. L'idea fondamentale dell'evoluzionismo darwiniano si fonda sulla necessità che una specie, in qualsiasi stadio si trovi, deve potersi *adattare* all'ambiente per continuare l'esistenza. Se il rapporto tra specie e mondo naturale non si rende possibile, la specie scompare; nel caso contrario, continuerà la sua evoluzione che dipende dalle *mutazioni genetiche casuali* le quali, cambiando la struttura e le funzioni della specie, devono continuare a permetterne la sopravvivenza.

Il rapporto è quindi tra una data specie e l'ambiente, inteso prevalentemente come luogo che rende possibile realizzare i tre imperativi: soddisfare l'alimentazione, trovare un territorio protettivo, poter generare e allevare i cuccioli.

Dal 1859, quando venne pubblicata *L'origine delle specie*, sono state suggerite variazioni che attribuiscono minore importanza alle modificazioni casuali, cercando di legarle all'ambiente con criteri che garantiscono un più facile *isomorfismo* tra mutazione genetica e ambiente. Uno dei segni più significativi a questo proposito è dato dall'*epigenetica*: disciplina che studia l'influenza (acquisita) dell'ambiente sui codici genetici della specie.

Un esempio tipico per esprimere il meccanismo di combinazione tra tipologia e natura è quello di una farfalla, dotata di un organo che serve all'alimentazione, la proboscide, che aderisce perfettamente alla corolla dei fiori, permettendo così che venga aspirata la linfa. In tal caso, è possibile l'alimentazione, poiché in natura esiste una fonte alimentare «adeguata» alla specie farfalla. Ed è facile sostenere che i due elementi dell'incontro abbiano seguito una evoluzione totalmente indipendente, addirittura che l'incontro adattativo riguardi, in questo caso, due regni separati, quello vegetale e quello animale. Si tratta di una combinazione che, pur ammettendone la casualità, è sorprendente, poiché alla prima impressione sembra che l'uno sia fatto per l'altra.

Gli esempi di questo tipo sono innumerevoli e ogni specie trova, nell'ambito in cui la si osservi, delle caratteristiche naturali che rendono possibile l'adattamento. Anche nel caso di specie animali costruttrici, come nell'esempio dei castori o in generale degli uccelli: gli uni che costruiscono barriere nei fiumi, gli altri nidi straordinari, vi è la necessità che trovino materiali perfettamente adeguati alla modificazione dell'ambiente, per costruire un luogo di difesa e per la continuazione della specie.

Il fenomeno, ancor più sorprendente, riguarda l'atto generativo per cui un individuo maschile deve incontrarne uno femminile, perfettamente compatibile come una chiave che apre una serratura. L'evoluzione non riguarda più il singolo ma due individui, ognuno dei quali ha una storia propria di adattamento nei confronti dell'ambiente.

Se consideriamo le caratteristiche anatomiche che un essere umano maschile ha raggiunto nel processo di adattamento con una serie di modificazioni individuali, va subito resa presente la necessità che si costituisca, sempre per evoluzione e adattamento, un soggetto femminile totalmente diverso dal primo, ma in grado di svolgere una funzione comune. Condizionata da una sorta di legame *complementare*, addirittura *speculare*, suggerendo anche in questo caso l'impressione che l'uno sia fatta per l'altro. Due meccanismi, in cui uno funziona esclusivamente se ce n'è un altro, all'interno della varietà di soggetti viventi, presenti sulla Terra.

La meraviglia è qui ben maggiore, rispetto all'esempio di una farfalla e di un fiore, se non altro perché quella proboscide agisce su corolle di varietà diverse di piante.

L'apparato riproduttivo di una donna è altro anatomicamente e funzionalmente, è diverso rispetto a quello dell'uomo, ma costituiscono due pezzi di una funzione che richiede un *isomorfismo* così perfetto, da implicare un adattamento che giunge a un livello molecolare, poiché non solo l'organo maschile deve entrare in quello femminile ma in quell'incontro si produce una risposta fisiologica, per cui i DNA dell'uomo e della donna si intrecciano nel concepimento.

Come se immaginassimo due macchine in sé indipendenti ma che, allo stesso tempo, sono una l'esatta *metà* dell'altra macchina, la cui unione porta a generare una nuova vita.

Il termine adattamento appare insufficiente, inadatto, e ritorna di necessità un termine che ha avuto in filosofia una lunga storia: il *finalismo*.

L'adeguamento tra uomo e donna non appartiene a una storia casuale, ma ammette *ab initio* una differenziazione, che richiede una evoluzione non più del singolo, ma dell'insieme. E la casualità delle mutazioni è inadatta a giustificare questa *unità duale*.

Parlando di evoluzione della nostra specie, si deve sottolineare che si tratta di una storia comune a due individui, nettamente distinti fin dalla sua costituzione. Una coppia stabile poiché ha dovuto mantenere l'impossibilità di mutare, giungendo a rendere l'uno compatibile con l'altro e qualora si parli di mutazione, si deve presupporre un sincronismo tale per cui a una variazione del maschio ne corrisponde una della donna, che è diversa sia sul piano fisiologico sia anatomico. La donna e l'uomo si incontrano proprio per la diversità.

Il termine *finalismo* significa che devono essersi generati due individui biologicamente diversi, ma compatibili, come risposta al terzo imperativo darwiniano.[64]

Riportando queste osservazioni al *Genesi*, ne deriva in senso assoluto che l'uomo doveva essere generato in modo separato dalla donna, caricati entrambi di un futuro che permettesse nella specie umana e anche nelle altre, di tenere separate una parte maschile e una femminile. Da questa considerazione, consegue che l'uomo e la donna devono essere *presenti nel regno animale nello stesso momento* e non possono l'uno derivare dall'altro.

Le generazioni successive (come accade) sono anch'esse derivate dalla diversità, poiché la coppia dei 22 cromosomi della donna e dell'uomo, che si combinano, sono separati anche biologicamente: il cromosoma XX nella donna e il cromosoma XY nell'uomo non si trovano localizzati nel nucleo delle cellule, ma nei mitocondri. A seconda delle combinazioni, se si forma un XX, invece che un XY, si avrà uno sviluppo con le caratteristiche della femmina nel primo caso, del maschio nel secondo.

È dunque certo che la specie umana, nata secondo la narrazione biblica, oppure dal Big Bang, ha avuto bisogno di partire con la presenza contemporanea dell'uomo e della donna, generati in modo finalistico tale da permettere di persistere nella differenza anatomica e fisiolo-

[64] Abbiamo analizzato l'errore di Darwin in *Insieme si vince: la forza della cooperazione nella nostra vita*, Solferino, Milano 2023.

gica, in modo da continuare esistenzialmente nel tempo. È certo, dunque, che non esiste un «prima» e un «dopo», ma che l'unità finalizzata sta nell'insieme.

Il tema della *costola* potrebbe rappresentare la metafora, o il simbolo, di un atto creativo, che risponde al bisogno di due individui separati, la cui identità richiede tuttavia l'altro, per continuare a esistere. L'uno senza l'altro non ha senso.

È estremamente difficile pensare all'ipotesi di una genesi caotica che giunga alla costruzione, casuale o evolutiva, di due individui, di cui l'uno ha senso solo se contemporaneamente esiste l'altro. Anche perché dovrebbe trattarsi di un evento che appartiene a ogni specie vivente, almeno a partire dagli animali bisessuali.[65]

Nel caso del racconto della Bibbia ebraica è possibile intravedere che, nella formula semplice della creazione, il Signore per necessità genera l'uomo e la donna ma, per esprimere che si tratta di due individui della stessa specie, usa l'immagine di un legame rappresentato proprio dalla costola e sottolinea questo principio, dicendo che *l'uomo ha bisogno della donna*, come legame esistenziale.

Qui si conclude il *Genesi*, la cui formula più espressiva è nel *Genesi* 1,27: «Dio creò l'uomo a Sua immagine; lo creò a immagine di Dio, creò maschio e femmina, Dio li benedisse e Dio stesso disse loro: "Prolificate, moltiplicatevi"».

Tutto ciò che segue nella storia dell'insieme uomo e donna, si riduce a contesti di tipo culturale. Ed è indubita-

[65] Tutto questo non ha invece necessità di essere, per quelle specie che si moltiplicano per divisione (frammentazione come i vermi) o per clonazione.

bile che, sia nella cultura ebraica sia in quella cristiana, abbia dominato una visione della donna come dipendente dall'uomo. Che si tratti di una storia legata alle civiltà, lo dimostrano altre narrazioni in cui si inverte la posizione dando maggiore peso alla donna che diventa anche madre.

L'errore, tuttavia, sta proprio nel «gerarchizzare» i componenti di una unità, in cui domina l'insieme e non i singoli. Un insieme, in cui non è possibile né fare distinzioni né gerarchie di valore.

Va separato nettamente il racconto del *Genesi* dalla storia, che ha caratterizzato, e continua a caratterizzare, la nostra specie.

La visione storica che domina nel contesto in cui nasce la Bibbia, poneva le donne soggette all'uomo.

Su questo aspetto è possibile la contestazione, ma soprattutto la possibilità di stabilire la indispensabilità di uomo e donna, paritariamente nella vita di coppia e certamente nella funzione del *multiplicamini*.

Il settimo giorno Dio si riposò

> «Il Signore si pentì di aver fatto l'uomo sulla terra
> E se ne addolorò in cuore.» (*Genesi* 6,6)

Sembra un paradosso, ma la società attuale è preoccupata del riposo, molto più che del lavoro.

Il termine *riposo* non appartiene solo alla dimensione dell'esistenza, ma ha un significato che entra nella medicina e in particolare nella psicopatologia.

Il *riposo* richiama per contrasto la *fatica* associata a propria volta al *lavoro*, un impegno che ha per lo più una dimensione sociale. Si è costruita una vera contrapposizione tra lavoro, che genera per definizione fatica, e il riposo, come atteggiamento e comportamento che la contrasta.

Per la tendenza ai dualismi, propria della nostra civiltà, si finisce magari inconsapevolmente per considerare il lavoro come *male* e il riposo come *bene*. Ne deriva conseguentemente una strategia esistenziale che tende a evitare il lavoro e a spendere il tempo nel riposo. In questa cornice, si inseriscono le lotte per ridurre l'orario di lavoro e soprattutto, per richiedere condizioni che non lo rendano stressante, quindi particolarmente faticoso. Ne fanno parte le lotte sociali per la definizione della fine del tempo di lavoro, cioè della pensione, che rimane un vero traguardo in quanto segna la conclusione della fatica e l'inizio di una fase della vita senza lavoro.

La fatica non si può misurare unicamente sui parametri della fisicità che in alcune mansioni domina, anche se oggi la forza dell'uomo è sostituita sempre più dalle macchine. È prevalentemente mentale e appartiene anche a quei lavori che interessano il pensiero.

Un tempo si distinguevano, infatti, i *lavoratori manuali*

dai *colletti bianchi* che rimanevano seduti per tutto il giorno e rivendicavano proprio la stanchezza mentale. Certamente è difficile separare la componente psichica dell'uomo da quella somatica: due ambiti che costituiscono una unità con somatizzazioni psichiche ed effetti mentali da disturbi somatici.

La stanchezza è diventata un enorme capitolo della società contemporanea, la si divide in *acuta* e *cronica,* quest'ultima sta diventando sempre più frequente ed è addirittura indipendente dal lavoro. Vengono subito in mente la malinconia, la depressione, in cui ci si sente sfiniti, sia nella mente sia nel corpo.

La questione si è notevolmente complicata, quando si è creato il collegamento tra stanchezza e sonno, cioè quando si è stabilito che un tempo di sonno insufficiente o strutturalmente alterato, impedisce il riposo. Se si ricorda che l'insonnia è una delle più frequenti patologie del tempo presente, si comprende quale dimensione abbia assunto il tema del riposo, che finisce per estendersi non solo al singolo, ma a un'intera società.

Generalmente, quando si pensa alla stanchezza fisica, il primo riferimento va al *cuore*, e a manifestazioni come tachicardia, estrasistoli accompagnate da respirazione accelerata e sensazioni dolorose. Uno sforzo eccessivo porta all'*angor,* a un cuore che sembra fuori regola, e dà l'impressione di trovarsi in un tunnel senza via di uscita. Ed è curioso che l'*angoscia*, un termine che appartiene alla psicopatologia, si riferisca proprio al cuore, un organo somatico che porta il sangue a tutto il corpo ed è quindi responsabile delle condizioni di irrorazione delle fibre muscolari, che consumano molto ossigeno per affrontare una fatica acuta.

Quando ci si riferisce alla stanchezza mentale, psichica, il riferimento va invece al *cervello* come centrale operativa di tutte le funzioni che ne emergono, separate nelle due sezioni del pensiero e della affettività.

Sono questi, cuore e cervello, i due organi principali che entrano nella dimensione della fatica e del riposo. Un riferimento ben espresso anche dalla cultura popolare, che suggerisce a chi ha fatto uno sforzo fisico di distendersi per far sì che il cuore rallenti la sua corsa e i muscoli si rilassino.

Nel caso di una stanchezza psichica, che si esprime con una difficoltà di concentrazione, con riflessi mentali rallentati, si tende invece a suggerire di alzarsi dalla sedia, di spegnere il computer e di muoversi, magari di fare un po' di ginnastica. La distrazione permette quel po' di riposo che serve per riacquistare la funzionalità della mente, cioè del cervello, poiché la mente non è che l'insieme di funzioni che, da questo organo, emergono.

Dopo questi richiami alla quotidianità, quindi all'esperienza comune, è necessario far presente che i due organi in questione sono in azione sempre, 24 ore su 24, e sono le uniche due strutture che non riposano mai. Per rendersene conto, basterebbe ricordare i sogni che si caratterizzano per una dinamica stressante al punto da generare risvegli da incubo.

Dall'altra parte è possibile rendersi conto di come il cuore sia particolarmente impegnato in molte funzioni che non sono affatto considerate faticose, ma appartengono a riti piacevoli.

Un rilievo che pone all'attenzione come sia difficile parlare di *fatica* e di *riposo* sulla base di parametri semplici. Va inoltre ricordato che alla fine degli anni Cinquanta e Sessanta del Novecento si era creata una vera disciplina che si occupava del *tempo libero*. Intendeva separare nettamente il tempo di lavoro, indipendentemente dall'impegno fisico o mentale riportandolo alla dimensione dei desideri e dei piaceri, che sono sempre individuali. In questa nuova lettura della fatica e del bisogno di riposo si tendeva a far sì che ogni singola persona scoprisse i propri desideri e vi si dedicasse in un modo simmetrico accanto al lavoro: con la fatica da ruolo sociale, doveva esserci un tempo libero dedicato al proprio Io.

È in questo periodo che si è ampiamente diffuso il termine *hobby* che riportava quindi alla dimensione individuale. Ci si rese subito conto che per alcuni l'*hobby* aveva caratteristiche che per un altro diventavano addirittura stressanti e, al contempo, esistevano *tempi di lavoro*, in cui non si avvertiva la fatica ma il piacere del ruolo svolto. Si è rilevato che poteva essere più stressante il tempo trascorso in famiglia, rispetto a quello della fabbrica o dell'ufficio.[66]

A sostenere dunque l'impossibilità di dare un corpus scientifico, preciso e verificabile, al binomio fatica-riposo si deve aggiungere che entra a farvi parte l'affettività, come emozioni e sentimenti, in modo che sembra divergere da ciò che appare logico e, persino, atteso. Ognuno sperimenta che una giornata misurata sul lavoro compiuto può risultare noiosa, pesante, o invece interessante e persino piacevole. Una differenza sostanziale che si può legare a piccole cose, che però gratificano e hanno il potere di vere metamorfosi.

[66] Non c'è da meravigliarsi delle variazioni che il termine *libertà* sempre comporta, non solo perché si coniuga individualmente, ma anche perché il significato non è mai assoluto, ma diventa sempre *libertà da* qualcosa che è pure variabile.

Dai rilievi legati al tempo presente, acquista maggior interesse ritornare al *Genesi*, per scoprire nuovi significati del riposo, tanto da affermare che Jahvè, dopo aver dedicato sei giorni alla creazione del mondo e delle specie viventi, il *settimo giorno riposò*.

La curiosità è grande anche perché non sembra possibile ammettere che Dio si stanchi, tanto da dedicare al riposo un intero giorno: lo *Shabbat*.

Nel capitolo 2 del *Genesi*, nella Bibbia masoretica, dal secondo versetto, si legge: «Nel settimo giorno Dio aveva completato l'opera sua che aveva fatto, così nel settimo giorno cessò da tutta la sua opera che aveva compiuta. Dio benedisse il settimo giorno e lo santificò, poiché in esso aveva cessato da tutta la sua opera che egli stesso aveva creato, per poi elaborarla».

Risulta quindi che non solo Dio cessa l'attività il settimo giorno, ma vi attribuisce il senso di una festa sacra, *lo santificò*.

Riportiamo il testo anche della Bibbia di Gerusalemme, non per rilevare delle differenze, ma per vederne una sostanziale identità. «Allora Dio nel settimo giorno portò a termine il lavoro che aveva fatto e cessò nel settimo giorno da ogni suo lavoro. Dio benedisse il settimo giorno e lo consacrò, perché in esso aveva cessato da ogni lavoro che egli creò quando aveva fatto.»

La differenza è solo tra *opera*, nella Bibbia ebraica e *lavoro* in quella cristiana. Ciò risulta in particolare, se si sottolinea che *è la parola a creare*. Ma non si può dimenticare che, nei sei giorni che precedono lo Shabbat, si racconta che Dio ha preso la polvere per creare l'uomo e che, addormentato Adamo, *toglie una costola e mette al suo posto la carne*.

In entrambe le versioni, poi, si afferma l'istituzione di

una festa sacra. Anche a questo proposito, mentre la Bibbia ebraica dice che *Dio benedisse e santificò*, in quella cristiana si usano i termini *benedire* e *consacrare*, non santificare.

Certamente è più forte il santificare che il consacrare.[67]

Dopo tali precisazioni, occorre riportare altri passi della Bibbia ebraica in cui si fa riferimento allo Shabbat.

Nel racconto dell'*Esodo* Dio incontra Mosè e insegna come si debba comportare il popolo ebraico. Al capitolo 20, dal versetto 8, si legge: «Ricordati del giorno di sabato per santificarlo. Durante sei giorni lavorerai e farai ogni tua opera ma il settimo giorno sarà giornata di cessazione del lavoro, dedicata al tuo Dio. Non farai alcun lavoro né tu, né tuo figlio o tua figlia, né il tuo schiavo né la tua schiava, né il tuo bestiame né il forestiero che si trova nella tua città. Poiché in sei giorni il Signore creò il cielo e la terra, il mare e tutto quanto essi contengono, riposò nel giorno settimo, per questo il Signore ha benedetto il giorno del sabato e lo ha santificato».

Un'osservazione immediata è che in questo passo la differenza che avevamo sottolineato tra opera e lavoro, pur facendo riferimento al lavoro dell'uomo e non di Dio, ha un peso minore.

Sempre in *Esodo* al capitolo 31, versetto 12, si legge: «Il Signore parlò a Mosè dicendo "Così parla ai figli di Israele in questi termini: 'Badate bene di osservare i miei sabati

[67] Mentre nella Bibbia ebraica l'invito è a festeggiare lo Shabbat (il sabato), nella cristianità si festeggia la domenica, il giorno cioè della resurrezione di Cristo, considerato il messia che sale al cielo, dopo la Passione e la morte in Croce. Per l'ebraismo vi è l'attesa messianica, e Gesù di Nazareth non è riconosciuto come il messia. Gli ebrei lo attendono ancora.

perché il sabato è un segno tra me e voi di generazione in generazione, affinché voi sappiate che sono io il Signore che vi santifico. Osservate dunque il sabato perché è cosa santa per voi, chi lo violerà sarà punito di morte, perché chiunque faccia un lavoro in questo giorno verrà estinta quella persona di mezzo ai suoi popoli. Per sei giorni si farà ogni lavoro, ma il settimo giorno sarà di completo riposo, consacrato al Signore. Chiunque faccia un lavoro in questo giorno di riposo, sarà passibile di morte. I figli di Israele dunque osserveranno il sabato, celebrando di generazione in generazione come patti interni. Fra me e i figli di Israele è un segno perpetuo attestante che in sei giorni il Signore fece il cielo e la terra e che il settimo giorno cessò e riposò’”».

Ancora in *Esodo* al capitolo 35, versetto 2, si legge: «Per sei giorni si lavorerà, ma il settimo giorno sarà per voi giorno di riposo assoluto. Il sabato è consacrato al Signore. Chiunque faccia qualche lavoro in questo giorno, sarà fatto morire. Non accenderete fuoco in tutte le vostre dimore nel giorno di sabato».

È facile sottolineare l’importanza che il Signore attribuisce a questo comandamento, poiché viene continuamente richiamata una pena che non può essere superata per la gravità, si tratta infatti della pena di morte.

Nel *Levitico*, capitolo 19, versetto 3, si legge ancora: «Ognuno tema sua madre, suo padre e osservi i miei sabati. Io sono il Signore vostro Dio».

Più avanti, al versetto 30, aggiunge: «Osservate i miei sabati ed abbiate rispetto per il mio santuario. Io sono il Signore».

Sempre nel *Levitico*, al capitolo 23, versetto 3, si legge ancora: «Sei giorni si potrà fare lavoro, ma nel settimo giorno ci sarà una cessazione, che implica completa astensione dal lavoro, sacra convocazione, non farete nessun lavoro; è sabato, destinato al Signore in tutte le vostre sedi».

Nel *Deuteronomio*, al capitolo 5, versetto 12, si trova scritto: «Osserva il giorno di sabato per santificarlo come ti ha comandato il Signore tuo Dio. Durante sei giorni lavorerai e farai ogni tua opera, ma il settimo giorno è giornata di cessazione del lavoro, dedicata al Signore tuo Dio; non farai alcun lavoro né tu, né tuo figlio né tua figlia, né il tuo schiavo, né la tua schiava, né il tuo bue né il tuo asino né alcun animale di tua proprietà, né il forestiero che si trova nelle tue città, in modo che possa riposare il tuo schiavo e la tua schiava, come tu stesso. Ricorderai che fosti schiavo in terra d'Egitto e il Signore tuo Dio ti fece uscire di là con mano potente, il braccio steso e che pertanto ti comandò il Signore tuo Dio di attuare il giorno di riposo».

In *Isaia*, al capitolo 56, versetto 4, si legge: «Poiché così dice il Signore, agli eunuchi che osservano i miei sabati / preferisco le cose di mio gradimento / e restano fermi nella mia alleanza / io concederò nella mia casa e dentro le mie mura / un posto e un nome / meglio di figli e figlie; / darò loro un nome eterno / che non sarà mai cancellato. / Gli stranieri che hanno aderito al Signore / per servizio e per amare il nome del Signore / e per essere suoi servi, / quanti si guardano dal profanare il sabato / e restano fermi nella mia alleanza».[68]

Occorre ricordare che lo Shabbat inizia con il tramonto del venerdì sera e termina con quello del sabato sera: si preparano i pasti il giorno prima, li si riscalda durante

[68] Oltre a queste citazioni nella Torah, vi sono molti altri riferimenti nel Talmud, che raccoglie anche i commenti orali dei rabbini. Vi si aggiungono i lunghi trattati che hanno lo scopo di spiegare il senso della parola della Bibbia ebraica.

la festività usando il *blech*, costituito da una lama metallica posta sui fornelli.

Violare lo Shabbat ha il senso di una mancanza tra le più gravi della tradizione religiosa ebraica.

Dai passi riportati, Dio non indica cosa fare, mentre è preciso nel definire ciò che non si deve fare. Viene impedita ogni operazione che si attivi durante i sei giorni precedenti lo Shabbat. Si può semplificare dicendo che non si deve svolgere alcuna funzione pratica quotidiana fino a ritenere che non si possa nemmeno girare, oggi, l'interruttore della luce.

Più importante è tuttavia l'atmosfera che deve caratterizzare il giorno di festa, poiché è definito come tempo sacro, persino santo. Viene ribadita con forza che l'attenzione va rivolta a Dio, «verso colui che ha fatto il cielo e la terra».

Il concetto che ne emerge è di un tempo per rigenerarsi, che configura una circolarità nella vita del popolo ebraico, in cui si alternano sei giorni per creare (fare) e il settimo per meditare, per ricordare che il mondo è la creazione di Dio, che la storia del mondo, in cui ci si trova a vivere, porta a considerare che l'uomo e la natura non hanno senso senza Lui.

È proprio questo aspetto a colpire nella lettura dei passi del Tanakh (la Bibbia ebraica), con l'uso di espressioni forti come *ti farò morire, se non seguirai la festa dello Shabbat*, a sottolineare che l'uomo *non può vivere senza ricordare che tutto ciò che esiste dipende da Jahvè*.

Si tratta di una esplicazione in termini forti, di una visione del mondo. In senso pratico, non è possibile vivere senza il ricordo della creazione dell'universo e della liberazione del popolo ebraico dalla prigionia in Egitto (raccontata in *Esodo*). In questa visione il *Genesi* diventa lo schema per la vita del popolo ebraico, che deve ripetere i sei giorni di dedizione ai problemi della Terra, facendo dello Shabbat il tempo della consapevolezza e della appartenenza divina.

Con la precisa percezione di non poter entrare nella esegesi dei testi sacri, limitandomi dunque ad alcune considerazioni, mi pare esista una distinzione forte tra lo *Shabbat* degli ebrei e la *domenica* dei cristiani che celebra la resurrezione e la gloria di Cristo.

Per i cristiani i termini che meglio definiscono il comportamento domenicale si legano soprattutto alla *preghiera* che, nel significato popolare, si riduce a chiedere a Dio un aiuto per superare le difficoltà della vita quotidiana.

Indubbiamente la resurrezione è l'evento che dimostra che Gesù è figlio di Dio e che ritorna al Padre. Un evento di così grande forza che spinge a chiedere grazie e persino miracoli, ciò che Gesù aveva operato nella sua vita pubblica in Terra.

La preghiera così intesa non mi sembra appaia nel testo biblico ebraico che, comunque, è certamente ben lontano dall'atteggiamento del cristiano, che chiede aiuti ai santi, a partire dalla Santa Trinità fino a Maria, madre di Dio.

Lo Shabbat sembra richiedere la consapevolezza della propria condizione umana, che da Dio dipende totalmente, sia quando si consideri l'individuo, sia quando si pensi a tutto il popolo. Jahvè vuole essere riconosciuto, poiché l'uomo, senza questa consapevolezza, non potrebbe avere senso.

Lo Shabbat riporta agli studi sul sacro come dimensione propria dell'uomo. Si potrebbe anche dire che è strutturale.

L'antropologo Rudolf Otto ha parlato infatti di una *categoria del sacro*, che sottolinea l'analogia con quelle del pensiero razionale di Immanuel Kant. Servono invece alla comprensione del *mistero*, il cui significato profondo è proprio in quell'*esserci invece del non-esserci*. Ed è questa percezione che trova risposta solo *in Dio*. Il sacro rappresenta un bisogno, che è quello di conoscere il significato della propria vita e di quella del mondo.

Per questo lo Shabbat, come giorno del sacro, dedicato al legame con Dio, riporta all'origine dell'universo e quindi anche di tutto ciò che contiene, incluso il singolo uomo o donna. Un giorno in cui l'uomo non deve operare, ma ascoltare. E le religioni tutte si riducono al racconto di ciò che l'uomo non può sapere: il mistero. Ma l'uomo avverte il bisogno della rivelazione.

In questo senso, lo Shabbat rappresenta il giorno per ascoltare la parola. Un atteggiamento che si distacca dalla preghiera rogatoria cristiana, che è fondata sui bisogni della vita terrena, mentre il racconto sull'origine del mondo manca dell'atmosfera dell'agire della quotidianità e della praticità, tanto da richiedere che ci si astenga completamente da quell'operare che riempie gli altri sei giorni.

Una ciclicità che pone lo Shabbat al centro della religione ebraica.

Staccandomi ora dalle interpretazioni del racconto del *Genesi* 1-11,voglio ritornare al tempo presente e alla società occidentale in cui mi trovo immerso.

Il riposo in un ambito che si caratterizza per l'accelerazione dell'esistenza, in affanno per rincorrere il successo, il potere, di cui il denaro è diventato il simbolo. In una società totalmente *terrenizzata* ha un significato completamente diverso. Come se fosse stata cancellata non solo la tradizione della religione cristiana, ma persino il pensiero della filosofia che sempre ha posto al centro la ricerca del senso della natura e dell'uomo: temi già trattati fin dai presocratici, al nascere della nostra civiltà. Hanno perso di significato le *metafisiche*, che hanno considerato come l'uomo tenda ad *andare oltre la fisicità*, la materialità della propria dimensione corporea e della natura.

Non si tratta di nostalgie per il passato o per mantenere il conservatorismo, ma della considerazione che l'uomo del tempo presente non sa vedere oltre le dinamiche dell'immediato, non si interroga più nemmeno usando le conoscenze, che oggi sono arricchite da una scienza che si è dotata di tecnologie in grado persino di osservare le galassie così lontane che, fino a qualche anno fa, non si poteva nemmeno immaginarle. Non si tratta di un rimpianto, ma dell'attesa che tutto ciò che è stato scoperto di recente, possa e debba essere posto nell'interrogativo della genesi del mondo.

La scienza ha raggiunto il Big Bang, senza che si sia tentato di legarlo a Dio e ai racconti delle religioni. Dal Big Bang si è passati agli studi del *Caos*, che non si può più chiamare primigenio come nelle mitologie, poiché esce dalle *hard sciences* e acquisisce una dimensione persino razionale. È diventato un principio, per cui *dal caos esce l'ordine* e nonostante queste parole riportino alle narrazioni dei testi sacri, si finisce per ritenerlo più un dominio della scienza, dimenticando però che i dati ottenuti dalla ricerca si accompagnano sempre a un punto interrogativo che, anche in questo caso, riporta ad antiche massime, come quella per cui *aumentando il sapere, aumenta l'ignorare.*

È in questo contesto che occorre chiedersi l'importanza di uno Shabbat, e domandarsi se non aiuti a vivere, spendere un giorno dimenticando la Terra, chiudere gli occhi e salire al Cielo. Un giorno di silenzio, non di urlo, in cui stare fermi per scoprire così che il movimento non aiuta a capire il significato del tempo, che forse non finisce con la morte ridotta a un evento dimenticato o banalizzato.

Un giorno in cui si possano ascoltare i suoni della natura e magari quei canti che hanno il sapore del sacro. In cui leggere brani delle Sacre Scritture, chiudendo i libri che ancorano all'inutile.

Anche il Cristianesimo deve dedicare la domenica, non alla preghiera come bisogno per stare nel mondo, ma alla trascendenza, a un'aspirazione coperta e dimenticata anch'essa, come luogo del Signore. Seguendo l'invito di Friedrich Schiller nell'*Inno alla gioia*, in cui invita a cercare nel cielo oltre l'universo poiché *da qualche parte si potrà trovare Colui che dà il senso al non senso.*

Ho nostalgia del suono delle campane, di vedere gli uomini e le donne che, staccati dalle vicende della Terra, vivono nella trascendenza. Gli uomini e le donne del sacro, del mistero. Voglio incontrarli la domenica per strada con i loro abiti talari, nel tempio quando parlano dell'eterno, del *Genesi*, in qualsiasi forma avvenga. La domenica, come un viaggio nella trascendenza, per dimenticare gli affanni, il denaro, le inimicizie. Per poter ascoltare le campane che richiamano al silenzio, bisogna non fare nulla, nulla di ciò che ha senso invece per la quotidianità.

Dopo sei giorni dedicati alla Creazione, anche Dio ha smesso di manifestarsi e si è fatto silenzio.

Psiche e materia

Le lettere intercorse tra lo psicoanalista Carl Gustav Jung e il fisico delle particelle Wolfgang Pauli,[69] sono di grande importanza storica, poiché pongono l'ipotesi che la psiche possa esprimersi seguendo i principi della fisica quantistica.

Jung e Pauli sono contemporanei ed entrambi si occupano di due campi innovativi: una nuova visione della psiche e una nuova visione della materia, analizzata a livello subatomico. Jung vive tra il 1875 e il 1961, mentre Pauli nasce nel 1900 e muore nel 1958. Al fisico viene assegnato il premio Nobel per la Fisica nel 1945.

Joseph Pauli, il padre di Wolfgang, gli consiglia di incontrare Carl Gustav Jung, per affrontare con lui i suoi problemi psichici. Il colloquio si tiene nel 1932, e lo psicoanalista ritiene che il fisico abbia bisogno di essere curato e lo indirizza presso la dottoressa Erna Rosenbaum.

Con questa giovane allieva di Jung, le sedute psicoanalitiche iniziano nel febbraio a Zurigo. Nello stesso tempo prende il via anche la corrispondenza tra Pauli e lo stesso Jung.

[69] Scritte tra il 1932 e il 1958 e pubblicate da Springer Verlag nel 1992 e in italiano da Moretti & Vitali Editori nel 2015.

Nelle sedute viene affrontato il caso Pauli dal punto di vista psicopatologico, nelle lettere è trattato con continuità il tema del possibile rapporto tra psiche e materia, perlomeno della materia vista con la nuova disciplina della fisica quantistica.

In una lettera del 27 maggio 1953, Pauli scrive: «Nel frattempo, i miei problemi emotivi avevano suscitato una crisi personale, e mi avevano fatto conoscere la psicologia analitica. Era, se non erro, il 1931, quando la conobbi personalmente. Vissi allora l'inconscio come una nuova dimensione. Dopo che, nel 1934, mi fui sposato e si concluse il mio trattamento analitico, cominciò il simbolismo fisico nei sogni. Tra gli altri facevo allora questo sogno che per anni mi ha accompagnato. "Un uomo che assomiglia a Einstein disegna sulla lavagna queste figure"... E credo anche, che Einstein abbia ricoperto il ruolo dell'ombra».[70]

Dal carteggio non esce in maniera precisa la motivazione che ha portato alla cura e dunque, rimane quantomeno imprecisato il disturbo psicopatologico. Quello che appare è che Pauli soffriva di una forte fobia per le api.

È indubbio che Pauli accetta presto la dimensione psichica dell'uomo e soprattutto la visione di Jung che, come è noto, era un medico psichiatra, allievo di Sigmund Freud e fino al 1911 suo erede designato, sia sul piano del pensiero, sia su quello del legame di amicizia. In quell'anno avviene però una insanabile frattura, in gran parte legata ai temi fondamentali della psicoanalisi freudiana. All'inconscio individuale, Jung suggerisce la presenza di un inconscio collettivo e inoltre, critica for-

[70] *Ibidem*, pp. 210-11.

temente la teoria della sessualità, che è un fondamento della prima stesura della teoria psicoanalitica.

Due personalità molto forti con la difficoltà di gestire la scuola psicoanalitica da parte di due leader e così si arriva alla separazione insanabile tra Jung e Freud.

Pauli è particolarmente interessato alla psicoanalisi, per la interpretazione che questa disciplina dà ai disturbi della mente, e per un interesse teorico verso il mondo della psiche. Ma si deve aggiungere che Pauli è sì uno studioso di fisica, ma è anche affascinato dalle ipotesi psicoanalitiche, che entrano nella soluzione del proprio malessere. Il suo legame con le teorie psicoanalitiche è dunque del tutto speciale, rispetto a ogni altro fisico che non fosse affetto da problemi di questo tipo e non vedesse nella psicoanalisi un sistema di trattamento.

A mostrare questo particolare interesse è l'impressione che Pauli talora sia più uno psicoanalista, che parla con il fondatore della psicoanalisi analitica. E certamente Jung avverte che anche le più strane affermazioni che egli fa sulla fisica quantistica, in un confronto con le regole che dominano nella psiche umana, trovano grande accoglienza. E dobbiamo dire, anche una critica leggera.

È indubbio che il legame tra uno psicoanalista e un grande fisico delle particelle ha aperto la possibilità di una interpretazione della psiche, espressa chiaramente in questo carteggio e tuttora di grande significato.

Credo che questa raccolta di lettere si possa dividere in due parti: nella prima tutto è teso a dimostrare che ci sono analogie, corrispondenze e persino leggi, che regolano la fisica quantistica e la psiche, nella seconda vengono trattate le ragioni, le cause. Termini certo azzardati poiché si giunge a vere pseudo-teorie, come quando si affronta il problema della coscienza in termini quantistici, oppure gli archetipi junghiani vengono posti come regolatori del comportamento delle «particelle». Fenomeni che, a fatica, vengono ridotti a qualche cosa di comune.

Il carteggio merita di trovare un posto nella storia per l'apertura sulla psicologia e la psicopatologia come discipline che, difficilmente spiegabili con la visione che era propria di quel periodo, potrebbero trovare una nuova apertura proprio attraverso le scoperte che si sono fatte nell'ambito della fisica quantistica. In un passo della lettera del 12 dicembre 1950 di Pauli a Jung, si legge che, dopo la sincronicità e la legge di probabilità: «Ha inoltre il suo peso anche il fatto che molti altri importanti concetti vengano utilizzati al tempo stesso sia in psicologia che in fisica, senza che questo sia stato voluto, concetti come similarità (analogia), acausalità, ordinamento, corrispondenza, coppia di opposti e totalità...».[71]

Gli anni del carteggio vedono la psicologia in grande difficoltà, dominava a quel tempo l'importanza dei neuromediatori cioè di molecole che avevano la funzione di attivare il sistema neuronale che, come avevano dimostrato Camillo Golgi e Santiago Ramón Y Cajal, era riportabile a una *rete di neuroni*, le cellule del cervello, che si intrecciavano e quindi si integravano in sistemi da cui dovevano uscire le funzioni psichiche. La rete era interrotta da «nodi», le *sinapsi*, e tutta l'attenzione era proprio volta ad analizzare questi punti di contatto tra un neurone e l'altro, per poter vedere come passavano le informazioni lungo la rete. Proprio nelle sinapsi si trovavano i neuromodulatori: l'acetilcolina, la serotonina, ma

[71] *Ibidem*, p. 127.

anche la noradrenalina, la dopamina... in vescicole da cui uscivano e attivavano i recettori permettendo quindi che vi fosse il passaggio di un flusso di informazioni.

Negli anni Sessanta, io ero occupato a studiare nei laboratori internazionali, da Cambridge a Harvard, la serotonina, uno dei neuromediatori che era stato indicato come regolatore anche dell'umore, e diventava sempre più chiaro però che questo livello elementare, a cui era ridotta l'attività dei neuroni, non era in grado di spiegare funzioni mentali che avevano bisogno di una velocità operativa che non era compatibile con i meccanismi molecolari.

Ci si trovava quindi in un vicolo cieco, sostenuto soltanto dall'idea che le terapie per i disturbi della mente potessero in qualche modo essere guidate da questi neuromediatori. Solo per fare un esempio, la depressione è uno dei disturbi più diffusi allora e adesso, e si pensava che fosse dovuta a una diminuita attività della serotonina in specifiche aree cerebrali, le cui sinapsi operavano con questo mediatore. Da qui il tentativo di scoprire molecole che potessero trasformarsi in quei luoghi nella serotonina mancante. Non si poteva usarla direttamente, poiché non passa la barriera ematoencefalica, si dovevano somministrare dei *precursori* che, una volta passata la barriera, formassero serotonina oppure potessero aumentare l'attività che svolgeva nelle sinapsi di determinate aree cerebrali.

Per dare un esempio della «lentezza» molecolare rispetto agli effetti comportamentali di una funzione psichica, basta considerare la musica, e immaginare un violinista che deve interpretare *La campanella* di Paganini che prevede una velocità straordinaria di suoni e di ritmi, per rendersi conto che l'idea di un movimento molecolare, diventa persino ridicola. La *danza delle molecole* – come mi piaceva chiamarla – non riusciva certo a seguire un ritmo tale da generare la sequenza incredibile di meccanismi che dovevano generare la grande variabilità di suoni, con quella velocità, anche solo dal punto di vista dei movimenti delle dita. Richiedeva una rapidità in alcun modo riportabile a meccanismi molecolari.

Risulta chiaro che l'idea di una psiche che, invece, funzionava a livello quantistico, diventava particolarmente stimolante anche perché era evidente che le molecole stesse dovevano essere guidate da leggi proprie degli atomi e delle loro particelle costituenti.

Si trattava dunque di passare da un livello di analisi fisica a un livello subatomico.

Si capisce, quindi, bene che quella serie di lettere, in cui si cerca di stabilire la possibilità di parlare dell'attività cerebrale, in modo non più molecolare ma subatomico, era caricata di fascino.[72]

Tenterò di richiamare, citando dei passi dal carteggio, alcune considerazioni che ne mostrano il significativo contributo.

In una lettera Pauli scrive: «Con grande interesse ho letto il Suo articolo su "Anima e Morte" nel numero di aprile della "Europe Revue", specialmente le Sue osservazioni sulla "telepatia" e "sulla forma d'esistenza a-spaziale e a-temporale della psiche"... Anche [attraverso] la mia fobia per le vespe... compresi che dietro di essa celavo la paura di una sorta di stato estatico, nel quale

[72] Oggi questa ipotesi mantiene l'interesse. E a contribuirvi c'è anche *Odi et amo: ambiguità percettive e pensiero quantistico* di Giuseppe Caglioti, che proprio nell'*ambiguità* vede l'elemento comune alle due discipline (Mimesis, 2021 con Tatiana Tchouvileva e Luigi Cocchiarella).

potevano irrompere i contenuti dell'inconscio (parti autonome del sistema) i quali a causa della loro estraneità non potevano essere assimilabili alla coscienza e quindi avevano su di essa un effetto esplosivo».[73]

Jung: «Abbia il mio più sentito ringraziamento per la gentile segnalazione del saggio di Jordan. Credo che questo testo dovrebbe essere pubblicato, perché parla dell'effettivo trasferimento del modo di vedere fisico sulla sfera psicologica». [74]

Pauli: «Oggi vorrei solo ringraziarla brevemente per l'invio del Suo lavoro sull'alchimia. Dovrebbe di certo suscitare in sommo grado il mio interesse sia in quanto scienziato che in riferimento alle mie personali esperienze di sognatore. Queste ultime mi hanno mostrato che anche la fisica più moderna è adatta a rappresentare simbolicamente, e persino nei più sottili particolari, i processi psichici. Certo il pensiero di giungere per questa via oltre i segreti della materia è lontano dall'uomo moderno».[75]

Pauli: «... il fisico si aspetterà effettivamente una corrispondenza con la psicologia su questo punto, poiché la situazione teorico conoscitiva a proposito dei concetti di "coscienza" e "inconscio" sembra indicare una notevole analogia con la situazione della "complementarità" nell'ambito della fisica. Da un lato l'inconscio può essere inferito solo direttamente attraverso i suoi effetti "ordinatori" sui contenuti della coscienza, dall'altro ogni "osservazione dell'inconscio" ossia ogni assurgere alla coscienza di contenuti inconsci, esercita una reazio-

[73] *Ibidem*, p. 49.
[74] *Ibidem*, p. 54.
[75] *Ibidem*, p. 71.

ne incontrollabile su questi stessi contenuti inconsci (il che, come è noto, esclude per principio un "esaurimento" dell'inconscio a causa del suo diventare conscio)... Mentre la microfisica si trova di fronte alla impossibilità, derivante dalla situazione di principio definita come "complementarità", di eliminare gli effetti dell'osservatore con correzioni determinabili, e ha quindi dovuto rinunciare in linea di principio alla comprensione oggettiva di tutti i processi fisici, la psicologia ha potuto sostanzialmente completare la psicologia esclusivamente soggettiva della coscienza col postulare l'esistenza di un inconscio dotato di vasta realtà oggettiva...».[76]

Pauli: «In seguito, quando il rapporto fra psicologia e fisica prese uno spazio piuttosto ampio nel Suo discorso, mi divenne ancora più chiaro che cosa dovevo fare... Il fatto che io mi riallaccio alla realtà della proiezione di stati di cose psichici sulle caratteristiche della materia, cosa che fu provata da Lei innanzitutto con l'esempio dell'alchimia. Partendo da ciò tento di dimostrare come in tale ambito può capitare facilmente all'inconscio di confondere la fornace alchemica con un moderno spettrografo».[77]

Pauli, relativamente al rapporto di psicologia e fisica, scrive: «L'idea di un significato nel caso di eventi che avvengono nello stesso tempo, non connessi casualmente, è stata espressa molto chiaramente da Schopenhauer nel suo saggio *Sull'apparente disegno intenzionale nel destino dell'individuo*. In esso postula una "unità ultimativa della necessità e della casualità"... Egli osserva – anche

[76] *Ibidem*, pp. 81-82.
[77] *Ibidem*, pp. 86-87.

se imperfettamente per la distanza – la conciliabilità dei contrari tra l'apparente casualità di tutte le circostanze nel corso di una vita individuale e la loro necessità morale nella formazione di tale esistenza in conformità con un fine trascendente per l'individuo... Tuttavia mentre Schop. voleva assolutamente attenersi a un rigido determinismo, in accordo con la fisica classica del suo tempo, noi abbiamo ormai riconosciuto che nel mondo atomico gli eventi fisici non si lasciano mettere in fila in catene causali nello spazio e nel tempo... Per i fisici i termini causale e causalità hanno un significato meno rigido del termine determinismo... Il principio ordinatore potrebbe anche essere visto come causa del fenomeno sincronistico. Questa causa non andrebbe comunque pensata nello spazio e nel tempo... Come nella microfisica, la cosa che caratterizza la situazione è l'impossibilità di utilizzare al tempo stesso il principio della causalità e l'ordinamento dei fenomeni nel tempo e nello spazio».[78]

Jung: «Nella misura in cui la psicologia si inoltra nell'inconscio, non può fare altro che riconoscere la mancanza di chiarezza e l'indistinzione di tempo e spazio, nonché la loro relatività psichica..., la causalità è un'ipotesi credibile perché può essere di continuo verificata. Tuttavia, il mondo pullula di "coincidenze", il che dimostra che ci vorrebbero dei laboratori per dimostrare sul serio la necessaria connessione fra causa ed effetto. La "causalità" è uno psicologema (e in origine una virtus magica) che formula il legame in eventi e li raffigura come causa ed effectus».[79]

[78] *Ibidem*, pp. 91-92.
[79] *Ibidem*, pp. 121-22.

Pauli: «Nella fisica quantistica non si tratta solo di effetti che compaiono nei grandi numeri invece che nei piccoli, né il concetto di "senso" è in questo ambito quello giusto... ma neppure il concetto di archetipo (psichico o psicoide) può essere usato così disinvoltamente nella acausalità della microfisica... L'apparato sperimentale forma un tutto che non può essere diviso in parti, senza disturbare e alterare in modo sostanziale i risultati... Il risultato dell'esperimento non può essere previsto, viene solo assunto che esista una "connessione mediante somiglianza" tra il risultato del processo fisico e lo stato psichico della persona che conduce l'esperimento... Nella acausalità non psichica, invece, il risultato statistico è riproducibile in quanto tale, poiché si parla di una "legge della probabilità" anziché di un "elemento ordinatore" (archetipo)... le differenze concettuali fra gli ordinamenti acausali non psichici, da un lato, e le sincronicità psichiche dall'altro... Ha inoltre il suo peso anche il fatto che molti altri importanti concetti vengono utilizzati al tempo stesso sia in psicologia che in fisica, senza che questo sia stato voluto, concetti come similarità (analogia), acausalità, ordinamento, corrispondenza, coppia di opposti, totalità... In effetti anche a me sembra che i corrispettivi psicologici del campo e della radioattività siano diversi l'uno dall'altro. Detto nella lingua neutrale, i due concetti hanno in comune l'idea di una trasmissione di nessi tra fenomeni spaziali (e forse anche temporali), visibili a distanza attraverso una realtà invisibile: qui visibile e invisibile è da intendersi nel suo significato ordinario. Nella vita quotidiana i campi elettromagnetici, come anche i raggi emessi da sostanze radioattive, sono invisibili; soltanto i loro effetti meccanici o chimici sui corpi materiali sono visibili. Nel rintracciare l'interpretazione psicologica dell'idea formulata neutralmente, bisogna tener conto del fatto che le rappresentazioni intuitive seguono sempre la concezione causale, anche quando ci si riferisce a nessi acausali. La realtà invisibile può quindi essere l'inconscio collettivo, i fenomeni visibili possono essere anche rappresentazioni consce e il rapporto che le unisce può essere sincronistico».[80]

Pauli: «È interessante il tentativo compiuto da Mach di attingere, anche all'interno della fisica, a realtà psichiche... e di eliminare se possibile il concetto di "materia"... Mi sembra consistere nella necessità di distinguere chiaramente tra il vissuto dell'individuo, che si trova nella sua psiche in quanto accertabile hic et nunc, e i concetti generali che in quanto "non accertabili in sé" sono adatti ad assumere una posizione mediana... Sebbene, solo a partire da riflessioni psicologiche, io sia giunto a dubitare della natura puramente psichica degli archetipi. Quando lei dichiara che "la psiche è in parte di natura materiale", per me in quanto fisico la cosa assume la forma di una affermazione metafisica. Io preferisco dire che sia la psiche che la materia sono governate da principi ordinatori comuni, neutrali, "non accertabili in sé". A differenza dello psicologo, il fisico non ha problemi a dire per esempio "campo U" al posto di "inconscio", col che la "neutralità del concetto" sarebbe già data. In effetti credo, non come dogma ma come ipotesi di lavoro, all'unità di sostanza del mundus archetipus e della physis... Se questa ipotesi coglie nel segno – e la possibilità di principi paralleli psichici e fisici parla a favore di ciò – essa deve essere espressa concettualmente. A mio

[80] *Ibidem*, pp. 125-29.

avviso, questo può accadere solo mediante concetti che siano neutrali rispetto all'opposizione psyche - physis... Non vorremmo certo dire che l'oggetto della matematica sia psichico, perché bisogna distinguere fra concetti matematici e i vissuti dei matematici».[81]

Pauli: «Sono perciò propenso a considerare la relazione tra psicologia e fisica sotto l'aspetto di due ambiti dapprima incommensurabili, anche se varie forme di intuizione fisica possano indubbiamente essere applicate nell'ambito psicologico. Un inquadramento della psicologia in una fisica teorica generale, così come è avvenuto per la chimica, è a mio parere da escludersi, a cominciare dal fatto che i processi psichici non sono misurabili, senza poi contare la sopraddetta difficoltà epistemologica. Ritengo invece una prospettiva assai migliore quella di esaminare da vicino il punto di convergenza di entrambi gli ambiti, e proprio qui mi pare che la natura misteriosa dei numeri sia l'oggetto più importante, in quanto rappresenta il fondamento sia della fisica che della psicologia. Così mi figuro la posizione della psicologia rispetto alla fisica generale, più o meno come lei la rappresenta nella Sua quaternità (Einstein - Bohr - Pauli - Jung)».[82]

Pauli: «La vecchia idea alchimistica che la materia mostri uno stato psichico potrebbe sperimentare, in questo modo, una forma di realizzazione su un piano più alto... Accanto a questa linea di sviluppo, che mira a una assunzione della parapsicologia nella fisica, ve n'è una seconda che conduce alla biologia, in connessione con i

[81] *Ibidem*, pp.188-89.
[82] *Ibidem*, p. 219.

Suoi concetti di "sapere assoluto" e di sincronicità, cui qui posso appena accennare».[83]

Le lettere che seguono perdono completamente di dimensione scientifica e appaiono rappresentare un *delirio à deux*.[84]

La maniera forse più espressiva per dare un senso al carteggio tra Pauli e Jung sta nel mostrare come il tema sia di grande interesse, e forse maggiore, nel tempo presente. Una prova di come in quelle lettere venisse iniziato un filone che sta acquistando nuovi tasselli per una lettura della psiche con il vocabolario della fisica delle particelle, riportando così l'attenzione di un altro innovatore, Sigmund Freud che nel *Sommario di psicoanalisi*, scritto nel 1939 (pubblicato nel 1940 dopo la sua morte), auspica un tempo in cui il linguaggio della psiche verrà espresso in quello della biologia (che qui va preso nel senso letterale di vita: nel linguaggio della vita umana).

Il volume di Giuseppe Caglioti *et alii*, *Odi et amo* è forse il più recente in cui si riprende e viene sottolineata l'ipotesi che si possano coniugare e correlare le leggi della fisica quantistica con alcune espressioni della psicologia.

I due principi che danno forza a questo legame sono da una parte l'*ambiguità* che opera in fisica nei fenomeni subatomici e nel funzionamento della psiche, dall'altra il fenomeno che sostituisce almeno in parte il principio di causalità delle sequenze psichiche, secondo cui ogni manifestazione psichica ha una causa che la genera

[83] *Ibidem*, p. 222.

[84] A pagina 271 del carteggio viene preso in considerazione il problema degli ufo, dei dischi volanti, e seguono esempi di interpretazione dei sogni.

e che pertanto, data quella causa, segue sempre la stessa funzione.

Si suggerisce la necessità di applicare invece il principio della fisica quantistica della *sovrapposizione,* per cui è possibile che ogni fenomeno si manifesti in una direzione o nel proprio contrario alla maniera di due opportunità, che sono in gran parte imprevedibili, immediate, e non rappresentano uno stato continuo, ma una sequenzialità o alternanza tra stati imprevedibili, o comunque non causali.

Recentemente a legare fisica e psiche è entrato l'*entanglement*, un fenomeno quantistico, previsto dal principio di *sovrapposizione* e descritto da Erwin Schrödinger.

Poiché lo stato di sovrapposizione quantistica è indipendente dalla separazione spaziale dei sottosistemi, l'*entanglement* aggiunge la possibilità di correlazioni a distanza (*dislocate*) e introduce, di conseguenza, il carattere non esclusivamente locale dello stato fisico delle particelle. È possibile pertanto che, in un sistema costituito da due particelle e caratterizzato da valori osservabili, il valore quantico di una singola particella influenzi istantaneamente il valore dell'altra, e ciò vale anche nel caso in cui le due particelle si trovino distanziate, senza alcun limite di spazio.

In pratica, due particelle che interagiscono possono esprimere un processo naturale per cui nel medesimo istante mostrano uno stato analogo, pur restando indipendenti e dislocate. La meccanica quantistica contempla a un tempo aspetti locali e non locali, andando paradossalmente incontro al principio di realtà, ammettendo e dimostrando correlazioni quantistiche previste dall'*entanglement*.[85]

È indubbio che, nell'ambito della correlazione tra fisica quantistica e psiche, questa scoperta apre straordinarie possibilità per dare al binomio *psiche e physis* un ulteriore significato e forza. Il fenomeno dell'*entanglement*, così come viene raccontato dai fisici, è una vera e propria legge.

In questo ambito si è subito centrata l'attenzione su fenomeni che erano definiti paranormali, come nel caso in cui vi fosse tra due soggetti lontani una medesima percezione, non giustificata dalla conoscenza che entrambi i soggetti avevano del medesimo vissuto. Il caso più estremo è la concomitante percezione della morte di una persona, da parte di un parente che si trovi dislocato e senza la possibilità di una conoscenza diretta.

Devo subito sostenere che la mia reazione di fronte all'importanza psichica di questo principio non riporta a eventi così estremi e così particolari, per cui manca quella quantità di casi che permetterebbe non solo una valutazione statistica, ma di considerarne la previsione, secondo una certa misura e dimensione.

Si apre invece la possibilità che non si tratti di poterla verificare in casi speciali, in casi estremi, ma che ciò avvenga addirittura nella norma e quindi sia tale da giustificare fenomeni psichici di grandissima portata, persino consueti.

Per dare maggiore forza a questa affermazione, occorre una premessa che riporta al concetto di *campo*, cioè di un sistema al cui interno vi siano degli elementi che hanno caratteristiche comuni.

[85] Per queste dimostrazioni Alain Aspect, Anton Zeilinger e John Clauser hanno meritato il premio Nobel per la Fisica nel 2022.

È questo un principio a cui la fisica delle particelle ha posto grande importanza e altrettanta va sottolineata da parte di chi si occupa del mondo psichico. L'io è stato il fondamento e ha portato Sigmund Freud a strutturare la *psicologia dell'Io*, con l'ipotesi che il comportamento del singolo uomo lo si può spiegare, analizzando la personalità individuale.

Questo principio ha avuto grande significato ma oggi, in una definizione di psiche, è necessario parlare di *psicologia del Noi*, poiché i fenomeni psichici sono sempre delle correlazioni tra più individui. Si passa dalla relazione interpersonale a quella dei microgruppi; quindi, potremmo dire di *campi* particolari, fino a giungere a una comunità e infine a una società.

I fenomeni psichici prevedono proprio una interazione tra individui, che possono essere immaginati come particelle subatomiche.

Il concetto di *campo*, o di sistema omogeneo, significa che è possibile una interrelazione di intensità diverse, a seconda dell'insieme degli uomini o donne che fanno parte di una società, e che devono avere qualcosa di comune, per rendere possibile una operazione energetica empatica, che può essere di attrazione come la simpatia, o di opposizione come la antipatia, oppure avere carica neutra per cui due persone si comportano come se non avessero nulla in comune.

Per chi ha vissuto in comunità differenti, e io posso ricordare l'esperienza in un villaggio africano degli anni Settanta del Novecento, nel Mali,[86] ho potuto mostrare che tutto ciò che accadeva in quel *campo*, in quel siste-

[86] Quando era ancora dominante una cultura locale che successivamente è stata disturbata e interrotta dal turismo e dai missionari.

ma, aveva caratteristiche che non erano riportabili a un *campo* o sistema, diverso.

Questa osservazione mi sembra sia accettabile anche da parte dei fisici, per i quali sono importanti non solo le caratteristiche di quella particella ma, forse allo stesso modo, è significativa la possibilità di creare uno stato sovraindividuale che dipende proprio dall'altro.

Una particella a contatto con un'altra particella può determinare delle correlazioni fisiche – e noi diciamo relazioni di tipo psichico – che devono tener conto dell'insieme, di entrambe.

Affermazione fondamentale per la psicologia poiché un individuo, immaginandolo come una particella, agisce in rapporto all'ambiente in cui si trova. Questa correlazione è bene espressa dal linguaggio dei fenomenologi, quando parlavano del *sistema io-mondo*.

Dopo questa precisazione, possiamo ipotizzare che una società o un insieme di persone, che definiscono un campo, è al contempo un vero e proprio sistema operativo e che, introdurvi il principio dell'*entanglement*, rende possibile a due particelle psichiche avvertire uno stesso fenomeno, pur non avendo avuto alcuna relazione operativa, ma semplicemente per far parte di quel campo e quindi di quel qualche cosa di comune che rappresenta la base per poter parlare di un sistema.

Cercando di leggere il principio dell'*entanglement* in questo ambito, mi pare che si possa vederlo come un principio fondamentale che caratterizza non tanto una psico-quantistica, ma una socio-quantistica, un intero sistema formato di tanti individui ognuno dei quali è una «particella», nel senso della fisica quantistica.

Viene in mente la *Koinè* della classicità greca, intesa proprio come comunanza che rende simili come specie anche se separati come individui. E certamente già questo è un legame di appartenenza che si avverte e che comincia per esempio dall'aspetto somatico, dal linguaggio ma anche dalla tradizione e da una modalità di esprimere l'insieme che definiamo *sociale*.

In un salto storico millenario si può pensare anche alla *noosfera* (letteralmente sfera del pensiero umano) di Pierre Teilhard de Chardin, gesuita e paleontologo evoluzionista, che la introduce nel 1925 a indicare una sorta di unione della mente di tutti gli esseri umani emergente dalla loro interrelazione. È curioso il fatto che si riferisca a una forma di rete sociale, complessa, usando proprio l'espressione «legge di complessità e coscienza».

L'idea di un insieme degli uomini, unito attraverso la mente richiama ancora l'ipotesi espressa nel libro *Gaia* di James Lovelock, un chimico inglese che ha concepito (nel 1979) la Terra con tutte le proprie caratteristiche, come si trattasse di un unico organismo vivente, considerando l'uomo una sorta di ospite e in più parassita.

Un vivente tenuto insieme dalle sue capacità psichiche.

Oggi conosciamo che l'io psichico è il prodotto delle funzioni di un organo, il cervello, costituito da una grande *rete di neuroni* in forte attività, con svolgimento di operazioni diverse a seconda delle aree cerebrali. Da questa complessa macchina biologica emana un'idea, qualche cosa che appare invisibile, ma da correlare al sistema cervello, alle cellule neuronali e, andando a un livello più piccolo, alle molecole, le quali hanno bisogno, a propria volta, di essere studiate come sottosistemi, poiché una molecola è l'insieme di tanti atomi e ogni atomo è composto di *particelle* che interagiscono.

La dinamica psichica non si allontana molto dall'attività quantistica che, non solo è rilevabile dallo stato in cui si trova, ma è anche necessario venga osservata, derivando dal *principio di indeterminazione*, che l'osservazione non solo attesta che c'è un'azione ma, misurandola, addirittura la modifica.

Questo avviene anche nella psiche e, sia pure parlando di due campi del sapere storicamente separati, diventa comprensibile che sempre più si accenda un interesse comune tra fisica delle particelle e psiche.

Occorre aggiungere che l'io psichico ha due modalità sotto cui si può presentare e venir percepito: la prima è quella data dal pensiero, un termine che rimanda alle idee; la seconda è affettiva fatta di emozioni, di legami di attrazione e repulsione e certamente non risponde alla razionalità ed è distinta dal pensiero. Legami, in grado di provocare una forza di attrazione, quasi di entropia, che riesce a legare due o più individui, ma anche a slegare. E in molti casi, forse riporta alla scoperta di Rubbia dei *legami a energia zero*, un legame sociale anche se non vi è un'attività che esprima uno stato che si modifica.

Con queste precisazioni, dobbiamo ora immaginare un campo di *io psichici*, particelle dunque psichiche che in qualche modo attraverso l'*entanglement* presentano eventi simili, non solo in due particelle, ma in molte; pur non essendoci non solo cause, ma nemmeno condizioni perché si possano leggere singolarmente, è come qualcosa che accadesse contemporaneamente in modo dislocato.

Andando in un laboratorio di un altro Paese lontano con il progetto di raccontare una propria idea di ricerca, si può trovare che quella stessa idea viene espressa dalla persona a cui la si stava per raccontare.

Nella dimensione delle idee è comune verificare l'*en-*

tanglement, il fatto cioè che io penso e che qualcuno di assolutamente lontano nello stesso momento pensa, con una identità di pensieri che non è giustificata da nessun tipo di rapporto, perché è proprio un fenomeno di dislocazione, cioè di legame tra particelle.

Credo pertanto che l'*entanglement* non si debba fermare a due, che sia possibile che divengano quattro, che si crei quindi un fenomeno di tipo psico-sociale, e possa configurarsi proprio una socio-quantistica.

Mi rendo conto che la dislocazione è qualcosa che deve avvenire nello stesso istante, ma anche il fatto di avere in mente di raccontare quanto in realtà l'altro ti riferisce permette di ipotizzare che l'idea comune possa essere avvenuta nello stesso momento e che, diventata memoria, possa poi essere raccontata in luoghi diversi. Un fenomeno successivo all'accaduto, che esprime però proprio l'*entanglement*.

Se dalle funzioni del pensiero passiamo a quelle dell'affettività, e in particolare le emozioni, la corrispondenza è ancora maggiore. È facile scoprire che, in una data condizione esistenziale, non solo due particelle, ma un insieme di particelle avverte nello stesso momento la paura, oppure il bisogno di attaccarsi per difendersi.

Bisogna ovviamente compiere un salto tra il campo e i temi della fisica quantistica e il mondo psichico, tra il significato delle leggi che regolano la fisica e ciò che si osserva nel comportamento dell'uomo.

Un esempio che si presenta molte volte e che io verifico sovente, è la percezione che sia giunta una chiamata, mentre il cellulare è chiuso. Una percezione che porta a verificare e ad accorgersi che c'è una chiamata in corso.

Un altro esempio mi deriva dalla conoscenza di una

monaca che mi racconta vari episodi in cui di fronte al desiderio di aiutare una persona e, constatando che nel suo status religioso non lo può fare, riceve inaspettatamente una busta con denaro o un pacco che permette di realizzarlo.

Una delle condizioni esemplari è data dai gemelli monozigoti che, come è noto, hanno lo stesso bagaglio genetico e pertanto, appartengono anche allo stesso genere. Se i due gemelli vengono allevati anche in un ambiente, in cui non si cerchi di separarli creando due personalità differenti, è facile rendersi conto come uno dei gemelli avverta, soprattutto affettivamente, ciò che prova l'altro. Una vera e propria clonazione, che rivela una similitudine di emozioni. E si verifica il caso anche di esperienze analoghe.

Si potrebbe scrivere un'intera biblioteca per raccontare come un lui e una lei, vicini o lontani, avvertano contemporaneamente il desiderio di svolgere un'azione erotica e, addirittura, di pensare a una particolare e medesima modalità di realizzarla.

Si può aggiungere, e questa volta in tutti, la pulsione di girarsi per guardare dietro di sé in un luogo isolato e constatare che si trova, sia pure inaspettato, uno sconosciuto. Non esiste alcuna motivazione per pensare che ci sia e può accadere anche in un luogo abituale, magari in un momento di riposo, ben lontani dalla paura.

Il fenomeno dell'*entanglement psichico* è particolarmente evidente tra due innamorati che scoprono di pensare la stessa cosa o di volerla.

Frequente è la constatazione di una risposta identica e immediata di fronte a un lutto, e in generale si assiste a una diffusione e a una partecipazione inconsapevole al dolore dell'altro. Analogamente a quando si prova gioia o si ascoltano idee che si sente di condividere. Sembra di averle nella propria mente da lungo tempo.

Occorre ricordare che le funzioni psichiche, anche le più strane, *emergono* dal cervello, come meccanismi che aiutano a vivere e che si inseriscono quindi nel principio dell'*adattamento* di un io nell'ambiente naturale, ma anche in quello sociale.

In questo ambito si pongono tutte le comunicazioni non verbali, che riguardano la mimica, le espressioni dello sguardo, ma anche movimenti di parti del corpo come la posizione delle mani. È una comunicazione del sentire che deve essere presente proprio nello stesso momento, con le due «particelle» caricate per compiere azioni difensive.

Per sostenere la dimensione sociale dell'*entanglement* bisogna aver presente che, da tempo, in psicologia si parla di una vera e propria capacità *epidemica* delle emozioni e di azioni fino al «fenomeno folla» quando tutti seguono inconsapevolmente uno stesso comportamento. Uno status psichico si moltiplica «dislocato» da un individuo all'altro, con l'attivazione di comportamenti affettivi e certamente non giustificati se si seguisse una logica razionale.

Nel caso della paura, vi sono esempi di tifosi che cercano di uscire tutti da una stessa parte per evitare un pericolo e seguono un comportamento che è dettato dall'altro, ma che non ha nulla a che fare con la scelta.[87]

I fenomeni richiamati vengono generalmente definiti come coincidenze, telepatia, precognizione, similarità: termini che esprimono una apparente manifestazione

[87] Di comportamenti sociali «irrazionali» ha parlato per primo Gustave Le Bon in un testo del 1895: *Psicologia delle folle*.

psichica, mentre riportano all'*entanglement*, un evento quantistico e, per analogia, psichico.[88]

Forse è più corretto sottolineare che nella psiche esistono dei fenomeni che si assomigliano tra di loro, e che sfuggono al *rapporto di realtà*. Non ne rispettano quindi le sequenze temporali e spaziali.

Dal punto di vista psichico, l'*entanglement* sembra dare supporto alla possibilità di una spiegazione, a eventi constatabili anche se in contesti dislocati e senza rispettare quindi le regole dello spazio e del tempo.

La acausalità, principio ormai acquisito come generale per la fisica quantistica, rende possibile «leggere» alcuni strani comportamenti psichici. Ed è una scoperta che deriva da una disciplina scientifica come la fisica che, tradizionalmente, è una delle più forti tra le *hard sciences*.

Entro questo ambito si pongono anche le memorie. Le modalità con cui si «formano» i ricordi seguono degli schemi che non corrispondono, certo, ai principi della logica razionale.

Dopo gli esempi che si collocano nelle due sfere delle funzioni psichiche, del pensiero e dell'affettività, è pos-

[88] Alla *telepatia*, vista come conoscenza di un fatto lontano, appartengono le esperienze raccontate da Emanuel Swedenborg, a cui si possono aggiungere la percezione della morte di una persona che si trovi lontana. A ben vedere, la telepatia non ha nulla a che fare con l'*entanglement* poiché si tratta di una particella che percepisce la morte dell'altra particella, ma rimane viva.
La *precognizione* di un evento luttuoso si inserisce spesso nella paura che quell'evento possa succedere, ed è parte di un sentimento continuo che porta necessariamente a considerarlo pre-conosciuto. Anche quando si tratta di un evento di gioia, il pensiero in modo quasi ossessivo è centrato sul desiderio che avvenga. Ogni evento atteso è anche possibile.

sibile richiamare alcuni «meccanismi difensivi» che costituiscono dinamiche che si attivano in condizioni di pericolo esistenziale.

Il meccanismo dell'*identificazione proiettiva* consiste nell'*identificarsi con* aspetti o parti dell'altro, introiettandoli, nel desiderio inconsapevole di essere come l'altro o al contrario, nel negare aspetti di sé che non sono tollerabili, e perciò si «collocano» *proiettivamente* nell'altro.

Vi sono delle identificazioni tra padre e figlio nelle quali il pensiero e il comportamento vengono svolti come se fosse il padre a esprimerli. E ciò comporta che ci si proietti, che si entri nella sua psiche per poter esprimere la propria. Identificazioni proiettive possono avvenire tra allievo e maestro. Una sorta di emulazione per cui la persona con cui ci si identifica, diventa uno specchio, in cui si vuole vedere il proprio pensiero e la propria affettività.[89]

Anche durante il gioco, un bambino si proietta nell'altro da sé e finisce per compiere le stesse azioni, anche se sul piano della realtà possono sembrare assurde. Nel gioco alle mamme, la bambina diventa la mamma proprio attraverso una proiezione che la identifica con lei, coprendo così la propria dimensione reale. Il racconto delle fiabe ha un fascino profondo per il bambino, perché attiva processi di identificazione e proiezione, attraverso passaggi incrociati che possono scegliere il personaggio «buono» e talora anche il lupo «cattivo».

[89] Mi ha molto colpito un'affermazione di Pauli scritta a Jung, in cui racconta che per un lungo periodo egli considerava Albert Einstein la sua *ombra*. Termine che ha un preciso significato nella psicologia analitica di Jung, ma che può proprio essere interpretato come una identificazione proiettiva.

Questa ginnastica di identificazione, di essere nello stesso tempo l'altro, sembra poter richiamare l'*entanglement*.

Sono esperienze frequenti quelle che si verificano quando una persona cara soffre, e sebbene il dolore sia solo descritto, anche chi non lo avverte realmente, finisce per parteciparlo come se allo stesso momento fosse presente anche in lui. Un dolore provato, potremmo dire per simpatia, per condivisione, ed è altrettanto «reale».

Questo meccanismo può assumere dimensioni psicopatologiche, e giungere al *delirio di identità* e ritenersi allora esattamente ciò che è l'altro. Le espressioni più esemplificative sono date dai *deliri di grandezza*, in cui un soggetto arriva a ritenersi identico a *un personaggio* vissuto e ritenuto particolarmente potente. Vi può essere una identità con Dio, oppure con un noto personaggio della televisione, un tempo era frequente l'identificazione con Napoleone. Nelle forme più estreme e durature del delirio, l'uno non è più distinguibile dall'altro.

Un altro meccanismo che mi pare possa richiamare l'*entanglement* è la *suggestione*, una influenza che porta a percepire e ad avvertire in maniera identica quanto viene indotto attraverso un convincimento.

Dello stesso ambito è la *credulità* che, in alcuni soggetti, è molto facile soprattutto quando vi sia una riduzione delle capacità psichiche e si venga particolarmente colpiti da un modello, di cui si diventa seguaci, come un doppio. E si giunge a emularne i comportamenti. Non più un'idea, non più una intuizione e nemmeno un'espressione affettiva. Il comportamento esige delle azioni, un *fare*, e pertanto si compie ciò che fa l'altro, oppure come si fosse l'altro.

Un ambito, in cui facilmente si possono osservare comportamenti da *entanglement*, è quello delle liturgie religiose dove una intera comunità può, nell'ambito liturgico, compiere esattamente ciò che ciascun altro presente manifesta.[90]

Si tratta di condizioni psichiche molto comuni, in cui perlomeno sembra possibile l'*entanglement*, tenendo conto di quanto abbiamo sottolineato più volte, della differenza cioè tra una particella subatomica e un io psichico.

L'*entanglement* rende possibile *leggere* in maniera diversa fenomeni, finora ridotti nell'ambito di un singolo io psichico e addirittura *dell'insieme sociale*. Non si tratta di una semplificazione della complessità del mondo psico-sociale, ma il tentativo di inserire un *paradigma*, un principio proprio delle particelle psichiche, mentre quello finora seguito delle molecole si è mostrato insoddisfacente.

Se, come credo, è l'ambito sociale a rendere particolarmente interessante l'*entanglement*, si pone subito una domanda ai fisici delle particelle, se questo meccanismo, che nella sua proposta originale riguarda due particelle, non ne possa invece interessare, in una sorta di moltiplicazione, un numero più grande. In modo che l'effetto di una particella su un'altra dislocata, venga espresso su quattro... su tante particelle che, nella similitudine, diventerebbero tanti *io psichici*.

Ammetto la possibilità che questa osservazione sia ingenua, essendo legata a chi manca della conoscenza profonda della fisica quantistica, mentre è giustificata dall'osservazione della psiche umana, passando dalla psi-

[90] Una delle espressioni particolarmente studiate è la *communionem*, attraverso cui si mangia il corpo di Cristo, diventando in quel momento Cristo stesso. Nel fenomeno *ex cathedra* il Sommo Pontefice parla in una identificazione totale con Dio.

cologia dell'io a quella della relazione duale, dai piccoli gruppi, fino alla dimensione più ampiamente *sociale.* [91]

L'entusiasmo anche in questo caso deve sovrapporsi alla prudenza, nel sottolineare come il termine di ricerca e di studio interdisciplinare mantenga una sorta di ideale illusorio, poiché mettere insieme due specialisti, quelli dello studio della psiche con quelli della fisica subatomica, non toglie affatto la difficoltà che l'uno capisca il significato profondo dei contenuti, nelle espressioni che ognuno usa all'interno della propria disciplina.[92] La ricerca interdisciplinare non rende mai possibile una condivisione dello stesso livello appartenente alla propria.

Le considerazioni ipotetiche che sono state espresse sono guidate dal fascino indotto dalla possibilità che lo stato di una particella possa, nell'attimo identico, riguardare anche altre particelle, che fanno parte di un campo comune. E, per lo studioso della psiche, dalla possibilità che uno stato psichico dell'Io si ripeta dalla prima particella, diffondendosi in altre.

Se fosse coerente questa estensione, l'*entanglement* diventerebbe allora un principio ancor più affascinante, per comprendere uno dei grandi temi non solo della psicologia individuale e interpersonale, ma della psicologia dei gruppi e persino dei grandi numeri, fino alla *psicologia delle masse*. Una dimensione che, oggi, ha particolarmente rilevanza per capire la società presente, e pertanto permetterebbe una comprensione che segue le regole di un processo che prevede meccanismi ripetibili.

[91] *La psicologia del Noi* è il titolo di un mio volume (Rizzoli, Milano 2021).

[92] E ciò è risultato anche nel carteggio tra Pauli e Jung.

Nel caso fosse persino ridicola la richiesta di una espansione del numero degli effetti che, nell'immediato, si possono attivare anche a distanza, quindi *dislocati* nello spazio, diventerebbe interessante conoscere altri principi, altri fenomeni della fisica delle particelle, che possano essere applicati al fenomeno di una convergenza, sia di idee sia di sentimenti, che si presentano nella dimensione della *psicologia dei gruppi*.

E certamente un altro apporto della fisica delle particelle alla psicologia potrebbe derivare dalla *complessità*, applicata alla formazione di strutture costituite di molte parti.[93]

Gli esempi e i meccanismi psicologici e psicopatologici riportati, mi pare comunque abbiano la forza nel sostenere che l'*entanglement* entra nella psiche oltre che nella fisica quantistica. Ed è evidente che occorre chiedersi quale sia il significato all'interno della psicologia di questa comune presenza.

E questa convinzione è sostenuta da alcuni effetti che questa ipotesi permette, sia pure in una fase lontana dall'analizzare veri e propri processi dell'apparato psichico.

Il primo mi pare conduca alla necessità di abbandonare la lettura, fino adesso dominante sui meccanismi della psiche, del tipo causa-effetto. Il livello molecolare attribuisce a questa dimensione della materia azioni che producono degli effetti. La serotonina unendosi a un recettore causa il passaggio di un messaggio di tipo neu-

[93] Uno dei temi, cari al recente premio Nobel per la Fisica del 2021, Giorgio Parisi. Ricordando il suo studio sulla formazione degli stormi degli uccelli, viene la domanda – anche qui fatta da uno studioso della psiche a chi invece si occupa di meccanismi subatomici – se i principi da lui elaborati siano estendibili alla formazione delle comunità che esprimono idee e sentimenti.

rologico. Ora bisogna provare a descrivere questo meccanismo in una logica differente.

Il secondo effetto certamente riguarda il concetto di terapia, che è una delle finalità del conoscere un meccanismo «malato» della mente, per potervi intervenire e riportarlo a un equilibrio. È evidente che se cambia la prospettiva di una diversa processualità, si modifica anche la modalità con cui intervenire, cambia quindi il senso del concetto di equilibrio, di quello di stabilità, e si dovrebbe incominciare a parlare di disturbi che tengano conto di tutto l'apparato del mondo delle particelle. Solo per fare un esempio, si potrebbe parlare di un disturbo spazio-tempo, ricordando quanto questa funzione sia importante per *spiegare* la funzionalità di un sistema di particelle.

Non si deve dimenticare che nella medicina generale è già entrato il termine di terapia *protonica*, riferendosi ai disturbi dell'apparato gastroenterico, per l'uso di sostanze che permettono di attivare uno scambio nella cellula tra ambiente interno ed esterno, attraverso dei canali a funzionamento, appunto, protonico.

Il terzo effetto darebbe maggiore significato al concetto di relazione interpersonale, anche se con la consapevolezza di stati indotti dall'io psichico a distanza, alla maniera dell'*entanglement* quantistico.

Si dovrebbe inoltre giungere a riproporre il tema del rapporto psiche-cervello, dal momento che l'emergere delle funzioni psichiche da questo organo dovrebbe rivolgersi a un livello della materia che è quello subatomico e, come abbiamo detto, non più molecolare. Sottolineare di nuovo l'importanza delle temperature che nel loro cambiamento generano energia. Considerare la funzione del magnetismo, che ha poco senso parlando di molecole, ma molto riferendoci a delle particelle. Il concetto di energia diventa certamente importante, anche perché Freud nella descrizione del funzionamento della psiche aveva dovuto ammettere la *libido come energia vitale*. Il concetto di energia assumerebbe una dimensione ben più scientifica rispetto a una libido che ricorda l'*élan vital* della filosofia di Henri Bergson.

Mi pare che tra gli elementi che, nella lunga storia della fisica delle particelle, si sono presentati di interesse per il mondo psichico, risaltino in particolare: l'*acausalità* degli eventi, i fenomeni *dislocati* nel tempo e nello spazio, la dimostrazione che da *condizioni caotiche si generano sistemi ordinati*.

Un apporto significativo dal momento che nelle discipline psicologiche domina la *impossibilità* di dare spiegazioni logiche e ordinate, correndo il rischio di affermare che la psiche non ha alcuna meccanica e quindi di riportare la sua azione a qualche cosa che non è definibile scientificamente e che rimanda a congetture, a interpretazioni fantasiose che appartengono più al mistero che agli strumenti della nostra conoscenza.

Il tema su cui le conoscenze della fisica delle particelle acquistano particolare significato è legato a scoperte della biologia, raggiunte negli ultimi trenta-quarant'anni nell'ambito delle neuroscienze.

Una è la dimostrazione che il cervello, pur essendo un organo unitario secondo la rete di neuroni da cui è costituito, comprende tante altre strutture che vi fanno parte e che hanno certamente un ruolo ancora in parte sconosciuto, come è il caso delle cellule *gliali*, che si chiamano di sostegno e che invece entrano nei sistemi di difesa del cervello, poiché è qui che si svolgono le attività immunitarie. In questo spazio si trovano inoltre dei canalicoli linfatici che, fino a poco tempo fa, si riteneva fossero assenti da questo organo.

Ma la grande scoperta, sempre sul cervello è che una sua parte è *plastica*, mentre l'altra è deterministica: quest'ultima segue un codice che è prefissato, per cui dato uno stimolo scatta un meccanismo di risposta ed è questo il mondo che rimanda agli istinti, alle pulsioni,[94] ma la *plasticità* è un concetto ben distinto dalla modificabilità, poiché significa che quest'altra parte del cervello (che è quella dei lobi frontali e della parte iniziale dei temporo-parietali) funziona proprio applicando la variabilità intrinseca, strutturale.

Ed è chiaro che il funzionamento di un sistema deterministico, rispetto a uno plastico, fa riferimento a dinamiche quantomeno differenti.

È dal cervello plastico che emergono tutte le funzioni del pensiero e degli affetti, che portano alla creatività, alla immaginazione, alla descrizione dei mondi, persino dei mondi che non ci sono, e dal punto di vista affettivo, rendono possibili azioni che possono apparire persino antibiologiche, come il suicidio, come la donazione della propria vita per salvarne un'altra.

Il cervello *plastico* manca finora di ipotesi, che possano strutturare un funzionamento a fondamento della ripetitività, del controllo.

[94] Lo schema che si era applicato al cervello fino alla Seconda guerra mondiale era di considerarlo un organo deterministico, basti pensare all'importanza che ha avuto dalla fine dell'Ottocento all'inizio della Seconda guerra mondiale il Positivismo, che, applicato al comportamento, aveva portato alla teoria della degenerazione di Cesare Lombroso, quindi di una «rottura» di strutture cerebrali che, proprio perché *degenerate*, permettevano la follia, la criminalità, persino la genialità.

Di fronte a un vuoto di visioni, di congetture, sul funzionamento di un cervello plastico, si pone con un senso enorme la fisica delle particelle che, storicamente, è stata la prima a delineare una scienza di tipo indeterministico, sulla base delle equazioni di Werner Karl Heisenberg e ai teoremi di Kurt Gödel, che certo non negano le regole della funzionalità dei sistemi ma semplicemente sottolineano l'importanza delle loro variabili. Riportano a operazioni che hanno bisogno di mettere al proprio interno la *variabilità* dei grandi numeri, oppure l'*entanglement*, oppure la *complessità*. Così nasce anche l'idea che tutto ciò che si definiva *caotico*, come contrapposizione irriducibile rispetto all'ordinato, ha bisogno di elaborazioni proprie. Una zona di passaggio tra determinismo e casualità.

Una difficoltà per il cervello plastico si è già presentata, questa volta indipendentemente dalla fisica, per quanto riguarda il rapporto tra genetica e struttura degli organi. Un vecchio dogma definiva la genetica come: *un gene, una molecola*. In questo modo, un gene non poteva codificare tante molecole, perché diverse erano le risposte del cervello plastico e diverse le vie possibili. E difficile appariva una genetica della creatività e dell'immaginario e persino dell'antibiologico. La conclusione era quindi che certamente vi è bisogno di una genetica per spiegare un organo, di un codice genetico che finisce per guidare la formazione di una struttura e le modalità di azione, ma occorreva anche una genetica completamente diversa da quella fissata, inadatta per la plasticità.

E quanto deriva dalla fisica quantistica risulta molto attraente, poiché si tratta di principi distinti da quelli di un organo deterministico e quantomeno, capaci di mettere insieme delle possibilità, delle ipotesi che non sono più assurde, e hanno invece un fondamento sperimentale.

Mi pare tuttavia che, al di là di questi stimoli straordinari, non si debbano forzare troppo le appartenenze, giungendo a concludere che la mente funziona seguendo la fisica quantistica, passando così da una correlazione a una identificazione, e ritenendo che a occuparsi di neuroscienze, debbano ormai essere i fisici delle particelle.

Si correrebbe il rischio di Pauli e Jung che in quel lungo carteggio presuppongono che la fisica delle particelle funzioni come l'inconscio, e l'inconscio come la fisica delle particelle. Spero che questo «giochetto» non venga applicato, anche volendo definire *quantistica* la psiche.

Vi sono al momento attuale dei richiami straordinari, come l'*entanglement*. Ma vi è certamente bisogno di rilevare la straordinarietà di un organo come il cervello, che caratterizza un animale così umano.[95]

[95] *So Human an Animal* è il titolo di un libro del 1968 di René Dubos, biologo e filosofo francese.

Indice

GRAFICA VENETA
GV CARBON NEUTRAL

Questo libro è stampato fabbricato da Grafica Veneta S.p.A.
con un processo di stampa e rilegatura certificato 100% carbon neutral
in accordo con PAS 2060 BSI

Finito di stampare nel mese di agosto 2024
per conto di RCS MediaGroup S.p.A.,
da Grafica Veneta S.p.A., Via Malcanton 2, Trebaseleghe (Padova)
Printed in Italy